먼슬리 리뷰 1

제국의 새로운 전선

필맥

제국의 새로운 전선

Monthly Review

Copyright © 2007 by Monthly Review
All rights reserved.
Originally published in USA in 2005-2007 by Monthly Review

Korean translation edition
© 2007 by Philmac Publishing Co.
Published by arrangement with Monthly Review Foundation

"1969년 〈뉴스위크〉 칼럼에서 폴 새뮤얼슨은 30년 전의 토론회를 회고했다. 장소는 하버드 대학 강당이었고, 주제는 당시의 대공황이었다. 뒷날 노벨 경제학상을 받은 바실리 레온티에프의 사회 아래 56세의 요제프 슘페터 교수와 그의 조교를 지낸 29세의 폴 스위지 강사가 토론자로 나섰으니 더할 나위 없이 화려한 무대였다. 청중석의 대학원생 새뮤얼슨은 슘페터를 《아서 왕 이야기》에 나오는 예언자 '교활한 멀린' 으로, 스위지를 고결한 기사 '젊은 갤러해드' 로 비유했다. 은사보다 선배의 손을 들어준 셈인가.

그 칼럼은 내용 못지않게 제목이 근사했다. '거인들(Giants)이 지구와 하버드 교정을 걸었을 때' 라니. 그 거인의 하나인 스위지가 지난 2월 27일 지구를 떠났다. 그의 생각은 좌경이고 그의 책은 불온했지만, 한때 우리는 그를 탐독했었다. 봉건 사회에서 자본주의 사회로의 이행(移行) 원인을 두고 그는 영국의 모리스 도브와 멋진 논쟁을 벌였다. 도브는 계급모순을 들고 나오고, 스위지는 시장관계를 내세웠다. 사회주의에서 자본주의로의 역행(逆行)을 놓고 그는 또 프랑스의 샤를 베틀렘과 한판을 겨뤘다. 스위지는 1960년대 동유럽에 출현한 시장관계의 범람을 사회주의 체제에의 치명적 위협으로 진단했으나, 베틀렘은 공산당의 정치적 의지가 확고하다면 시장 확대는 큰 일이 아니라고 응수했다. 그 뒤에 전개된 세계화의 역사는 스위지의 통찰에 손을 들어주었다. 계급보다 강하고 공산당보다 강한 시장이었으니!

새뮤얼슨은 모교의 교수를 바랐으나 그 꿈은 이뤄지지 않았다. 유대인이고, 노벨 경제학상이 생기기 전이었기 때문일까? 스위지도 꿈을 접어야 했다. 마르크스주의자였기 때문이다. 슘페터는 자신의 자리를 내주려고 했지만 그것마저 다른 사람에게 돌아갔다. 아카데미즘에 미련을 버린 스위지는 저널리즘으로 돌아 1949년 '독립적 사회주의 잡지' 〈먼슬리 리뷰〉를 만들었다. 매카시 반공선풍 속에 사회주의를 내걸었으니 어찌 무사하겠는가. 불온 혐의를 받은 대학 강의록 제출을 거부한 죄로 법정에 소환되기도 했다. 그의 독립성 고집은 사회주의 종주국한테도 예외가 아니었다. 소비에트 사회주의에 대한 실망으로 마오(毛)의 사회주의로 기울었으나, 주자파가 승리한 문혁(文革)의 결말에는 아주 비판적이었다. …

이시도어 스톤은 《한국전쟁 비사》를 썼으나 어느 출판사도 이 '비애국적인' 원고를 받아주지 않았다. 내용에 감탄한 스위지는 자신이 책을 내기로 하고, 먼슬리 리뷰 프레스를 만들었다. 내가 님 웨일스와 김산의 《아리랑의 노래》를 구입한 것도 이 출판사였다. 스위지는 한국전쟁을 기화로 미국 제국주의로 시야를 확대했다. …"

돌아가신 정운영 선생께서 생전에 〈먼슬리 리뷰(Monthly Review)〉를 이끌어온 폴 스위지가 사망했다는 소식을 듣고 쓴 글 중 일부를 발췌한 것이다. 〈중앙일보〉 2004년 3월 24일자에 칼럼으로 게재된 이 글의 제목은 "보수든 진보든 '진짜' 이기를"이다. 고인이 이 글을 쓴 목적은 한국사회에 대해 당신이 전하고자 한 메시지를 곁들여 스위지를 추념하는 데 있었겠지만, 스위지의 분신이라고도 할 수 있는 〈먼슬리 리뷰〉를 간결하게 소개하는 글로서도 전혀 무리가 없다.

〈먼슬리 리뷰〉는 미국에서 1년에 11번(여름에는 7~8월 합본호를 낸다) 발행되는 월간지로, 사회주의와 마르크스주의를 이론적, 이념적 바탕으로 하는 좌파 잡지다. 그러나 이 월간지는 좌파 잡지이긴 해도 역사에 존재했거나 오늘의 현실에 존재하는 그어떤 좌파의 운동세력이나 정치세력과도 선을 긋고 독립적인 성격을 지켜오고 있다. 이런 독립성 덕분에 이 잡지에 실리는 글들은 좌파뿐 아니라 우파에 속하는 사람들의 입장에서도 객관적인 관점을 다듬는 데 유용한 읽을거리가 된다고 믿는다. 특히 이 잡지는 어려운 이론을 전개하거나 따지기보다는 현실의 구체적인 사안이나 이슈에 대해 전문용어를 가급적 배제하고 비교적 쉽게 읽히는 용어와 문장으로 짚어보고 분석하는 것을 편집방침으로 삼고 있어, 관심만 가지면 누구나 쉽게 읽어낼 수 있다.

〈먼슬리 리뷰〉는 1940년대 말에 미국의 역사학자이자 문학비평가였던 매티슨(F. O. Matthiessen)이 친구인 폴 스위지가 잡지 창간의 뜻을 갖고 있는 것을 알고 자기가 상속받은 재산에서 1만5천 달러를 그에게 선뜻 기부함으로써 탄생될 수 있었다. 이 잡지의 창간호는 1949년 5월에 발간됐다. 창간호는 특히 두 가지 점에서 세상의 이목을 끌었다. 그중 하나는 세계적으로 유명한 물리학자인 알베르트 아인슈타인이 '왜 사회주의인가(Why Socialism)? 라는 제목으로 쓴 글이 창간호의 대표글로 실린 것이었다. 아인슈타인은 이 글에서 "사회적인 목표를 지향하는 교육제도를 갖춘 사회주의 경제를 수립하는 것이 자본주의의 해악을 제거하는 유일한 길"이라는 신념을 밝혔다.

창간호가 세상의 이목을 끈 또 하나의 보다 근본적인 이유는 흔히 '빨갱이 소동' 또는 '매카시즘'으로 불리는 현대판 마녀사냥의 광풍이 몰아치기 시작하는 시점에 사회주의를 내세운 잡지였기 때문이다. 〈먼슬리 리뷰〉의 설립자이자 편집자인 스위지는 공동 편집자인 리오 휴버먼과 함께 당장 공산당 앞잡이로 몰려 검찰의 소환조사를 당하는 등 여러 해에 걸쳐 미국 정부로부터 탄압을 받게 된다. 스위지를 비롯한 〈먼슬리 리뷰〉 편집진은 미국 헌법이 보장하는 사상의 자유 및 의사표현의 권리를 거론하면서 이런 정부의 탄압에 원칙적인 입장에서 당당하게 맞선 끝에 〈먼슬리 리뷰〉를 지켜냈다.

그 뒤 지금까지 거의 60년 가까운 세월이 흐르는 동안 〈먼슬리 리뷰〉는 미국은 물론 전 세계의 좌파 지식인이나 활동가들이 세계의 현안들을 놓고 토론을 벌이는 사랑

방의 역할을 톡톡히 해 왔다. 그 지면에서는 전쟁과 평화, 냉전체제, 미국의 패권주의, 여성문제, 환경, 자본주의의 변화, 국제경제의 구조, 문화적 흐름 등 인간의 삶과 복리에 영향을 주는 모든 문제가 분석되고 토론돼 왔다. 그것은 현실에서 자본과 시장이 휘두르는 권력의 이면에 은폐된 각종의 해악과 모순을 폭로하고 인간의 진정한 자유와 권리를 회복하는 대안의 길을 찾는 노력이었다고 평가할 수 있다.

〈먼슬리 리뷰〉는 잡지 외에 출판 사업과 웹진 운영을 통해서도 대안의 지적 저널리즘을 실천하고 있다. 〈먼슬리 리뷰〉의 출판사인 '먼슬리 리뷰 프레스(Monthly Review Press)'는 1952년에 탐사 저널리스트인 이시도어 스톤(I. F. Stone)의 저서인 《한국전쟁 비사(The Hidden History of the Korean War)》를 펴낸 이래 지금까지 폴 스위지, 안드레 군더 프랑크, 에른스트 만델, 해리 매그도프, 에두아르도 갈레아노, 사미르 아민, E.P. 톰슨 등 쟁쟁한 진보적 지식인들의 저서를 꾸준히 펴내면서 전 세계 지식사회에 적잖은 영향력을 발휘해 왔다. 특히 《한국전쟁 비사》는 미국의 대외정책 방향 및 국익과 어긋난다는 등의 이유로 미국의 다른 출판사들이 출판을 맡기를 거부했으나 〈먼슬리 리뷰〉의 편집자 스위지가 한국전쟁의 진실을 알려야 한다는 생각에서 출판을 맡았던 것으로 알려져 있다. 〈먼슬리 리뷰〉는 2006년 7월부터는 웹진 'MRzine(www.monthlyreview.org/mrzine)'을 운영하기 시작했다. 이 웹진에는 전 세계에서 자발적으로 보내오는 다양한 형식과 내용의 글들이 게재된다.

최근 몇 년 사이 〈먼슬리 리뷰〉의 편집진에 일종의 세대교체가 일어났다. 〈먼슬리 리뷰〉의 설립자로 오랜 세월 이 잡지를 이끌어오던 폴 스위지가 2004년 2월에 94세를 일기로 사망한 데 이어 1969년부터 40년 가까이 이 잡지의 기획과 편집을 지도해온 해리 매그도프도 2006년 1월에 역시 92세라는 천수를 누리고 사망했기 때문이다. 이에 따라 〈먼슬리 리뷰〉의 편집은 그 다음 세대의 몫으로 자연스레 넘어갔다. 지금은 미국 오리건 대학 교수로 생태사회학 분야에서 세계적으로 명성이 높은 존 벨러미 포스터(John Bellamy Foster)가 이 잡지의 편집을 이끌고 있다. 〈먼슬리 리뷰〉 측의 설명에 따르면 "포스터는 일시적 유행에 이끌리지 않으면서 새로운 현상들에 대해 설명한다는 과제와 보다 긴 변화의 과정을 파악한다는 과제를 결합시키는 전통을 계속 유지해 나갈 것"이며 "이 전통은 폴 스위지가 요약해 표현했듯이 '현재를 역사로 보는 것'"이라고 한다.

필맥 출판사는 〈먼슬리 리뷰〉 측과 정식으로 판권계약을 맺고 월간지 〈먼슬리 리뷰〉와 〈MRzine〉에 게재된 글 가운데 한국인 독자의 입장에서 읽어볼 만한 것들을 선별해 번역하고 묶어서 출간하기로 했다. 필맥에서는 적어도 일 년에 한두 번 정도는 비정기적으로 이와 같은 방식으로 〈먼슬리 리뷰〉의 글 묶음을 책으로 펴낼 계획이다.

그 첫 번째 권인 이 책은 2005년 말부터 2007년 봄까지 〈먼슬리 리뷰〉 또는 〈MRzine〉에 게재된 글 중에서 선별한 것들을 번역해서 묶어본 것이다. 다만 맨 마지막에 실린 아인슈타인의 '왜 사회주의인가?'는 〈먼슬리 리뷰〉 창간호(1945년 5월호)에 실렸던 것이니 꽤 오래된 글이다. 굳이 이 글을 이 책에 포함시킨 것은 이 글이 〈먼슬리 리뷰〉의 창간정신을 엿볼 수 있게 해주는데다 20세기 최고의 과학자로 알려진 아인슈타인이 이 잡지에 대해 걸었던 기대가 무엇이었는지를 그의 육성으로 직접 들어보는 것도 나쁘지 않을 것 같아서다.

이번 1권은 '제국의 새로운 전선'이라는 표제 아래 미국의 제국적 세계전략의 새로운 흐름을 알게 해주는 글들을 앞부분에 배치했다. '미국이 인도의 강대국 야망을 부추기는 이유', '미국의 새로운 제국적 거대전략', '석유중독국 미국의 새로운 전선'

등 세 개의 글이 그것이다. 각각 인도 정치경제연구소(RUPE), 존 벨러미 포스터, 마이클 와츠가 쓴 이들 글은 미국의 외교정책과 세계전략이 최근에 어떤 방향으로 나아가면서 세계에 어떤 영향을 초래하고 있는가를 보여준다. 특히 인도대륙과 아프리카대륙에서 미국의 세계전략이 어떻게 구현되며 작용하고 있는지가 초점이다.

그 다음에 실린 ' '제국과 다중' 론은 미국식 자유주의에의 투항' 에서는 필자인 사미르 아민이 한국에도 제법 알려진 마이클 하트와 안토니오 네그리의 이론에 대해 신랄한 비판을 가하고 있다. 그동안 하트와 네그리의 이론이 소개되면서 국내의 진보적 활동가와 학자들에게 적지 않은 영향을 주었지만 대체로 무비판적인 소개에 그친 감이 있다. 이런 점에서 아민의 이 글은 하트와 네그리의 이론을 보다 균형 잡힌 시각으로 바라보는 계기가 될 것으로 믿는다.

'미래에 우리는 어떤 일을 하게 될까' 는 이른바 '지식기반 경제' 의 세계적인 확산과 이에 따라 초래되는 '직업정체성' 의 붕괴가 인간의 노동과 노동자의 삶에 어떤 영향을 주는가를 살펴본 글이다. 이 글은 한국에서 사회적 현안이 되고 있는 비정규직 문제나 일자리의 해외이전 현상을 어떻게 보고 대책을 강구해야 하는지를 고민하는 이들에게 도움이 될 것 같다.

'오늘날 중국 노동계급의 상황' 이라는 글은 우리가 알고 있는 중국과는 다른 모습의 중국 또는 우리가 알고 있는 중국의 이면에 존재하는 중국의 현실을 이야기해준다. 중국은 혁명 지도자 마오쩌둥이 사망하고 실무형 지도자인 덩샤오핑이 권좌에 올라 개혁개방 정책을 본격화한 지 30년이 넘었다. 그동안 중국은 자본주의 시장경제 요소를 적극 받아들이면서 고속성장을 이루어 세계인의 주목을 받았다. 그러나 그 기간은 도시와 농촌 간, 부자와 빈자 간, 자본가와 노동자 간의 물질적 격차가 확대되고 그에 따른 사회적 갈등이 증폭되는 과정이기도 했다. 중국은 과연 내부적 갈등과 모순을 추스르고 '자본주의의 길'을 계속 질주할 수 있을까? 이 글은 중국 노동계급의 현 상황을 현지에서 살펴보는 것을 통해 중국의 앞날을 전망해본다.

'여성과 계급: 지난 40년간 무슨 일이 일어났나'는 지난 40년간 미국에서 전개돼온 여성운동을 되돌아보고 오늘날 여성의 삶이 어떠한지를 살핀 뒤에 앞으로 여성운동이 나아가야 할 길을 모색해본 글이다. 이 글의 공동필자인 스테파니 루스와 마크 브레너는 여성의 유급노동시장 진출기회를 확대하는 데 치중하는 여성운동만으로는 자본주의 체제가 여성들에게 부과하는 구조적 제약을 극복할 수 없다고 지적하고, '계급을 등지는 방식'이 아닌 '계급을 아우르는 방식'의 여성운동을 추구해야 한다고 제안한다.

'신자유주의, 그 신화와 현실'에서 필자인 마틴 하트-랜즈버그는 시장개방과 무역자유화가 경제성장을 촉진하고 국민의 복지를 증진시킨다는 자유무역론자들의 주장은 현실에서 입증되지 않을 뿐 아니라 이론적으로도 결함이 많다고 비판하고, 따라서 그들의 주장에만 근거해 경제정책과 무역정책을 수립해 실시하는 것은 대단히 위험하다고 경고한다. 그는 자유무역론자들이 이용하는 '연산가능일반균형(CGE) 모형'은 겉으로 보면 정교해 보이지만 그 속을 들여다보면 생산요소의 완전균형과 국내경제의 원활한 구조조정 등 실제로는 실현되기 어려운 여러 가정들을 바탕으로 한 것으로, 애초부터 자유무역협정 옹호자들에게 유리한 결과를 내게 돼있다고 지적한다. 한국정부도 바로 이 모형으로 계산해낸 국내총생산(GDP) 증가율 등을 한미 자유무역협정(FTA)의 경제적 이득을 홍보하는 데 활용한 바 있다.

책 뒷부분의 '먼슬리 리뷰 플러스' 섹션에는 〈먼슬리 리뷰〉와 그 웹진에 최근 게재된 글들 중에서 짧지만 눈에 띄는 것들을 모아놓았다. 여기에는 헬렌 켈러의 스승 애니 설리번을 조명한 시집《애니 설리번 보기》(2005년 발간)에 대한 서평, 영화〈행복을 찾아서〉(2006년 개봉)에 대한 평론, 조지 부시 미국 대통령의 에너지 정책을 비판한 피델 카스트로 쿠바 국가평의회 의장의 글, 자본주의의 흔들운동에 대한 촌평 등을 담았다. 다만 맨 마지막에 넣은 알베르트 아인슈타인의 글 '왜 사회주의인가?(Why Socialism?)'는 앞에서도 이야기했듯이 반세기도 더 전인 1949년에 발간된〈먼슬리 리뷰〉창간호에 게재됐던 것이지만, 지금 읽어봐도 그 현실적 의미가 생동한다는 점에서 번역해 실었다.

이 책이 나오기까지 여러 분들의 도움이 있었다.〈먼슬리 리뷰〉의 대표 편집자인 존 벨러미 포스터 씨와 총괄이사인 마틴 패디오 씨는 이 잡지와 부설 웹진의 콘텐츠를 번역해 한국의 독자들에게 전달하고자 한다는 필맥 출판사의 계획에 흔쾌히 동의해 주었다. 또한 지난 일 년 남짓한 기간 동안 한 달에 한 번 정도〈먼슬리 리뷰〉글의 번역문을 게재해준 인터넷신문〈프레시안〉측에도 감사의 말을 전한다. 국내 독자에게 소개할 글의 선택과 번역 및 편집의 과정에서는 번역자인 한지영, 추선영 씨와 편집자인 문나영 씨의 노고가 컸다. 독자가 이 책을 읽고 그 내용과 편집 등에 대한 의견을 필맥 출판사(philmac@philmac.co.kr)로 보내주시면 다음 권을 낼 때 적극 반영하도록 하겠다.

2007년 5월 1일, 필맥 MR편집팀

차 례

SIBERIA
RUSSIA
Arctic Circle (66°33')
Yakutsk
MONGOLIA
Ulaanbaatar
GOBI DESERT
Irkutsk
MAKAN DESERT
CHINA
Beijing
Tianjin
Shenyang
Mt. Everest
Chengdu
Wuhan
Chongqing
HIMALAYAS
BHUTAN
NEPAL
Kathmandu
Lhasa
Kânpur
BANGLADESH
Calcutta
Dhaka
Hong Kong S.A.R.
Hanoi
Macau S.A.R.
BURMA
LAOS
Hainan Dao
INDIA
Vientiane
Hyderabad
Gulf of Tonkin
Rangoon
Bay of Bengal
THAILAND
PARACEL ISLANDS
Bangkok
VIETNAM
Chennai (Madras)
ANDAMAN ISLANDS (INDIA)
CAMBODIA
South China Sea
Phnom Penh
Ho Chi Minh City
Gulf of Thailand
SPRATLY ISLANDS
Colombo
SRI LANKA
NICOBAR ISLANDS (INDIA)
Bandar Seri Begawan
BRUNEI
Medan
Kuala Lumpur
MALAYSIA
Singapore
SINGAPORE
INDO
Jakarta
Java Sea
JAVA TRENCH
Bandung
Surabaya
NINETYEAST RIDGE
Christmas Island
Cocos (Keeling) Islands
(deepest point of the Indian Ocean, -7258 m)
INDIAN OCEAN
Tropic of Capricorn (23°27')
Perth

제국의 새로운 전선

미국이 인도의 '강대국 야망'을 부추기는 이유

인도 정치경제연구소[1]

미국과 인도의 전략적 협력과 그 내막

2005년 3월 콘돌리자 라이스 미국 국무장관은 미국 정부가 인도를 글로벌 강국으로 만들기로 결정했다고 밝혔다. 이에 따라 미국 군수업체들은 인도로부터 대규모 계약을 기대할 수 있게 됐다. 그러나 이런 상황전개는 보다 폭넓은 전략적 고려에 의해 이루어지고 있음을 놓쳐서는 안 된다.

이와 관련해 먼저, 미국은 인도의 야망에 대해 우려하지 않는다는 점을 알아야 한다. 미국은 인도가 독자적으로는 아시아 전체에 걸쳐 힘을 발휘할 수 없음을 잘 알고 있다.

---

1. 인도 정치경제연구소(RUPE; The Research Unit for Political Economy)는 인도의 뭄바이에 본부를 두고 인도인들의 경제적 삶과 인도의 각종 제도에 대해 독립적인 조사연구를 수행하고 있는 연구소다. 시민들의 자발적인 참여와 기부에 의해 운영되며, 〈인도경제의 여러 측면들(Aspects of India's Economy)〉이라는 부정기 간행물을 내고 있다. 이 글의 원문은 〈먼슬리 리뷰〉 2006년 3월호에 실린 'Why the United States Promotes India's Great-Power Ambitions'다. —편집자

예를 들어 인도는 인도양 연안국들에 즉각적으로 군사력을 투입할 수 있는 신속대응군 체제를 갖추려는 계획을 갖고 있지만, 이런 계획은 공중급유 기능을 갖춘 장거리 고속전투기, 조기경계기, 공중지령기, 공격용 헬기, 아이엔에스 비라트(INS Virat)라는 기존의 항공모함 1대 외에 또 하나의 항공모함 없이는 실현될 수 없다. 인도가 이런 것들을 갖추려면 그 가운데 상당부분은 미국에서 수입할 수밖에 없다. 해외에서 장기간의 군사적 개입을 하는 데는 상당한 인프라가 필요하지만, 인도는 그런 인프라를 갖추고 있지 않다. 사실 유럽연합(EU)도 미국과 별도로 군사력을 해외에 지속적으로 배치하기 위한 인프라를 갖추지 못했다. 이런 사실은 발칸위기 때 입증됐다. 그때 유럽연합은 결국 미국에 개입을 요청할 수밖에 없었다.

게다가 기존의 군사력 균형 상태를 고려하면, 미국의 반대에 직면하게 될 경우에는 인도의 세력확장 시도가 유지될 수 없다. 실제로 2003년에 아탈 비하리 바지파이 당시 인도 총리도 이와 비슷한 취지의 고백을 했다. 그는 인도를 강대국의 지위로 끌어올리기 위한 자신의 20개년 계획이 원활히 추진되려면 미국과의 전략적 파트너십이 필수적이며 "그렇지 않다면 나라의 힘과 영향력을 해외의 그 어디로든 확장할 수 있는 인도의 능력이 크게 저하될 것"이라고 말했다고 한다.

미국이 인도의 야망을 부추기는 또 다른 이유는 그렇게 하는 것이 미국의 이익에 들어맞는다는 데 있다. 이 점을 솔직하게 서술한 미국 쪽 자료가 적어도 3개는 존재한다.

그 가운데 첫 번째 자료는 2002년에 미국 국방부의 의뢰로 작성된 〈인도와 미국의 군사관계: 기대와 인식〉[2]이라는 보고서다. 이 보고서는 23명의 현역 미군 장교와 15명의 미국 관료를 포함한 42명의 주요 미국인들, 10명의 현역 인도군 장교들, 5명의 인도 정부 관료 및 인도 국가안보위원회의 위원들 몇 명, 인도 정부를 돕는 외부 전문가들과의 인터뷰에 근거해 작성됐다. 두 번째 자료는 로버트 블랙윌 전 주인도 미국대사

---

2. The Indo-US Military Relationship: Expectations and Perceptions.

의 보좌관이었던 애실리 텔리스(Ashley J. Tellis)가 쓴 글이다. 텔리스는 2001년부터 2003년까지 블랙월의 보좌관을 지내는 동안 미국의 대인도 정책 분석가로 주목받는 인물이었다. 세 번째 자료는 미국 육군대학 전략연구소의 스티븐 블랭크(Stephen Blank)가 2005년 10월에 작성한 연구보고서 〈자연스러운 동맹?: 아시아의 지역안보와 인도-미국 간 전략적 협력의 전망〉[3]이다.

이런 연구들은 오늘날 미국 제국주의가 처한 상황과 전 세계에 대한 미국 제국주의의 전략적 관점을 배경으로 놓고 봐야 한다. 이 점에 대해서는 2003년에 〈먼슬리 리뷰〉에 게재된 글 '이라크 침공의 배후'에서 검토한 적이 있으니, 그 글에서 우리가 주장했던 내용을 다시 간추려 소개하면 다음과 같다.

표면적으로 보면, 소련이 붕괴한 뒤로 미국은 자국의 전 세계적 헤게모니를 심각하게 위협할 정도의 도전에는 전혀 직면하지 않고 있는 것으로 보인다. 미국의 군비지출액은 전 세계 군비지출액의 절반에 해당하고, 유엔 안보리의 다른 상임이사국들인 중국, 러시아, 영국, 프랑스의 군비지출 합계액에 비해서는 약 3.5배, 미국 다음으로 군비지출 규모가 큰 순서로 6개국, 즉 러시아, 프랑스, 일본, 독일, 영국, 중국[4]의 군비지출 합계액에 비해서는 2배에 이른다. 미국은 멀리 떨어진 지구상의 다른 곳으로 자국의 군사력을 옮겨 해외에서 지속적으로 전쟁을 수행할 수 있는 유일한 나라다. 미국은 이런 능력을 이라크와 아프가니스탄에서 보여줬다. 이에 비해 프랑스나 영국 같은 나라들은 예컨대 아프리카 같은 곳에서 이류의 세력에 대항하는 군사활동을 벌인다든가 하는 비교적 소규모의 개입만 할 수 있는 정도다.

그러나 군사력을 궁극적으로 뒷받침하는 것은 경제력인데, 경제적 토대에서는 미국의 힘도 취약한 측면을 지니고 있다. 세계 전체 소득에서 미국이 차지하는 비중은 1950년에는 50% 정도였으나 오늘날에는 21%로 낮아졌다. 세계 전체 제조업 생산에서 차지하는 미국의 비중은 1950년에는 60%였으나 1999년에는 25%로 낮아졌다. 세

---

3. Natural Allies?: Regional Security in Asia and Prospects for Indo-American Strategic Cooperation.
4. 중국의 경우는 실제 군비지출액이 공식적으로 발표된 금액의 2배라고 가정한다.

계 전체의 외국인직접투자(FDI)에서 미국이 차지하는 비중도 1960년에는 47%였으나 2001년에는 21%로 낮아졌다.

물론 미국경제는 "잘 굴러가고 있다"는 평을 듣고 있다. 하지만 오늘날 미국의 경제성장은 소비자부채와 정부부채를 대규모로 체계적으로 확대하는 것에 의해서만 지탱되고 있다. 미국 국내에서 소비되는 재화와 서비스 중 수입된 재화와 서비스의 비중이 점점 더 커지고 있다. 이에 따라 미국의 경상수지, 즉 재화와 서비스 무역 및 투자와 관련된 수입과 지출의 차액은 20여 년에 걸쳐 계속 적자였고, 2004년에는 무려 6680억 달러에 이르면서 통제가 불가능한 상태에 이르렀다. 2005년에는 미국의 경상수지 적자가 이보다 더 커졌다. 이런 경상수지 적자는 해외로부터의 차입에 의해 메워졌고, 결국 미국은 세계에서 가장 많은 빚을 진 채무국이 됐다.

미국은 이 거대한 경상수지 적자를 전 세계 저축의 70% 이상을 빨아들여 보전하고 있다. 다른 나라들이 자기 나라의 저축을 미국으로 보내주는 데는 세 가지 이유가 있다. 첫째 이유는 미국은 전 세계를 압도하고 있는 제국주의 강대국이라는 것이고, 둘째 이유는 미국 달러화가 여전히 세계에서 으뜸가는 국제결제 통화라는 것이며, 셋째 이유는 많은 나라들이 주된 수출시장 미국의 화폐인 달러화의 가치 하락을 원하지 않는다는 것이다.

그러나 이런 식의 게임이 무한히 계속될 수는 없다. 미국의 국민소득 중에서 부채 상환을 위해 지출할 돈을 떼어내는 비중이 점점 더 커져야 하기 때문이다. 국제 투자자들과 전 세계 중앙은행들은 이 점을 잘 알고 있다. 따라서 그들은 미국에 넣어 둔 투자자금을 이제 다른 곳으로 옮겨야 하는 것 아닌가를 저울질하고 있다. 그렇게 투자자금을 옮기는 일이 실제로 벌어진다면 미국 달러화 가치는 떨어지고, 미국 금리는 상승할 것이며, 미국 경제는 붕괴의 위험에 처하게 될 것이다.

이런 결과가 빚어지는 것을 막는 데서 미군이 중요한 역할을 하고 있다. 미군은 전 세계를 압도하는 제국주의 강대국인 미국의 지위를 보호함으로써 미국이 전 세계 자본의 안전한 피난처로서 유지되도록 한다. 미군은 이라크를 침공했고, 그 밖의 다른 나라들에 대해서도 언제든지 침공할 수 있다고 위협한다. 이런 활동을 통해 미군은 전 세계 석유무역의 대부분이 미국 달러화로 거래되도록 보장한다. 미군은 석유를 비롯한 세계적인 필수자원들의 대부분에 대한 물리적 통제권을 확보해 놓고 있을 뿐 아니라, 미국의 헤게모니에 도전하는 경쟁세력이 나타날 경우 그 경쟁세력에 대항하는 과정에서 사용할 비장의 무역루트까지 확보해 놓고 있다. 미군은 또한 군비경쟁에서 경쟁세력이 될 수 있는 다른 나라의 경제적 토대를 붕괴시키는 활동을 할 수도 있다.

그러나 미국의 군사력도 점점 취약해지고 있다. 그 이유와 관련해 주목되는 사실들은 다음과 같다.

첫째, 미국 군사력의 우월성은 그것에 도전할 능력이 있는 다른 세력이 존재하지 않는 데 기반을 둔다. 이를 위해 미국의 군사력은 지구 전체에 미쳐야 하고, 지구상의 그 어느 곳에서 일어나는 저항도 견제할 수 있어야 한다. 따라서 미군은 쉼 없이 계속해서 전쟁을 수행하는 상태에 있다. 실제로 미군은 미국 군사력의 우월성을 지키기 위해서라면 어느 곳에라도 개입하며, 이 때문에 전 세계 반제국주의 세력의 최대 타격 목표가 되고 있다.

둘째, 미군은 재래식 상비군을 궤멸시키기 위한 행동에 나설 준비는 잘 돼있지만 게릴라식 저항과 민중봉기에 대항하는 데서는 좋은 실적을 보여주지 못했다. 이 점은 과거 베트남의 해방투쟁과 지금 이라크인들의 저항에 대한 미군의 대응이 잘 보여준다. 이럴 때 미군이 기댈 수 있는 유일한 희망은 인종 간 긴장을 조작해내는 데 있다.

셋째, 위대한 베트남인들의 투쟁이 남긴 유산 중 하나로, 미국의 지배계급은 전쟁을 위한 징병과 전쟁의 과정에서 대규모 사상자가 발생하는 것이 미국 국내에 일으키는 정치적 결과를 두려워하게 됐다. 이 때문에 미군의 규모는 미국의 지구적 헤게모니가 요구하는 수준에 훨씬 못 미친다. 앞으로도 미국은 필요하면 징병을 할 수도 있겠지만, 그 대신 국내적으로 무거운 정치적 부담을 떠안아야 할 것이다.

미국의 새로운 '해외주둔 미군 배치' 정책

미국이 광범위한 군사기지 네트워크를 갖춘 것은 다양하고 달라지는 잠재적 적들에 대항해 자기 나라의 헤게모니를 유지하기 위해서다. 군사기지가 확대되면서 해외에 미군이 배치된 상태가 옅어졌다.

미국 국방부는 2003년에 발표한 새로운 기지운영 정책을 통해 옛 소련과의 전쟁에 맞춰 설치됐던 냉전시대의 대규모 기지들 가운데 35%를 폐쇄하고, 서아시아와 중앙아시아에 걸친 '활 모양 불안정 지대(arc of instability)'에 배치된 다수의 소규모 기지들로 병력을 이동시킬 것이라고 밝혔다. 이들 '전진작전 거점기지(lily-pad base)'들에는 영구적인 시설이 최소한으로만 설치되고 병력도 제한적으로만 주둔하는 형태로 운영되며, 필요할 경우에는 미국에서 파견되는 기동군이 이들 기지를 활용하게 된다. 이같은 새로운 해외주둔 미군 배치 정책은 미국의 지구적 헤게모니가 새로이 요구하는 바와 관련이 있다.

미국 국방부의 더글러스 페이스(Douglas Feith) 정책담당 차관은 이렇게 말했다. "냉전시기에 우리는 주된 위험이나 전쟁이 어디에서 발생할 것인지를 안다고 믿었고, 바로 그런 곳들에 병력을 배치했다. 그러나 지금 우리는 완전히 다른 개념에서 작전을 수행하고 있다. … 우리는 전 세계 어디에서나 전투에서 평화유지활동에 이르기까지 모든 종류의 군사작전을 매우 신속하게 수행할 능력을 갖춰야 할 필요가 있다. 미국 국방부는 앞으로 수십 년간 테러행위에 대응하고 석유를 조달하는 데 위협이 되는 요소들을 비롯한 잠재적 위협에 대응하기 위해 최대한의 신축성을 추구하고 있다. 따라서 미군은 가능한 많은 지역들에서 가능한 많은 나라들과 군사기지 설치 및 기존 군사기지 이용에 관한 협정을 폭넓게 맺으려고 한다."

미국은 주요 작전기지 및 전진작전 거점기지들을 설치해야 하는 지역 외에 '안보협력 대상지역(cooperative security location)'도 설정해 놓고 있다. 안보협력 대상지역은 전진작전 거점기지가 설치되는 지역보다도 미군의 배치상태가 훨씬 옅다. 안보협력

대상지역은 상주하는 미군이 거의 또는 전혀 없으며, '민간업체나 해당 국가의 인력'에 의해 관리된다. 미국은 이런 곳들의 군사적 인프라도 원하는 대로 자유롭게 이용할 권한을 갖기를 바란다.

페이스는 최근 몇 년간에 걸쳐 미국이 유럽에서 군사훈련을 하거나 유럽에 군사력을 배치하는 것을 저지해 온 것과 같은 종류의 환경적 또는 정치적 제약을 미국 국방부는 피하고 싶어 한다면서 이렇게 말했다. "만약 미국이 다른 나라에 병력을 배치하는 목적을 달성할 수 없게 만드는 제약을 그 나라가 우리에게 가하려고 한다면, 우리는 그 나라에 미군병력을 계속 배치해야 하는가를 다시 생각해봐야 할 것이다."

미군 태평양사령부의 여러 부서 사람들과 토론한 내용을 근거로 작성된 미국 육군대학의 한 연구보고서는 다음과 같이 단언했다.

"우리는 인도의 가시적인 뒷받침을 필요로 한다. 왜냐하면 우리의 전략적 이익과 목표는 글로벌한 것들이지만, 우리가 그런 이익과 목표를 추구하기 위해 사용할 수 있는 군사적, 비군사적 수단들은 그렇지 않기 때문이다. … 인도양의 디에고가르시아 섬에서부터 태평양의 오키나와와 괌에 이르기까지 수천 마일에 걸친 활 모양 지역의 미군배치 상태는 위험할 정도로 엷다."

2001년에 작성된 미국의 〈4개년 국방전략 보고서〉[5]는 "아시아의 모든 갈등지역에서 위협의 요소가 확산되고 있기 때문"에 미군은 아시아에 더 많은 병력과 기지를 둘 필요가 있다고 공개적으로 주장했다. 피터 브룩스(Peter Brookes) 미국 국방부 부차관보는 2002년 의회에서 다음과 같이 말했다.

"하나의 작전지역으로서 아시아는 그 지리적 범위가 대단히 넓고, 미군기지와 미국이 군사력 이동을 위해 이용할 수 있는 인프라가 다른 주요 지역들에 비해 취약하다. 게다가 다른 지역들에 비해 아시아태평양 지역에서 미국은 현지 군사시설을 이용할 수 있는 권한을 덜 보장받고 있다. 이런 이유에서 〈4개년 국방전략 보고서〉는 현지 군

---

5. QDR: Quadrennial Defense Review.

사시설을 이용할 수 있는 권한을 더 보장받고 필요한 인프라를 더 많이 확보하기 위한 협정들을 체결하는 것이 필요하다고 지적한 것이다."

줄리 맥도널드[6]는 다음과 같이 말한다.

"미군 장교들은 궁극적으로 인도 내 군사기지와 군사적 인프라에 대한 이용권한을 확보할 계획임을 솔직하게 밝히고 있다. 인도는 늘 붐비는 중동과 동아시아 간 해상교통로를 끼고 있고 아시아의 중앙에 위치해 있으며, 미군은 인도의 이런 전략적 위치에서 각별한 매력을 느끼고 있다."

미 육군 장성들은 미군이 인도 내 군사기지를 이용할 수 있는 권한을 보장받게 되면 "세계의 다른 지역들에도 바로 접근"할 수 있게 되고 "지역적 위기에도 신속하게 대응"할 수 있게 될 것이라고 말했다고 맥도널드가 전했다. 미 육군 장성들은 또한 일본, 한국, 사우디아라비아와 같은 전통적인 동맹국들과의 관계가 악화하거나 붕괴할 경우나 이런 나라들의 군사기지에 대한 미국의 이용권한이 제약받게 될 경우에는 "아시아에서 다른 대안을 강구할 필요가 있게 되며, 그럴 경우 인도가 최적의 선택대상"이라고 말했다고 한다.

맥도널드는 미군의 한 영관급 장교의 다음과 같은 발언도 전했다.

"미국 해군은 중동에서 군사작전을 수행하는 데 필요한 항구와 보급기지의 역할을 해줄 수 있는 비교적 중립적인 지역을 지구 반대편에 확보하기를 원한다. 인도는 이런 인프라를 잘 갖추고 있고, 인도 해군은 미국 군함을 정비해주고 연료를 공급해주는 역할을 할 수 있음이 이미 입증됐다. 시간이 흐르면 미국 군함이 인도에 입항하는 것이 자연스러운 일로 받아들여질 것이다. 인도는 호송작전과 지역적 위기에 대한 대응 등 미국 해군의 모든 군사활동을 지원해줄 수 있는 나라다."

미군이 아프가니스탄과 이라크를 침공하고 점령하는 과정에서 이미 인도가 미군에 항만시설을 제공한 바 있다. 또한 인도는 스리랑카의 군사기지 사용과 관련해 미국에

---

6. Julie Macdonald. 〈인도와 미국의 군사관계: 기대와 인식〉 보고서의 필자. —편집자

긍정적인 신호를 보내왔다.

"인도는 그 어느 외국에 대해서도 디에고가르시아 섬이나 스리랑카 동부에 있는 트링코말리 기지와 항구 근처에 접근하지 못하도록 해왔으나, 미국 해군에 대해서는 이 지역의 항구를 이용할 수 있게 해주었을 뿐 아니라 미국이 테러와의 전쟁과 관련해 인도의 항구를 이용할 수 있게 해주었다. 그 대가로 미국은 스리랑카의 타밀 반군에 압박을 가해 스리랑카 정부와 평화협상을 계속하게 했다. … 이들 인도양 연안 기지들을 사용할 수 있는 권한은 … 중동과 동남아시아에 걸치는 지역에서 군사작전을 수행하는 데에 대단히 큰 가치가 있는 것이며, 인도양에서 중국 해군의 야망을 견제하는 역할도 해줄 수 있다. … 게다가 미국의 선박과 비행기들은 필요할 경우 인도의 기지들을 사용할 수 있는 권한을 이미 누리고 있다."

미국에서 9.11 테러 사건이 일어난 뒤 미국이 아프가니스탄을 침공할 때 인도가 자국 군사기지들을 적극적으로 미군에 제공해준 것은 하나의 전환점이었다. 그 전에 미국 해군의 배는 대략 3년에 한 번씩만 인도에 기착했다. 그러나 미국 태평양사령부 장교들에 따르면, 지금 인도는 미국 해군의 배가 정기적으로 기착하는 곳이 됐다. 9.11 사태 이전에는 인도 정부가 구자라트 지역의 지진에 대응하는 과정에서도 미군병력이 무기를 들고 인도 땅을 밟는 것을 허용하지 않으려 했다. 그러나 "9.11 사태 이후에는 미군이 인도의 기지들에 대한 완전한 접근권을 갖고 있다"고 맥도널드는 분석했다.

맥도널드는 이렇게 덧붙였다. "미국은 인도에 훈련시설도 갖기를 원한다. 인도는 얼음으로 뒤덮인 산에서부터 사막에 이르기까지 다양한 자연환경을 갖고 있으며, 이런 인도의 자연환경이 미국에 도움이 될 수 있다. 미국에서는 군사훈련장이 줄어들고 있을 뿐 아니라 점점 더 논란의 대상이 되고 있기 때문이다." 더구나 미국 해군의 입장에서는 인도 해군과 함께 훈련을 하는 것이 인도양 지역에 익숙해지는 최선의 방법이기도 하다.

인도군이 맡게 될 하위의 역할

미군은 인도의 시설뿐 아니라 인도의 군 병력도 필요로 한다. 애실리 텔리스에 따르면 인도군 병력의 역할은 하위의 것이 되겠지만, 그렇더라도 그것은 미국에 도움이 될 것이다.

아시아는 미국의 이익에 긴요한 지역이기 때문에 미국은 필요할 경우 군사력을 비롯한 각종 자원을 일방적으로 아시아 지역에 투입할 것이다. 하지만 그런 경우에도 아시아 지역에서 인도는 조연의 역할밖에 하지 못할 것이다. 물론 그렇더라도 인도의 능력이 강화되면 아시아 지역에 대한 인도의 영향력도 제한적으로나마 커질 것으로 예상할 수 있다. 미국이 인도와의 관계를 잘 관리해 나간다면, 인도의 영향력이 제한적으로 커지는 것이 미국과 인도 두 나라의 공통이익 증진에 도움이 될 수 있다.

텔리스는 이렇게 썼다. "이 긴요한 지역에서 지금 미국과 인도 사이의 군사력과 자원의 불균형이 대단히 크기 때문에 인도가 무엇을 선택한다는 이야기 자체가 부적절하다. 그러나 미국 군사력과의 협조체제 속에서 동원되는 인도의 군사력이라면 그 영향력이 대단히 커질 수 있다. 실제로 그렇게 된다면 인도가 지원해줄 수 있는 각종 자원은 이 지역에서 미군이 짊어지게 되는 작전상의 부담을 완화시켜줄 수 있다."

더 나아가 텔리스는 미국이 직접 개입할 가치가 없다고 느끼는 지역이나 이슈에서는 필요한 역할을 인도군에 위임할 수도 있다는 점을 강조했다.

"아시아 지정학의 틈새에 해당하는 지역 또는 이슈의 영역에서는 인도군이 가장 활용가치가 있다. … 그러한 지역 또는 영역에서는 강대국의 이해관계가 명확하지도 않고 절대적인 중요성을 갖지도 않는다. 따라서 그러한 지역 또는 영역에서는 어떤 특정한 결과를 일방적으로 강요하도록 하는 유인이 적다. 이런 경우에는 인도와 같은 신흥강국이 차별적인 역할을 해줄 수 있다. 왜냐하면 인도와 같은 신흥강국은 지배적인 강대국은 아니지만 어느 정도의 능력을 갖추게 되면 그 능력을 통해 복수의 동맹세력들 가운데 어느 동맹세력 쪽으로 힘의 균형이 기울게 할지를 좌우할 수 있기 때문이다.

맥도널드는 따라서 인도군에 '부차적인 하위의 작전임무'가 부여될 수 있다면서 다음과 같이 설명했다.

"아시아에서 미군은 예컨대 평화유지 활동, 수색과 구조, 인도적 지원, 재난구호, 고가화물 호송 등과 같은 하위의 임무를 맡아 유능하게 수행해줄 수 있는 군사적 파트너를 찾는다. 이런 군사적 파트너가 존재한다면 미군은 고급의 주된 전투를 수행하는 데 자원을 집중할 수 있게 된다."

이런 군사적 파트너로 가장 적합해 보이는 것이 바로 인도 해군이다. 미국 해군과 인도 해군의 협력은 2001년에 미국에서 9.11 테러 사건이 발생한 뒤에 크게 강화됐다. 6개월 동안 인도 해군은 미국 해군과 함께 상업선박을 호송하기도 했고, 북아라비아 해에서 말라카해협까지의 늘 붐비는 해상항로를 정찰하기 위해 공동순찰을 실시하기도 했다.

이것은 유용한 선례가 됐다. 맥도널드는 "해군의 협력은 두 나라 군 사이의 협력 중에서 가장 유망한 영역"라고 말한다. 무엇보다 "인도 해군은 인도의 국경 밖에서 작전 활동을 하도록 조직된 유일한 인도군"이라는 것이다. 해군의 협력은 육군 등의 협력에 비해 인도 안에서 정치적 반대를 덜 일으킬 것이다. 미국의 한 해군 장교는 이렇게 말했다. "미국 해군은 인도 땅에 발자국을 남기지 않는다. 따라서 인도의 각 군 중에서 미국이 협력관계를 밀고나가기가 가장 쉬운 군은 해군이다. 해군은 훈련도 사람들 눈에 띄지 않는 곳에서 하며, 훈련 도중에 미국 병력이 인도 땅에 올라가지도 않는다."

2005년 6월 28일 체결된 '미국과 인도 간 국방관계의 새로운 틀'[7]이라는 협정은 인도군과 미군 공동의 군사훈련 및 교류, 재난상황에 대한 공동의 대응, 다국적 군사작전과 평화유지활동에서의 상호협력 등에 관한 구체적인 내용을 담고 있다. 이 협정에는 유엔에 대한 언급이 없다는 점에 주목할 필요가 있다. 이 협정에 적시된 공동의 활

---

7. New Framework for the US-India Defense Relationship.

동들은 명목상으로도 유엔의 깃발 아래 수행되지 않을 것이 분명하다. 이 협정의 체결은 미국이 예전에는 관여할 수 없었던 상황에 미군병력이나 동맹국 병력을 투입하기 위해 재난이나 지역갈등을 이용하려는 미국의 체계적인 노력의 하나다.

2005년 7월 18일 만모한 싱 인도 총리와 조지 부시 미국 대통령은 공동성명에서 '쓰나미(지진해일) 대응 핵심그룹'의 경험에 토대를 둔 새로운 '미국과 인도 간 재난구호 이니셔티브'에 대해 언급했다. 인도도 포함됐던 '쓰나미 대응 핵심그룹'은 나중에 해체됐고, 이 그룹이 수행하던 일은 유엔으로 넘어갔다. 그러나 미국은 쓰나미라는 재난을 기회로 삼아 자국의 병력과 장비를 인도네시아의 아체 지역과 스리랑카에 투입하는 성과를 거뒀다. 미국은 특히 스리랑카에는 '인도주의적 목적'을 명분으로 해서 1500명의 해병대 병력과 수륙양용 공격함 하나를 파견했다.

국제법에 위반되는 '대량살상무기 확산방지 구상'

2005년 6월의 '새로운 틀' 협정은 미국과 인도가 '대량살상무기의 확산을 저지'하는 데도 공조한다고 명기하고 있다. 사실 인도는 미국이 주도하는 '대량살상무기 확산방지 구상(PSI; Proliferation Security Initiative)'에 참여할 참인데, 이는 위험하고도 불법적인 움직임이다. PSI는 국제조약이나 국제기구가 아니며, 단지 대량살상무기의 확산을 막는다는 명분 아래 한 그룹의 국가들이 구속력 있는 조건이나 규칙도 없이 서로 간에 '비공식 조정협의'를 하는 창구일 뿐이다. PSI는 유엔을 통하는 경로를 버린 채 직접 참여국들에 대해 대량살상무기를 확산시킬 가능성이 있는 국가나 지역으로 들어가거나 그런 국가나 지역으로부터 나오는 대량살상무기, 대량살상무기 수송수단, 기타 대량살상무기 관련물질의 수송을 저지할 것을 요구한다. 여기서 '저지(arrest)'라고 했지만, 실제로 사용된 단어는 '금지(interdict)'다.

'대량살상무기 수송수단'이란 표현은 아마도 미사일 같은 것들을 지칭하는 것으로 보인다. 하지만 '대량살상무기 관련물질'이란 표현은 무엇을 가리키는지가 모호하다. 이런 표현으로 인해 PSI는 비료를 제조하는 데 필요한 물질도 그것이 대량살상무기를 만드는 데 사용될 수 있다는 이유로 압수하도록 할 가능성을 안고 있다. 이와 관련해 이라크에 대한 제재조치가 가동된 기간(1991~2003년)에 이라크는 연필에 들어 있는 흑연이 무기 제조에 이용될 수 있다는 이유에서 연필의 수입을 방해받은 적이 있음을 상기할 필요가 있다.

PSI 참여국들은 국제법에 따른 제재로서가 아니라 그들 자신의 주도로 자국 영해는 물론 공해상에서도, 다시 말해 특정 국가의 영해에 속하지 않는 먼 바다에서도 금지대상 화물을 수송한다는 '합당한 의심을 갖게 하는(reasonably suspected)' 배라면 그게 어떤 배든 탑승해 수색하고 화물을 압수할 수 있게 돼있다. PSI 참여국들은 대량살상무기를 확산시키는 나라로, 또는 그런 나라로부터 금지대상 화물을 수송한다는 '합당한 의심을 갖게 하는' 비행기에 대해서는 착륙을 요구하고 화물을 압수할 수 있게 돼있다. 만약 비행기가 착륙하기를 거부한다면 어떤 결과가 초래될까? 아마도 대량살상무기를 화물로 수송하고 있었다는 주장에만 근거해 발사된 대공포에 맞아 추락하게 될 것이다.

미국은 이라크가 대량살상무기를 보유하고 있다는 주장을 이라크 침공의 명분으로 삼았지만, 결국 이는 터무니없는 주장이었던 것으로 드러났다. PSI의 주장도 이와 마찬가지로 그 어떤 국제기구의 감시도 받지 않는 가운데 미국의 '첩보'에만 의존하게 될 것이다. PSI가 사용하는 '합당한 의심'이라는 표현도 이런 맥락에서 주목된다. '합당한 의심'을 근거로 PSI 참여국들이 하게 될 행위들은 국제법상 전쟁행위가 된다. 이런 이유에서 인도가 PSI에 참여하는 것은 심각한 결과를 초래할 수 있다.

1년여 전에 콜린 파월 당시 미국 국무장관이 인도에 대해 PSI에 참여하도록 압박을 가할 때만 해도 인도의 고위관리들이 그 합법성에 대한 의구심을 드러냈다. 그러나 지금의 인도는 PSI 참여국이 되는 길로 접어든 것으로 보인다. 2005년 1월에 열린 7차 아시아 안보회의(Asian Security Conference)에서 프라납 무케르지 인도 국방장관은 해상경로를 통한 대량살상무기의 확산은 "최대의 문제점들 가운데 하나"라면서 "PSI 같은 이니셔티브들에 대한 좀 더 자세한 검토가 필요하다"고 주장했다. 무케르지 장관은 해상경로를 통한 대량살상무기의 확산과 같은 위협에 대처하는 데는 인도의 해군과 연안경비대가 중요한 역할을 수행할 수 있을 것이라고 말했다. 2005년 5월 21일에는 아룬 프라카시 해군 참모총장이 "인도가 PSI에 참여한다면 국제문제에 있어서 인도의 지위가 높아져 우리가 핵심국가들 가운데 하나가 될 것"이라고 주장했다.

이어 2005년 9월에는 인도 해군이 미국 해군과 함께 역사상 최대 규모의 합동훈련을 실시했다. 항공모함이 앞장서고 미사일 구축함, 프리깃함, 헬리콥터, 첩보기, 전투기도 동원된 이 합동훈련에서 인도 해군은 공해상에서 선박의 운항을 차단하는 훈련과 더불어 선박에 대해 임검, 승선, 수색, 나포하는 훈련도 받았다. 인도의 고위관리들은 이 훈련과 PSI의 관련성을 부인했다.

'미사일 방어'는 중대한 결과를 초래할 공세적 동맹

'새로운 틀' 협정에는 인도와 미국 두 나라의 군이 "미사일 방어와 관련해 협력을 확대"한다는 구절도 있다. 인도 국민에게 심각한 위험이 될 요소가 들어 있는 대목이다.

2001년 5월에 조지 부시 미국 대통령은 '새로운 전략 틀(New Strategic Framework)'을 선언했다. 그 안에는 국가미사일방어(NMD) 계획, 즉 미국을 향해 발사된 미사일이 목표지점에 떨어지기 전에 그것을 공중에서 요격함으로써 미국을 방어하는 것을 목표로 하는 계획을 추진한다는 내용이 들어있다. 이는 30년 동안 유지돼온 탄도탄요격미사일 제한협정(ABM)의 제약을 넘어서려는 의도를 드러낸 것이었다. ABM 협정은 핵무장한 어떤 나라가 다른 나라들의 핵무기에 대항해 유효한 자기방어 체제를 갖추어 보복에 대한 두려움에서 자유로워진다면 자국의 핵무기를 다른 나라들에 대해 사용할 수 있다고 생각하기 쉽다는 논리에서 성립된 것이었다. 이런 논리에 따르면 자기방어 체제를 갖추려는 나라가 있을 경우 다른 나라들은 그 나라의 방어막을 뚫을 수 있을 정도로 미사일 보유량을 늘리려고 할 것이며, 결국은 위험한 군비경쟁이 시작될 수 있다.

부시의 '새로운 전략 틀' 선언은 폭넓은 비판에 부닥쳤다. 중국의 관영신문인 〈차이나 데일리〉는 부시의 계획은 전 세계에 "절대적인 군사적 우위"를 수립하는 것을 목표로 하는 것으로 보인다고 지적했다. 이어 이 신문은 미국이 그러한 목표를 추구하는 것은 "기존의 세계적 안보균형을 깨뜨리고, 국제적으로 새로운 군비경쟁을 촉발할 것이며, 그동안 국제적인 군축노력을 통해 달성된 것들을 파괴할 것"이라고 비판했다. 그런가 하면 러시아 외무부 대변인은 "미국이 30년 동안 유지돼온 군축협정들을 훼손하지 않으면서 국제적 안보문제들을 풀어낼 수 있다고 우리가 확신하게 할 만한 논거를 미국은 제시하지 못했다"고 말했다. 독일 정부도 의구심을 드러내면서 미국의 계획에 대해 '매우 진지한 질문들'을 던졌다. 전 세계 시민들의 여론은 훨씬 더 부정적이었다.

그러나 인도의 바지파이 총리 정부는 미국의 계획이 핵군축으로의 일보전진이라고 기이한 정당화를 해줌으로써, 부시의 선언을 공개적으로 환영한 몇 안 되는 국가들 가운데 하나가 됐다. 부시가 추진하기로 한 새로운 체제에 인도가 어떻게 참여할 것인지를 놓고 인도와 미국 간 협의가 시작됐다. 2004년 1월 1일 부시는 인도와 '미사일 방어'에서의 협력을 포함한 '전략적 파트너십의 다음 단계(NSSP, Next Steps in Strategic Partnership)'의 체결을 선언했다. 인도 정부는 황홀해하는 것으로 보일 정도로 고무된 반응을 나타냈다. "전략적 파트너십의 다음 단계는 독보적이며 대단한 것"이라는 식의 반응이었다.

그러나 바지파이 정부는 5개월 뒤에 붕괴했고, 새로 들어선 국민회의당 주도의 통합진보연합(UPA, United Progressive Alliance) 정부는 처음에는 미사일 방어에 대해서는 발언을 신중하게 하는 태도를 보였다. 이 UPA 연정의 '공통 최소강령'은 독립적인 외교정책 유지에 관한 몇 가지 일반적인 원칙들을 포함하고 있었다. UPA 연정이 공식

출범한 직후인 5월 말, 미국과 인도 사이에 전략적 유대관계를 형성하는 역할을 하는 '인도-미국 방위정책그룹(Indo-U.S. Defense Policy Group)'이라는 포럼이 회합을 가졌다. 이 회합에서 미국 대표단이 미사일 방어에 관해 설명했다고 하나, 이에 대한 인도 측의 반응은 공개되지 않았다. 그 다음해까지 이 문제에 관한 양국 간 교류가 몇 차례 더 있었다. 그중 하나로, 2005년 4월에 인도 대표단이 미국 캘리포니아에서 실시된 미사일 방어 훈련을 참관하기도 했다.

인도 정부의 국가안보 자문관인 사티시 찬드라는 2004년 8월 '델리 정책그룹(Delhi Policy Group)' 회의에서 연설하면서 미사일 방어의 진정한 의미를 설명했다. 그는 "미사일 방어는 핵무기를 선제적인 방식으로 사용하는 것도 고려하는 방향으로 전개되고 있는 미국의 패러다임 시프트 중 일부"라고 말했다. 이 연설에서 찬드라는 미국이 핵무기에서 해방된 세계를 실현하는 노력을 외면하고 그 대신 "핵무기를 보존하기 위한 새로운 명분을 내세우면서 새로운 종류의 핵무기를 개발하고 있다"고 개탄했다. ABM 협정을 폐기하고 탄도미사일방어 체계를 개발하려는 미국의 움직임은 미국인들의 전략적 사고가 패러다임 시프트를 거치고 있음을 분명히 보여주는 조짐이며, 이는 곧 미국이 선제적인 방식으로 핵무기를 사용하는 것도 고려할 것임을 의미한다는 것이었다. 1970~80년대의 핵무기 축적은 주로 그것이 억지력이 된다는 논리를 근거로 해서만 정당화됐다. 그러나 이제 핵무기 사용론자들이 핵전쟁이 아닌 전쟁 상황에서도 핵무기를 실제로 사용할 수 있다는 주장을 내놓기 시작했다.

찬드라의 반란은 소용이 없었다. 결정이 이미 내려진 뒤였기 때문이다. 2004년 10월 멀포드 미국 대사는 〈포스(Force)〉 잡지와의 인터뷰에서 미국과 인도는 미사일 방어에 대해 '단지 이야기만 하는 단계'는 넘어섰다면서 이렇게 말했다. "기술과 시스템에 관한 논의가 이미 있었다. … 내 눈에 보이는 단 한 가지 문제는 그것이 기술적으로 복잡한 주제라는 것이다. 다시 말해 여러 세대의 가용한 시스템들이 공존하고 있다는 것이다. 따라서 쟁점은 어떤 시스템이 어디에 요구되는가를 정하는 것이다. 이런 결정을 하는 것은 복잡한 과정이다."

일본의 미사일 방어를 위해 수립된 시스템을 살펴보면 인도에 대해 계획될 수 있는 시스템이 어떤 것일지를 추측할 수 있다. 일본 시스템은 지상요격 미사일을 일본 국내에 배치하고, 해상요격 미사일을 일본 주변에서 운영되는 미국 이지스 구축함에 배치하는 것이다. 일본 시스템의 세 번째 요소는 아직 개발단계에 있는 것으로, 신형 보잉747 제트기의 기수 부분에 레이저 광선을 쏠 수 있는 장치를 다는 것이다. 이런 장치를 단 신형 제트기는 중국 연안을 24시간 비행하다가 중국이나 북한에서 미사일이 발사될 경우 즉각 그 미사일을 향해 레이저 공격을 가하는 역할을 맡게 된다. 그러나 이런 항공 레이저무기 개발계획은 개발단계에서 이미 기술적인 문제점을 지니고 있다.

미사일 방어체계가 계획대로 가동된다 하더라도 인도는 일본보다 국토 규모가 훨씬 크다는 문제점이 남는다. 인도는 일본보다 방어하기가 더 어렵고 방어하는 비용도 더 많이 들 것이다. 인도의 경우에는 미사일 방어체계가 국토 전체가 아닌 일부 선정된 군사지역이나 대도시 지역만을 방어하는 것으로 계획될 수 있다. 그러나 인도에서 어떤 선택이 이루어지든 미사일 방어체계가 도입된다면 아마도 중국이 그런 방어체계를 압도하기 위해 더 많은 미사일을 축적하는 식으로 대응하고 나설 가능성이 크다. 중국이 이미 대만에 대해 취하고 있는 대응태도를 보면 그것을 알 수 있다. 또한 인도는 중국에 대한 보복능력을 유지하기 위해 아그니 3호(Agni-3) 미사일을 더 많이 축적하고 그 미사일에 핵무기를 탑재하는 것으로 다시 대응할 가능성이 높다.

인도 국민은 이런 상황전개가 지닌 비이성적 성격, 그것이 초래할 막대한 비용부담과 심각한 위험, 그리고 그것이 누구의 이익에 봉사하는가를 생각해봐야 한다.

아시아판 나토의 핵심고리로서의 인도

인도 국민은 미국이 지원하는 폭 넓은 아시아 군사동맹에서 인도가 핵심고리가 될 수 있다는 사실을 인식하지 못하고 있다. 2004년 이후에는 어떤지 잘 모르겠지만, 적어도 2003년에는 미국과 인도의 관리들이 아시아판 나토(Asian NATO)의 가능성에 대해 논의했다. 물론 그 논의의 내용과 그 속에서 인도가 어떤 비중을 차지하는지는 공개되지 않았다.

동맹이라는 것은 무언가 대적할 표적이 없다면 무의미한 것이다. 나토는 원래 소련에 대항하는 동맹으로 결성됐다. 아시아판 나토의 주된 표적은 중국이다. 인도의 군부, 특히 해군은 아시아판 나토가 지향하는 이런 목표에 대해 적극적으로 지지하는 입장을 보여 왔다. 최근의 '해양 독트린'에 따르면 인도 해군은 '인도양 지역의 관문들, 주요 섬들, 필수 무역항로들'을 장악해야 한다. 또한 인도 해군은 2004년 말 이전에 싱가포르, 태국, 필리핀의 해군과 함께 인도양 지역에 대한 정찰활동을 시작하는 것으로 돼있었다.

이에 따라 인도 해군은 '동방지향(Look East) 프로그램'의 실행에 들어갔다. 인도의 함선들이 일본 및 베트남의 함선들과 해상훈련을 하는 동시에 동남아시아에 친선사절단을 보내거나 베트남, 필리핀, 한국, 일본의 항만을 방문했고 싱가포르, 말레이시아, 인도네시아의 해군과 함께 합동 해양순찰을 실시하기도 했다. 그 목적은 중국인근에 있는 국가들과 협력관계를 구축하는 것, 인도 해군병사들로 하여금 잠재적인 군사작전 지역인 남중국해에 익숙해지도록 하는 것, 인도 해군이 인도에서 멀리 떨어진 다른 나라에서 군사작전을 수행할 수 있는 능력을 갖추도록 하는 것이다.

지금 인도 정부가 해군을 강화하는 계획을 추진하고, 안다만 니코바르 제도에 있는 기지들을 대대적으로 확장하고 있는 것도 이런 맥락에서 봐야 한다. 한 관련 보고서는 인도의 '원동해군사령부(FENC, Far Eastern Naval Command)' 설치계획에 관해 다음과 같이 그 경위를 설명했다.

"원동해군사령부 설치 계획은 1995년 미국 워싱턴에서 나라심바 라오 당시 인도 총리와 빌 클린턴 당시 미국 대통령의 비밀회동 이후 구체화됐다. … 미국이 원동해군사령부 운영비용의 일부를 부담할 것으로 예상됐다. 왜냐하면 원동해군사령부의 운영에서 인도가 중요한 역할을 하겠지만, 그것은 미국이 주도하는 아시아 안보체제의 하나이기도 하기 때문이었다. 미국의 자금지원은 클린턴이 인도를 방문한 2000년에 분명해졌다."

인도는 베트남과 특별히 긴밀한 관계를 구축해왔다. 과거에 미국 제국주의에 대항했던 영웅적 투사국가 베트남이 이제는 비극적이게도 미국과 간접적인 동맹관계를 맺은 셈이 됐다.

인도는 베트남으로 군사적 판매를 늘려가고 있고, 베트남에 항공기 정비용 부품을 공급하고 있으며, 게릴라전에 대응하고 밀림에서 작전을 수행하는 훈련을 실시하는 데 필요한 장교들을 파견하고 있다. 인도의 연안경비대와 베트남의 해양경찰은 해적들에 공동으로 대응하는 데서도 협력하고 있다. 인도는 베트남의 해군증강 노력을 돕고 있고, 베트남에 프리트비(Prithvi) 미사일을 판매한다는 데 대해 이미 '원칙적'으로 동의한 상태이며, 인도의 핵 관련 시설에서 베트남의 과학기술자들을 훈련시키고 있다. 또한 인도는 베트남이 소형 무기를 생산하기 위해 자체 군수산업을 발달시키는 데 도움을 주고 있으며, 인도 해군은 베트남 해군과 공동으로 군사훈련을 실시하고 있다. 인도가 베트남에 미사일 기술을 전수해주는 대신 아시아에서 가장 훌륭한 항구이자 자연적으로 깊은 수심을 가진 항구인 캄란 만을 인도군이 이용할 수 있게 해달라고 베트남에 요구할 것이라는 언론보도도 있었다.

미국의 동맹국인 일본과 인도 사이의 유대관계도 강화되고 있다. 해상자위대로 알려진 일본 해군은 미국의 아프가니스탄 점령을 지원하기 위해 인도양 지역에서 작전활동을 수행하고 있다. 이 작전활동은 2005년 4월의 특별입법에 의해 그 기간이 연장됐다. 이 작전활동이 특별한 중요성을 갖는 것은 그것이 중요한 선례가 되기 때문이다. 다시 말해 일본이 1945년 이후 처음으로 해외의 군사작전에 참여한 것이다. 일본군을 지칭하는 '자위대(Self-Defense Force)'라는 명칭은 이제 실상을 반영하지 못하는 구시대의 유물이 됐다. 이번 작전기간에 일본 해군 함정들이 인도의 항구시설들을 사용하고 있다.

2004년 5월에 일본은 중국의 세력 강화에 맞서 균형을 유지하기 위해 인도와 '글로벌 파트너십'을 수립하자고 공개적으로 제안했다. 이에 따라 2005년 4월에 인도 총리와 일본 총리가 만나 양국 간 '글로벌 파트너십'의 원칙을 확인하면서 대량살상무기의 확산을 저지하기 위해 서로 협력하기로 약속했다. 두 나라 총리는 두 나라 해군과 마찬가지로 연안경비대 차원에서도 효과적인 협력의 틀을 수립하기로 했다고 밝혔다.

2000년에 조지 페르난데스 당시 인도 국방장관은 인도양에서 남중국해에 걸친 해상에서 해적행위를 단속하고 대항하는 일에서 베트남과 일본이 인도의 전략적 파트너로 부상하고 있다고 말했다. 미국 육군대학의 연구보고서는 "그렇게 함으로써 그들은 인도양과 남중국해를 지배하려는 중국의 노력에 대항할 것이라는 메시지를 중국에 던진 것"이라고 지적했다. 이 보고서는 더 나아가 "인도는 태국, 호주, 싱가포르, 그리고 미국과도 방위협력을 증강시킬 가능성을 모색할 수 있다"고 밝혔다. 인도네시아도 당연히 이 목록에 포함될 수 있다.

인도 뉴델리에서 열린 세계경제포럼(WEF)과 '인도 산업연합'의 공동회의에서 시암 사란 인도 외무장관은 연설을 통해 아시아판 나토를 향한 인도의 방침을 명쾌하게 진술했다. 그는 "현재 아시아에서 중요한 세력 재배치가 진행되고 있는 게 틀림없다"고 말했다. 중국이 상당한 군사적 능력을 갖춘 '글로벌 경제강국'으로 부상하고 있는 상황에서 미국과 인도가 "아시아에서 확대된 균형을 창출하는 데 기여할 수 있다"는 것이다. 그는 아시아 지역의 안보상황을 관리하는 데 있어서는 "이 지역에서 '하나의 안보 패러다임'에 의한 규율 속으로 점점 더 많은 나라들을 끌어들여야 할 필요가 있다"고 말했다.

아시아판 나토는 미국에 어떤 이점이 있는가? 첫째, 지역적으로 제한된 안보체제는 중국의 과도한 야망과 탈레반화한 이슬람의 확산이라는 두 가지 커다란 국제적 안보 위협에 대처하기 위한 아시아 지역 내 해법이라는 점에서 미국에 유리하다. 둘째, 이 구상은 전적으로 아시아 지역 안에서 유래한 것이어서 한국이나 일본과 같은 곳에 미군병력을 배치하는 데 따르는 것과 같은 반발을 불러오지 않는다. 그리고 마지막으로 그것은 미군이 보다 넓은 지역에 주둔하거나 미국이 군사적인 주도권을 행사하는 것을 결코 방해하지 않는다.

그러나 핵심적으로 중요한 문제가 남아 있다. 그것은 인도가 강대국의 야망을 품지 않는다면 그 모든 구상이 무너져 내릴 것이라는 점이다. 인도가 강대국, 즉 '아시아에서 중국에 대항하는 균형추' 라는 자기의식을 가져야만 한다. 그래야 인도가 광범위한 '반 중국 동맹' 을 추진하려고 할 것이기 때문이다. 따라서 미국은 인도가 자국의 '운명적 소명' 에 따르도록 압박해야 한다는 것이다.

인도가 자국의 '운명적 소명' 에 확신을 갖고 강력하게 그 운명의 길을 걸어가도록 하는 것이 긴요해진 것이다. 그렇게 되려면 무엇보다 인도 정부가 지리전략적으로 사고해야 하고, 자국의 중대한 국가이익을 증진하는 일에서 소극적이던 태도를 버려야 하며, 친구와 적에 대해 동일하게 유화적으로 대하던 습관적 태도도 버려야 한다. 인도가 이런 방향으로 교정되려면 인도 정부가 자국의 전략적 이익과 초점을 명시적으로 규정하도록 하고, 입증되고 검증된 핵융합 기술을 획득하도록 하고, 일정한 사정거리까지 대륙간탄도탄을 보유하도록 해야 한다. 이런 조처가 신속하게 취해지지 않는다면 미국의 아시아 동맹국으로 여겨지는 다른 나라들이 아시아 지역에서 인도가 중국에 대항하는 데 효과적인 균형추가 될 것이라고 생각하지 않을 것이며, 미국 정부가 인도를 존중할 것이라고 생각하지도 않을 것이다.

따라서 아시아에 대한 미국의 계획이 성공하기 위해서는 인도가 강대국 야망을 갖는 게 대단히 중요하다. 사실 인도의 외교정책이 미국의 전략적 구도에 더 많이 종속될수록 유엔 안보리 상임이사국이 되려는 인도의 노력을 미국이 지원할 가능성이 높아진다. 만모한 싱 인도 총리는 의회에서 인도가 유엔 안보리 상임이사국이 되고자 하는 데 대해 미국이 그동안 지지를 하지 않았음을 인정하면서도 "때가 오면 우리가 무시당하지 않게 될 것이라고 믿을만한 이유를 나는 갖고 있다"고 말한 바 있다.

헛된 '강대국의 환상'을 거부해야

미국과 인도 간 동맹의 전망은 인도의 지배자들에게는 매력적으로 보일 것이다. 그 이유는 첫째, 미국은 지금 세계 역사상 전례가 없는 군사적 우위를 누리고 있는 게 분명하고, 따라서 미국은 인도에 새로운 세계적 지위를 보장해줄 수 있는 위치에 있는 것으로 보이기 때문이다. 둘째, 과거의 그 어느 때보다도 지금의 인도 상류계급, 그리고 도시 중산계급의 상당부분이 미국의 세계적 헤게모니와 자신을 동일시하고 있기 때문이다. 그들 중 많은 사람들이 미국에 사는 친지를 갖고 있고, 그들 중 점점 더 많은 사람들이 미국기업 또는 미국에 봉사하는 인도 내 기업(예를 들어 IT부문의 기업들)에서 일하고 있으며, 최근 15년간에 걸쳐 급증한 외국계 미디어 또는 내자계 미디어가 인도 사람들에게 미국과 자신을 동일시하는 의식을 강화시켰다. 인도의 '강대국 프로젝트'를 미국이 공식적으로 뒷받침하는 움직임은 미국과 인도 간의 전략적 동맹에 대한 중상류층 인도인들의 지지를 더욱 공고하게 할 것이 틀림없다. 이런 계층의 인도인들은 수로는 적은 규모이지만 인도 내 여론을 형성하는 데에서는 중요한 역할을 하기에 인도 사회에 폭넓은 영향력을 발휘한다.

그러나 현재 전개되고 있는 미국과 인도 간 동맹이 순항하도록 모든 상황이 원활하게만 굴러가지는 않을 것이라고 전망하게 하는 몇 가지 이유들이 있다.

첫째, 미국의 군사적 우위가 과대평가되고 있다. 미국의 군사적 우위도 절대무적이 아니다. 미국은 이라크에서 저항세력을 진압하지 못하고 있다. 미국의 군사력은 전 세계적으로 지나치게 확장되면서 일종의 피로증세를 보이고 있다. 더 중요한 것으로, 미국의 전 세계적인 헤게모니를 떠받쳐줘야 하는 경제적 토대가 취약하다는 점을 들 수 있다. 이런 점들을 고려하면 '인도의 글로벌 강대국화'에 대한 미국의 보장은 생각보다 취약한 것일 수 있다.

둘째, 인도가 '글로벌 강대국'으로 비쳐지는 것이 인도 지배계급 내부의 정치적 난제들을 해결해줄 것 같지 않다. 그 이유는 간단하다. 인도 계급질서의 상층부는 지난

20여 년간 일어난 변화 덕분에 더 부유해졌지만, 같은 기간에 인도인들 대부분의 생활형편은 더 나빠졌기 때문이다. 바로 이 대부분의 밑바닥 서민들이 인도 국내 정치무대에서 벌어지는 여러 격변의 배경이 되고 있다. 이들은 매우 절박한 가난 속에서 살고 있으며, 인도가 글로벌 강국의 지위에 올라야 한다는 선전에 그다지 설득당하지 않는다.

지금 인도 경제의 성장궤도도 이런 상황을 다르게 변화시킬 것 같지 않다. 국민소득이 성장하더라도 더 빠른 속도의 불평등 확대가 수반된다면 노동하는 계급들에 돌아가는 성장의 편익이 무엇인지가 모호해진다. 성장과 더불어 고용이 늘어난다면 노동하는 계급들에도 혜택이 돌아가겠지만, 그동안 고용의 증가는 미미한 수준에 그쳤다. 일자리를 구하는 인구의 증가를 감안하면 오히려 그동안 인도에서는 실업자만 급속히 늘어났다고 봐야 한다. 게다가 외국계 및 국내의 기업부문에 여러 가지 기회를 만들어주는 반면 인도의 소농농업을 파탄시킬 큰 변화가 곧 일어날 참이다. 이 변화가 실제로 일어나게 되면 인도의 실업문제는 지금보다 훨씬 더 심각해질 것이고, 인도의 정치도 그동안보다 훨씬 더 격동하게 될 것이다.

셋째, 오늘날 미국은 쇠락하는 자국의 제국주의적 힘을 보강하기 위해 엄청난 군사적 모험주의의 길에 올라선 상태다. 이 점은 좀 더 자세히 살펴볼 가치가 있는 주제이지만, 여기서 우리가 그것을 자세히 들여다볼 여유는 없으니 몇 가지 사례만 언급하겠다. 이제는 잘 알려진 사실이지만, 미국의 이라크 침공과 점령은 세계 석유자원에 대한 최대한의 물리적 통제권을 확보하려는 보다 폭넓은 계획의 일부다. 미국의 저명한 탐사 저널리스트인 세이무어 허시는 미국 정부가 2004년 여름부터 이란 내에서 비밀 정찰활동을 벌여왔으며, 그 목적은 이란의 군사적 인프라를 최대한 파괴하기 위한 폭격과 기습공격 준비를 하는 것이라고 2005년 1월 24일자 〈뉴요커〉에 게재된 '다가오는 전쟁'이라는 기고문을 통해 폭로했다. 이런 미국의 계획 실행에 가장 큰 장애물이 된 것은 아마도 미국의 군사력을 계속 묶어둔 이라크 국내의 지속적인 저항이었을 것이다.

중국을 견제하려는 미국의 군사적 계획들은 그 성격이 장기적이지만, 그렇다고 해서 그 모험주의적 성격이 덜한 것이 아니다. 로버트 카플란은 2005년 6월 〈애틀랜틱〉에 게재된 '우리는 중국과 어떻게 싸우게 될까' 라는 제목의 글에서 "미국 국방부 전략가들은 '새로운 냉전'을 머릿속에 그리고 있다"고 확신에 차서 말했다. 중국뿐 아니라 러시아도 견제당하고 있다. 최근 미국은 유럽의 도움을 받아 그루지야와 우크라이나에서 '혁명'을 지원했다. 그 목적은 러시아를 에워싸는 미국의 동맹국 네트워크를 구축하는 것이다. 사실 미국은 석유가 많이 매장된 카스피해 연안지역에 '러시아와 중국을 제외한 안보조직'을 수립하자는 구체적인 제안을 내놓은 상태다. 미국은 2002년 9월에 공개한 '국가안보전략'을 통해 미국의 지구적 헤게모니에 대해서는 물론 지역적 헤게모니에 대해서도 경쟁세력의 등장을 전 세계 어디에서도 묵인하지 않을 것이라고 선언한 바 있다.

미국은 이런 자국의 과제들을 실현하는 데서 다른 나라들의 지원을 필요로 한다. 따라서 미국은 동맹국들 내부에 '미국의 비호 아래 우리나라를 강대국 지위에 오르게 하겠다'는 꿈을 품는 자들이 생기도록 해야 한다. 2005년 10월에 광범위한 전략적 협약을 체결한 일본이 그 두드러진 사례다. 미국은 최근 여러 해에 걸쳐 일본으로 하여금 자국 군사력에 대한 헌법상의 제한을 폐기하고 자국 군대를 해외에 파견하도록 체계적으로 격려하는 태도를 취해 왔다. 일본의 고이즈미 총리는 일본 내부의 수구적 정서에 노골적으로 호소하는 동시에 중국에 대해 고의적으로 도발하는 행위, 즉 야스쿠니 신사에 가서 전쟁범죄자들을 추모하는 행위를 거듭했는데, 미국은 이런 고이즈미 총리를 계속 지지해 왔다. 미국은 또한 우주공간을 군사화하는 프로그램에 일본을 주요 파트너로 참여시켜 왔다.

미국은 2002년 3월 중국, 러시아, 점령 전 이라크, 북한, 이란, 리비아, 시리아 등 적어도 7개국에 대해서는 핵무기를 사용할 수도 있으니 준비를 갖추라는 지침을 군에 내리는 내용을 포함한 〈핵태세 검토보고서(Nuclear Posture Review)〉까지 채택했다. 이 보고서는 특정한 전쟁터 상황에서는 핵무기를 사용하지 않는 공격을 견뎌낼 능력을 갖춘 적에 대해서는 핵무기나 생물화학무기로 보복공격을 가할 수 있고 '예기치 못한 군사적 상황이 전개되는 경우'에는 소규모 핵무기를 사용하게 될 수도 있다면서, 이런 상황에 대비한 무기를 개발해 갖추어야 한다고 방향제시를 하고 있다. 이 문서는 아랍과 이스라엘 간 분쟁, 중국과 대만 간 전쟁, 북한의 남한 공격과 같은 경우에는 미국이 핵무기를 사용할 태세가 돼있어야 한다고 밝히고 있다. 한마디로 간단히 말하자면, 핵무기는 더 이상 '억지력'으로만 고려돼야 할 것이 아니며, 핵무기를 갖고 있지 않은 국가들을 포함한 다양한 국가들에 대해 선제적으로 사용될 수도 있다고 생각해야 한다는 것이다. 미국이 이런 내용의 정책을 선언했다는 사실 자체가 미국의 잠재적 적들에게 모종의 신호를 보내는 효과를 의도한 것이다.

사정이 이렇다면 미국이 전 세계인들에 대한 도발과 테러의 길에 접어들었다고 말해도 과장이 아닐 것이다. 다양한 세력들과 다양한 인물들이 바로 이런 점을 인식하고 있고, 더 나아가 그러한 길에서 마주치게 될 충돌의 상황에 대비하고 있다.

주요 군사강국들의 움직임을 보면 우선 중국과 러시아가 서로 가까워지는 쪽으로 움직이고 있음을 알 수 있다. 이 두 나라는 일방주의와 무력사용에 반대하는 동시에 다자주의, 유엔의 역할 강화, 우주공간의 평화적 이용, 국제문제에 있어서 그 어떤 독점이나 지배권 주장이 없는 세계질서의 구축을 지향하는 '세계질서에 관한 선언(Declaration on the World Order)'을 공동으로 발표했다. 두 나라는 중앙아시아의 4개 나라와 함께 '상하이협력기구(Shanghai Co-operation Organization)'라는 군사동맹을 결성하기도 했다. 더욱 중요한 점은, 이 두 나라가 최근 1만 명의 병력이 참여하는 합동 군사훈련도 실시했다는 것이다.

그러나 미국의 구상에 대한 중국과 러시아의 반대는 두 나라의 직접적인 전략적 이익과 관련되는 영역에 국한돼 있다. 미국의 구상에 대한 반대는 세계 민중의 차원에서 가장 격렬하고 폭넓게 표출되고 있다. 이런 사실은 다수의 여론조사들에서도 확인되고 있지만, 그에 앞서 전 세계에 걸쳐 전개되고 있는 민중의 투쟁에서 확인된다. 미국은 스스로 자국의 뒷마당으로 간주하는 라틴아메리카에서 전례 없는 고립상태에

빠졌다. 조지 부시도 최근 라틴아메리카를 방문했을 때 바로 이 점을 알아차렸을 것이다. 서아시아, 북아프리카, 유럽, 그리고 동남아시아 일부 지역의 민중도 그들의 지도자들과 달리 이와 비슷한 태도를 보여주고 있다.

그러므로 인도의 지배자들이 인도가 미국의 군사동맹에 참여하는 계약에 서명해주는 것은 세계에서 가장 수구반동적인 세력에 인도를 묶어두는 행위가 되는 동시에, 전 세계에 걸쳐 다양하게 존재하는 반미세력들의 반발대상이 되는 지점에 인도를 위치시키는 행위가 될 것이다. 인도를 이런 식으로 묶어두는 것은 인도의 민중에게 여러 가지 부정적인 결과, 예를 들어 인도의 군비지출이 크게 늘어나거나 인도가 전쟁을 비롯한 보복행위의 표적이 될 위험이 증대하는 결과를 초래할 것이다. 따라서 인도의 민중은 미국의 구상에 대해, 그리고 자신들에게 먹을 것도 입을 것도 잠잘 곳도 가져다주지 못하는 헛된 '강대국 지위'의 환상에 인도가 속박되는 것에 대해 반대한다는 입장을 분명히 밝혀야 한다. MR

미국의 새로운 제국적 거대전략

존 벨러미 포스터[1]

새로운 미국의 세기를 위한 프로젝트

자본주의에는 언제나 제국주의가 존재한다. 다만 자본주의 체제가 진화해감에 따라 제국주의가 다양한 국면들을 거친다. 지금은 세계가 지구적 지배를 겨냥한 미국의 거대전략(Grand Strategy)이 두드러진 특징을 이루는 새로운 제국주의 시대를 거치는 중이다. 미군이 아프리카까지 포함한 지구상의 모든 대륙에 상주기지를 두면서 말 그대로 지구적으로 군사작전을 운영하고 있는 것은 그동안 세계가 어떻게 변화했는가를 말해준다. 특히 아프리카에서는 석유에 초점을 둔 통제권 쟁탈전이 새로이 전개되고 있다.

---

1. 존 벨러미 포스터(John Bellamy Foster)는 미국 오리건 대학의 사회학 교수이며 〈먼슬리 리뷰〉의 대표 편집자다. 정치경제학의 관점에서 자본주의 체제의 정치적, 환경적 문제점을 분석하는 글을 많이 써왔다. 저서로 《노골적인 제국주의: 미국의 지구적 지배 추구(Naked Imperialism: The U.S. Pursuit of Global Dominance)》, 《마르크스의 생태학: 유물론과 자연(Marx's Ecology: Materialism and Nature)》 등이 있다. 이 글의 원문은 필자가 2006년 1월 말리의 수도인 바마코에서 열린 세계사회포럼(WSF)에서 한 연설을 보완해 〈먼슬리 리뷰〉 2006년 6월호에 게재한 'A Warning to Africa: The New U.S. Imperial Grand Strategy'다. - 편집자

소련이 붕괴한 직후의 10년간에는 미국이 과거 냉전시대 내내 미국의 개입전략을 뒷받침했던 전략, 즉 조지 케넌(George Kennan)이 '봉쇄(containment)' 라는 이름을 붙인 전략에 상응하는 거대전략을 갖고 있지 못하다고 미국의 지배엘리트들이 비판하곤 했다. 가장 핵심적인 문제는 2000년 11월에 국가안보 분석가인 리처드 하스(Richard Haass)가 제기한 바대로 미국이 현재 갖고 있는 '잉여의 힘' 을 어떻게 활용해 세계를 재편할 것인가를 결정하는 일이었다.

이에 대한 하스의 답변은 앞으로 수십 년간 미국의 지구적 지배력을 확고한 상태로 보장하는 것을 목표로 하는 '미 제국(Imperial America)' 전략을 강화해야 한다는 것이었다. 이런 하스의 답변은 얼마 뒤 부시 행정부가 그를 콜린 파월이 이끄는 국무부의 정책기획국장으로 임명하는 데 영향을 주었던 것이 분명하다. 하스가 이런 답변을 내놓기 불과 몇 달 전에는 '새로운 미국의 세기를 위한 프로젝트'[2]의 보고서가 하스의 답변과 비슷하면서도 훨씬 더 노골적인 군사적 거대전략을 제시했다. 이 보고서는 나중에 부시 행정부의 최고위 관료가 되는 도널드 럼스펠드, 폴 월포위츠, 루이스 리비 등이 작성한 것이었다.[3]

이 새로운 거대전략은 미국이 2001년 9월 11일의 테러 공격을 받은 뒤에 아프가니스탄과 이라크를 침공하는 것으로 현실화됐고, 곧이어 2002년 백악관의 국가안보전략 성명을 통해 공식화됐다. 하버드대학의 '올린 전략연구소(Olin Institute for Strategic Studies)' 소장이자 '새로운 미국의 세기를 위한 프로젝트' 의 창설멤버이기도 한 스티븐 피터 로슨(Stephen Peter Rosen)은 제국을 지향하는 미국의 이런 새로운 움직임을 다음과 같이 요약해 서술했다.

"군사력에서 압도적으로 우월하고, 그 군사력을 다른 나라들의 내부적 행위에 영향력을 행사하기 위해 사용하는 정치단위를 우리는 제국(Empire)이라고 부른다. 미국은

---

2. Project for the New American Century. 1997년에 설립된 워싱턴의 싱크탱크. —편집자
3. 하스(Haass)의 주장에 대한 검토는 John Bellamy Foster, 'Imperial America' and War, Monthly Review 55, no. 1, May 2003, pp. 1~10과 Project for the New American Century, Rebuilding America's Defenses, September 2000, http://www.newamericancentury.org/를 보라.

제국의 어떤 지리적 영역을 통제하려고 하거나 제국에 속하는 해외의 시민들을 통치하려고 하지 않는다. 따라서 우리는 간접적인 제국이지만, 그럼에도 불구하고 분명히 제국은 제국이다. 이렇게 보는 게 옳다면, 우리의 목표는 경쟁세력과 싸우는 것이 아니라 제국으로서의 우리 지위를 유지하고 제국의 질서를 유지하는 것이 된다. 제국적 전쟁에 관한 계획을 수립하는 것은 과거와 같은 국제전쟁에 관한 계획을 수립하는 것과 다르다. … 질서회복을 위한 제국적 전쟁은 그렇게, 즉 억지(deterrence)에 대한 고려에 의해 제약되지 않는다. 제국에 도전했다가는 무사할 수 없음을 보여주기 위해서는 가능한 한 최대 규모의 군사력이 가능한 한 신속하게 심리적 충격을 불러일으키는 데 사용될 수 있어야 하고, 실제로 그렇게 사용돼야 한다. … 제국의 전략은 제국에 대한 강력하고 적대적인 도전자가 등장하는 것을 미리 막는 데 초점을 둔다. 이를 위해 필요하다면 전쟁이라는 방법도 동원할 수 있지만, 가능하다면 제국적 동화(同化)의 방법을 구사해야 한다."[4]

예일대학에서 군사 및 해군의 역사를 가르치는 존 루이스 개디스(John Lewis Gaddis) 교수는 2002년 하반기에 잡지 〈포린 폴리시(Foreign Policy)〉에 게재된 글을 통해 다가오는 이라크 전쟁의 목표는 "유프라테스 강둑에 아쟁쿠르[5]의 패배를 안겨주는 것"이라고 지적했다. 이라크 전쟁은 대단히 큰 힘을 과시하는 기회가 될 것이므로, 15세기에 헨리 5세가 프랑스에서 거둔 유명한 승전과 마찬가지로 향후 수십 년간 지속될 새로운 지정학적 판도를 만들어낼 것이라는 얘기였다. 개디스는 궁극적으로 중요한 것은 '단일의 패권', 즉 미국에 의한 '국제체제 관리'를 실현시키는 것이라고 단정했다. 그는 미국이 선제적 행동으로 전 세계에 대한 헤게모니를 확보하는 것이 바로 "새로운 변환의 거대전략"이라고 주장했다.[6]

---

4. Stephen Peter Rosen, 'The Future of War and the American Military', Harvard Magazine 104, no. 5, May?June 2002, pp. 29~31.
5. 프랑스 북부에 있는 작은 마을로, 백년전쟁 중인 1415년에 이곳에서 헨리 5세가 이끄는 잉글랜드 군에 프랑스 군이 패배했다. ─편집자
6. John Lewis Gaddis, 'A Grand Strategy of Transformation', Foreign Policy, November/December 2002, pp. 50~57.

거대전략의 성격

클라우제비츠의 시대 이래로 군사 분야에서 전술은 '전투에서 병력을 운용하는 기술'로, 전략은 '전쟁에서 이기기 위해 여러 전투들을 운용하는 기술'로 각각 정의돼 왔다.[7]

이에 비해 에드워드 미드 얼(Edward Meade Earle)이나 리들 하트(B. H. Liddell Hart)와 같은 군사전략가나 역사가들에 의해 발전된 '거대전략'이라는 개념의 고전적인 의미는 한 국가의 잠재적인 전쟁수행 능력을 그 나라의 보다 폭넓은 정치경제적 목표들과 통합시키는 것이다. 역사가인 폴 케네디가 《전쟁과 평화의 거대전략(Grand Strategies in War and Peace)》(1991)이라는 저서에서 서술했듯이 "진정한 거대전략은 전쟁과 관련성을 갖는 만큼이나, 어쩌면 그 이상으로 평화와도 관련성을 가지며 … 수십 년, 아니 수 세기에 걸쳐서도 작동할 정책들을 개발하거나 그런 정책들을 통합하는 것에 관한 것"이다.[8]

거대전략은 그 지향에서 지정학적이며 광물자원, 해상 수송로, 경제적 자산, 인구, 중요한 군사적 입지 등을 포함한 일정한 지리적 지역 전체에 대한 지배를 목표로 한다. 과거에 존재했던 거대전략들 가운데 가장 성공적이었던 것은 장기적으로 존속할 수 있었던 제국들의 거대전략이다. 그러한 과거의 제국들은 오랜 세월에 걸쳐 넓은 범위의 지리적 영역에 대해 영향력을 유지할 수 있었다. 이런 이유에서 거대전략의 역사가들은 공통적으로 19세기의 대영제국(팍스 브리태니카)이나 더 거슬러 올라가 로마제국(팍스 로마나)에 초점을 맞춘다.

오늘날 미국에 관건이 되는 것은 단지 지구상의 어느 한 부분에 대한 통제력이 아니라 진정으로 지구적인 팍스 아메리카나의 구축이다. 최근 미국이 보여 온 제국 지

---

7. Clausewitz quoted in Paul Kennedy, ed., Grand Strategies in War and Peace, New Haven, Yale University Press, 1991, p. 1.
8. Edwin R. Earle, ed., Makers of Modern Strategy, Princeton, Princeton University Press, 1948; B. H. Liddel Hart, Strategy, New York, Praeger, 1967; Kennedy, ed., Grand Strategies, pp. 1~4.

향의 추동력에 대해 일부 논평자들은 부시 행정부 안에 있는 신보수주의자(네오콘)들의 소규모 집단이 벌이는 은밀한 작업의 결과로 보는 견해를 밝혀 왔다. 하지만 현실을 들여다보면, 그런 추동력은 미 제국을 확장시킬 필요성에 대한 폭넓은 합의가 미국의 권력구조 안에 존재하는 데서 나온다. 미국 행정부를 비판하는 이들의 글도 포함해서 최근 발간된 책의 제목이 《제국의 의무: 새로운 세기를 위한 미국의 거대전략》이라고 붙여진 것도 이런 맥락에서 주목된다.[9]

아이보 다들러[10]와 제임스 린제이[11]는 공저 《무한한 미국(America Unbound)》에서 미국은 오래 전부터 다자주의(多者主義)로 위장된 '비밀의 제국'이었다고 주장한다. 부시의 백악관이 '미국의 힘에만 근거를 둔 제국'을 구축하기 위해 일방주의 정책을 채택함으로써 일어난 변화는 그 제국의 은밀한 성격이 제거됐다는 점과 속국들에 덜 의존하게 됨으로써 그 제국의 병력이 전체적으로 줄어들게 됐다는 점뿐이라는 것이다.

다들러와 린제이에 따르면 지금 미국은 '패권주의적 사고'를 하는 사람들에 의해 지배되고 있으며, 그런 사람들은 미국이 자국의 이익을 도모한다는 측면과 세계를 '민주적 제국주의'에 맞게 재편성한다는 측면에서 지구 전체에 대한 미국의 지배력을 확고하게 할 수 있기를 바란다. 이런 공격적인 태도는 역사적으로 미국의 정책이 취해온 태도의 범위를 벗어나는 것이 아니라고 두 사람은 지적한다. 일방주의적인 미국의 제국 지향 추동력은 그 뿌리를 시어도어 루스벨트 행정부까지 거슬러 올라가 찾아볼 수 있으며, 냉전시대가 시작된 트루먼 행정부와 아이젠하워 행정부 시절부터 그런 추동력이 뚜렷하게 존재해 왔다는 것이다. 그러면서도 다들러와 린제이는 다른 강대국들의 위상이 미국보다 처지는 상황에서는 미국이 보다 협력적인 전략을 채택할 수도 있다면서, 협력적인 전략을 제국 운영의 보다 나은 방법으로 제시했다.[12]

9. James J. Hentz, ed., The Obligation of Empire: United States' Grand Strategy for a New Century, Lexington, Kentucky, University of Kentucky Press, 2004.
10. Ivo. H. Daadler. 브루킹스연구소의 선임연구원. 민주당 대선후보 경선에 나섰던 하워드 딘의 외교정책 자문역을 지낸 바 있다.
11. James M. Lindsay, 미국 외교협회 부회장. 클린턴 행정부의 국가안전보장회의에서 일한 바 있다.
12. Ivo H. Daalder & James M. Lindsay, America Unbound, Hoboken, New Jersey, John Wiley and Sons, 2005, pp. 4~5, 40?41, 194.

그러나 일단 패권국의 힘이 기울기 시작하면 그같은 협력적 제국주의는 실현되기 어려워진다. 지금 미국만 경제적 경쟁의 증대로 어려움을 겪고 있는 게 아니다. 소련의 붕괴와 더불어 북대서양조약기구(나토) 동맹도 약화돼 왔다. 미국의 유럽 쪽 속국들은 미국에 직접적으로는 도전하지 못하긴 하나 미국의 지도에 항상 따르지는 않는다. 이런 상황에서, 여전히 무장하고 있어 위험한 존재이지만 차차 기울어가는 패권국이 직면하게 되는 유혹이 있다. 그것은 일방적으로 행동하면서 전리품을 독점하는 것을 통해 힘을 재구축하거나 더욱 증강시키는 시도를 하게 하는 유혹이다.

'새로운 미국의 세기'를 위한 전쟁

자본주의는 경제적 범위에서는 전 세계에 걸치지만 정치적으로는 경제발전 속도가 상이한 경쟁국들 사이에 분열이 일어나는 체제다. 불균등한 자본주의 발전에 내재된 모순은 1916년에 레닌이 《제국주의, 자본주의의 최고단계》라는 제목의 저서에 고전적인 설명을 해놓았다.

"자본주의에서 세력권, 이익, 식민지 등의 영역분할에 근거가 될 만한 것으로는, 그러한 영역분할에 참여하는 당사국들의 힘과 그들의 일반적인 경제적, 금융적, 군사적 힘의 산술 외에 더 나은 다른 것을 생각할 수 없다. 그리고 그러한 분할에 참여한 나라들의 힘은 서로 동등하게 변화하지 않는다. 왜냐하면 자본주의 아래서는 상이한 사업체, 결합기업, 산업분야, 국가의 발전이 균등하게 이루어질 수가 없기 때문이다. 반세기 전의 독일은 자본주의적 힘에 관한 한 당시의 영국과 비교할 때 빈약하고 하잘것없는 나라였다. 마찬가지로 일본도 러시아에 비교하면 하잘것없는 나라였다. 10년 또는 20년의 세월이 흐른 뒤에도 제국주의 강대국들의 상대적인 힘이 지금과 같이 변함없이 유지될 것이라고 생각하는 게 가능한가? 결코 가능하지 않다."[13]

---

13. V. I. Lenin, Imperialism, the Highest Stage of Capitalism, New York, International Publishers, 1939, p. 119.

지금 세계가 지구적으로 경제적 변환의 과정에 있다는 것은 널리 인정되는 관점이다. 세계경제의 성장률이 전반적으로 낮아지고 있을 뿐 아니라 미국의 상대적인 경제력도 계속 약화되고 있다. 미국이 전 세계 총생산(GDP)에서 차지하는 비중은 1950년에 대략 50%였지만 2003년에는 20%를 조금 넘는 수준까지 떨어졌다. 이와 비슷하게 전 세계 외국인직접투자 잔액에서 미국이 차지하는 비중도 1960년에는 거의 50%에 가까웠지만 21세기 초에는 20%를 조금 넘는 수준으로 떨어졌다. 골드만삭스의 예측에 따르면 2039년까지는 중국이 미국을 제치고 세계최대 규모의 경제를 가진 나라가 된다고 한다.[14]

미국의 힘에 대한 이런 점증하는 위협은 '새로운 미국의 세기'를 위한 토대를 놓는 일에 집착하도록 미국 정부를 부추기고 있다. 현재 미국의 개입주의는 자국의 지구적 우월성을 장기적으로 보장해줄 전략적 자산들을 확보하기 위해 자국의 단기적인 경제적, 군사적 우위를 활용하는 데 겨눠져 있다. 그 목표는 미국의 세력을 직접적으로 확대하는 한편 잠재적 경쟁세력들이 지구적으로 또는 특정한 지역에서 결국은 미국의 세력에 도전할 수 있게 할 긴요한 전략적 자산을 그런 잠재적 경쟁세력으로부터 박탈하는 것이다.

미국의 2002년도 '국가안보전략'은 이렇게 선언했다. "우리의 잠재적 적들이 미국의 힘을 능가하거나 미국의 힘과 동등한 힘을 갖겠다는 희망에서 군사력 증강을 추구하는 것을 포기하게 하는 데 충분할 정도로 우리의 힘이 강해져야 한다." 하지만 거대전략은 단순한 군사적 힘을 넘어서는 것이다. 잠재적 경쟁국에 대한 경제적 우위를 확보하는 것이야말로 자본주의 국가 간 경쟁의 진정한 요체다. 그러므로 미국의 거대전략은 자본, 무역, 달러화의 가치, 전략적 원자재에 대한 통제력을 확보하기 위한 노력과 싸움을 군사적 힘과 결합시킨다.

---

14. Richard B. Du Boff, 'U.S Empire', Monthly Review 55, no. 7, December 2003, pp. 1~2; Dominic Wilson & Roopa Purshothaman, 'Dreaming with BRICs', Goldman Sachs Global Economics Paper, no. 99, October 1, 2003, p. 4, http://www.gs.com/.

미국의 전략적 목표들을 가장 명쾌하게 순서를 매겨 열거한 것은 아마도 브랜다이스 대학의 국제관계학 교수이자 올린 연구소의 연구원인 로버트 아트(Robert J. Art)가 《미국의 거대전략(A Grand Strategy for America)》이라는 책에서 제시한 것일 게다. 그는 "거대전략은 한 국가의 지도자들에게 그들이 목표로 삼아야 할 것들이 무엇이며 그런 목표들을 달성하기 위해 자국의 군사력을 어떻게 이용하는 게 가장 좋은가를 말해준다"고 썼다. 아트는 미국을 위한 거대전략의 개념을 설명하면서 중요도의 순서로 '우선적인 국가이익' 여섯 가지를 다음과 같이 제시했다.

첫째, 미국 본토에 대한 공격을 예방하는 것.

둘째, 유라시아 대륙에서 강대국 간 전쟁이 일어나는 것을 예방하고, 가능하면 그러한 전쟁이 일어날 가능성을 높일 수 있는 치열한 안보경쟁을 예방하는 것.

셋째, 석유를 비싸지 않은 가격에 안정적으로 공급받을 수 있는 상태를 유지하는 것.

넷째, 개방된 국제경제 질서를 보존하는 것.

다섯째, 해외에 민주주의와 인권존중의 확산을 촉진하고, 내전의 와중에 민족말살이나 대규모 인명살상 행위가 일어나지 않게 하는 것.

여섯째, 지구의 환경을 특히 지구온난화와 극심한 기후변화의 악영향으로부터 보호하는 것.

이 여섯 가지 가운데 국가방위 그 자체, 즉 외부로부터의 공격에 대항해 '본토'를 방어하는 것 다음으로 전략적 우선순위가 높은 세 가지는 ① 세계적인 영향력 확보에 열쇠가 되는 '유라시아 대륙 중심부에 대한 패권의 확보'라는 전통적인 지정학적 목표 ② 세계 석유공급에 대한 통제력 확보 ③ 지구적 자본주의 경제관계의 촉진임을 알 수 있다.

미국 정부가 이런 목표들에 부응하려면 유럽과 동아시아(유라시아 대륙 중 강대국들이 집중돼 있는 두 군데의 연해지역) 및 페르시아만(세계 유전의 대부분이 존재하는 곳)에 "전진배치된 군사력을 유지"해야 한다고 아트는 주장한다. "유라시아 대륙은 전 세계 인구의 대부분, 확인된 유전의 대부분, 군사적 강대국의 대부분이 존재하는 곳임은 물론이고 세계 경제성장에서도 큰 부분을 차지한다"는 것이다. 따라서 미국의 제국적 거대전략은 남아시아 및 중앙아시아의 주요 석유매장 지역들을 시작으로 이 지역에서 미국의 패권적 지위를 강화하는 것을 목표로 삼는 것이 매우 중요하다는 것이다.[15]

아프가니스탄과 이라크에서 전쟁이 계속되면서도 점령의 문제는 아직 결론나지 않고 있는 가운데 미국 정부는 이들 두 나라의 보다 힘센 이웃나라인 이란에 대해 '선제적' 공격의 위협을 강화해 왔다. 이런 미국 정부의 태도를 정당화하는 데 주된 근거로 제시되고 있는 것은 결국 이란의 우라늄 농축 프로그램이다. 이 프로그램이 이란으로 하여금 핵무기 능력을 개발할 수 있게 할 것이라는 것이다. 그러나 미국이 이란에 관심을 갖는 데는 다른 이유들도 있다. 이라크와 마찬가지로 이란도 주요 산유국의 하나다. 확인된 석유 매장량에서 이란은 현재 이라크를 능가하며, 사우디아라비아에 이어 세계 2위의 나라다. 따라서 이란에 대한 통제력 확보는 미국 정부가 페르시아만 지역과 이 지역의 석유를 지배한다는 목표를 달성하는 데 대단히 중요한 과제가 되고 있다.

게다가 이란의 지정학적 중요성은 중동지역을 넘어 더 넓은 범위에 미친다. 엄청난 규모의 화석연료가 매장돼 있는 카스피해 연안을 포함한 남아시아 및 중앙아시아 지역 전체에 대한 통제권을 둘러싼 '새로운 거대게임(New Great Game)'에서 아프가니스탄과 마찬가지로 이란도 주된 표적이 되고 있다. 미국의 전략기획자들은 '아시아의 에너지안보 망'에 대한 두려움에 사로잡혀 있다.

러시아, 중국, 이란 및 중앙아시아 국가들이 어쩌면 일본까지 포함해 하나의 에너지

---

15. Robert J. Art, A Grand Strategy for America, Ithaca, Cornell University Press, 2003, pp. 1~11.

안보 망 안에서 경제적으로 하나로 뭉치고 에너지 협정을 맺어 미국을 비롯한 서구 국가들이 세계의 석유 및 천연가스 시장을 장악하고 있는 기존 체제를 무너뜨릴 경우에는 세계 세력판도의 무게중심이 전반적으로 동쪽으로 옮겨갈 토대가 구축될 우려가 있다는 것이다. 현재 세계에서 가장 빠른 속도로 경제가 성장하고 있는 중국의 경우 화석연료에 대한 자국의 수요가 급증하고 있음에도 에너지안보 체제를 갖추지 못했다. 중국은 이란과 중앙아시아 국가들의 에너지 자원을 더 많이 사용할 권한을 확보하는 것을 통해 이런 문제를 부분적이나마 해결해보려고 하고 있다.

최근 미국 정부가 인도의 핵강대국 지위를 뒷받침해주는 등 인도와 보다 강력한 동맹관계를 구축하려고 하는 것도 남아시아 및 중앙아시아를 놓고 벌어지고 있는 새로운 거대게임의 한 부분임이 분명하다. 이런 상황은 19세기에 바로 이 지역을 놓고 영국과 러시아가 벌였던 '옛 거대게임'을 연상시킨다.[16]

아프리카로 옮겨 붙는 패권경쟁

아시아에서 새로운 거대게임이 진행되고 있는 가운데 다른 한편으로 강대국들 사이에 '새로운 아프리카 쟁탈전'도 전개되고 있다.[17] 2002년도 미국의 국가안보전략은 "전 세계 테러에 맞서 싸우고" 미국의 에너지안보를 확실히 하려면 미국이 아프리카에 대한 개입을 증대시키고 아프리카 대륙에 지역안보협정들을 창출하기 위한 "자발적 의지를 가진 국가들의 연합(coalitions of the willing)"을 추진해야 한다고 선언했다.

그 직후 독일 슈투트가르트에 본부를 두고 있고 사하라 이남 아프리카의 군사작전을 책임지고 있는 미군 유럽사령부(US European Command)가 서부 아프리카에서의

---

16. Noam Chomsky, Failed States, New York, Metropolitan Books, 2006, pp. 254~55; Lutz Kleveman, The New Great Game, New York, Grove Press, 2004.
17. Pierre Abramovici, 'United States: The New Scramble for Africa', Le Monde Diplomatique Engish edition, July 2004와 'Revealed: The New Scramble for Africa', The Guardian, June 1, 2005를 보라.

활동을 증가시켰으며, 특히 상당량의 석유가 생산되거나 매장돼 있는 기니만 안쪽 및 주변 지역, 즉 대략 아이보리코스트에서 앙골라까지에 해당하는 지역의 국가들에 활동의 초점을 맞추었다. 현재 미군 유럽사령부는 업무시간의 70%를 아프리카에 관련된 일에 쏟아 붓고 있다. 이 비율은 2003년까지만 해도 거의 제로(0)에 가까웠다.[18]

현재 미국 외교협회의 회장인 리처드 하스는 이 협회가 2005년에 작성한 보고서 〈인도주의를 넘어: 아프리카에 대한 미국의 전략적 접근〉의 머리말에서 이렇게 지적했다. "2010년에 가까워지면 사하라 이남 아프리카는 미국의 에너지 수입처로 중동만큼이나 중요한 곳이 될 가능성이 있다."[19] 서부 아프리카는 확인된 매장량 기준으로 600억 배럴 규모의 석유자원을 갖고 있다. 이 지역의 석유는 미국경제가 필요로 하는 저유황 스위트 원유다.

미국의 관련 정부기관과 싱크탱크들은 2006년부터 5년간 전 세계에 추가로 공급될 석유 5배럴 중 1배럴이 기니만에서 나올 것이며, 미국의 석유 수입량 중 기니만에서 생산된 석유의 비중이 현재의 15%에서 2010년에는 20% 이상, 2015년에는 25% 수준이 될 것으로 전망하고 있다. 나이지리아는 이미 미국이 수입하는 석유의 10%를 공급하고 있다. 앙골라는 미국의 석유 수입량 중 4%를 공급하고 있으며, 2010년에 가까워지면 이 비중은 8%에 이를 것으로 예상된다. 이 지역의 다른 나라들도 새로운 유전의 발견과 석유생산의 확대에 따라 주요 석유수출국으로 탈바꿈하고 있다. 적도기니, 상투메프린시페, 가봉, 카메룬, 차드 등이 바로 그런 나라들이다. 모리타니아도 2007년까지는 석유수출국으로 떠오르게 돼 있다. 동쪽으로 홍해, 서쪽으로는 차드와 접해 있는 수단은 이미 주요 석유수출국이다.

현재 아프리카에 있는 가장 중요한 미군기지는 2002년에 '아프리카의 뿔'[20] 지역 안에 있는 지부티에 설치돼 있는 기지다. 이 기지의 지리적 위치는 미국으로 하여금

---

18. Fred Kempe, 'Africa Emerges as a Strategic Battlefield', Wall Street Journal, April 25, 2006.
19. Council on Foreign Relations, More Than Humanitarianism: A Strategic U.S. Approach Toward Africa, 2006, xiii.
20. Horn of Africa. 에티오피아, 지부티, 소말리아 등 3개국을 포함하는 지역을 지칭함. ─편집자

전 세계 석유 생산량의 4분의 1이 통과하는 수송로가 있는 해역에 대해 전략적 통제를
할 수 있게 해주고 있다. 지부티 기지는 수단의 송유관과 아주 가까운 거리에 있기도
하다.[21]

　지부티 기지는 미국이 현재 자국의 전략적 이익에 긴요하다고 여기는 아프리카 횡
단 '석유 띠'의 동쪽 끝을 장악할 수 있게 해준다. 여기서 '석유 띠'란 아프리카 동쪽
에 있는 1600km 길이의 '히글레이그-포트 수단(Higleig-Port Sudan) 송유관'에서 서쪽
에 있는 1030km 길이의 '차드-카메룬 간 송유관' 및 기니만까지 남서쪽 방향으로 아
프리카를 가로지르는 띠 모양의 광대한 지역을 가리킨다. 우간다에 새로 설치된 미국
의 '전진작전 지역(forward-operating location)'은 수단의 남부지역을 미국이 지배할
수 있게 해준다. 수단의 남부지역은 이 나라에서 새로운 유전이 집중적으로 발견되고
있는 지역이다.

　미군 유럽사령부는 서부 아프리카의 여러 곳에 전진작전 지역을 설치해 오고 있다.
세네갈, 말리, 가나, 가봉, 그리고 남쪽으로 앙골라와 국경을 맞대고 있는 나미비아가
바로 그런 곳들이다. 미군 유럽사령부는 이런 곳들에 있는 비행기 이착륙장을 개선하
고, 긴요한 군사물자와 연료를 사전배치하고, 미군병력을 신속하게 배치하는 데 필요
한 기지이용 협정을 체결해두는 작업을 벌이고 있다.[22] 2003년에는 미군 유럽사령부
가 서부 아프리카에서 테러대응 프로그램을 출범시켰고, 2004년 3월에는 미국의 특수
부대가 사헬[23] 지역 국가들과 함께 미국정부의 테러조직 명단에 들어 있는 '살라피스
트 선교전투그룹(Salafist Group for Preaching and Combat)'에 대항하는 군사작전에
직접 나섰다. 미군 유럽사령부는 기니만 지역에 '기니만 수비대(Gulf of Guinea
Guard)'라는 이름의 해안보안 체제를 구축하고 있다. 미군 유럽사령부는 또한 상투메
프린시페에 미국 해군기지를 설치하는 계획을 추진해 왔다. 그동안 미군 유럽사령부

---

21. 참고로 말하면 프랑스군은 이미 오래 전부터 지부티에 상당 규모로 주둔해 왔고, 차드의 수단 쪽 국경도시인 아베세에 공군기지도
　　두고 있다.
22. Council on Foreign Relations, More Than Humanitarianism, p. 59.
23. Sahel. 사하라 사막 남쪽의 초원지대를 지칭함. —편집자

는 이곳의 해군기지가 인도양의 디에고가르시아에 있는 미국 해군기지와 대등한 기지가 될 수 있음을 암시해 왔다.

이처럼 미국 국방부는 기니만에 미군의 주둔을 공세적으로 확대하는 움직임을 보여 왔다. 기니만의 미군 주둔이 확대되면 미국이 광범한 아프리카 횡단 석유 띠의 서쪽 부분에 대해, 그리고 이 부분에서 발견되고 있는 중요한 유전들에 대해 통제력을 갖게 될 것이라는 기대에서다. 2005년 서부 아프리카에서 처음 실시된 '부싯돌총 작전(Operation Flintlock)'이라는 군사훈련에는 1천 명의 미국 특수부대 병력이 참여했다. 미군 유럽사령부는 기니만 지역을 겨냥해 새로 편성한 신속대응군의 훈련을 이번 여름에 실시할 예정이다.

여기서는 깃발보다 무역이 앞섰다. 미국을 비롯한 서구의 모든 주요 석유기업들은 서부 아프리카의 석유를 놓고 쟁탈전을 벌이고 있으며, 이와 관련된 안전보장 조치를 요구하고 있다. 미군 유럽사령부는 미국 상공회의소와 함께 '미국의 통합된 대응'의 일환으로 아프리카에서 미국 기업들의 역할을 확대하는 작업도 벌이고 있다고 〈월스트리트 저널〉이 보도했다. 아프리카의 석유자원을 놓고 벌어지는 이런 경제적 쟁탈전에서는 영국이나 프랑스와 같은 옛 식민주의 강대국들이 미국과 경쟁관계에 있다. 그러나 군사적으로는 그들도 이 지역에 대한 서구의 제국적 지배를 확실히 하기 위해 미국과 긴밀히 협력하고 있다.

아프리카에서 미국이 군사력을 증강시키는 것은 테러에 맞서 싸우고 사하라 이남 아프리카의 유전지대가 불안정해지는 것을 막는 데 필요한 조치라는 이유로 종종 정당화된다. 수단은 2003년 이래 남서부 다르푸르 지역(수단의 유전 중 상당부분이 이곳에 있다)을 중심으로 벌어진 내전과 민족 간 갈등에 시달려 왔고, 이로 인해 정부와 연계된 민병세력이 이 지역 주민들을 상대로 무수한 인권유린 및 대규모 살상행위를 저지르는 사태가 빚어지고 있다.

2003년에는 상투메프린시페에서, 2004년에는 적도기니에서 쿠데타가 일어나는 등 새로 산유국이 된 나라들에서는 최근 쿠데타 시도가 잇따랐다. 미국이 뒷받침하는 안보 및 첩보 장치의 보호를 받는 잔혹한 억압정권이 통치하는 차드에서도 2004년에 쿠데타 시도가 있었다. 2005년 모리타니아에서는 미국의 지원을 받는 실력자 엘리 오울드 모하메드 타야(Ely Ould Mohamed Taya)에 대항하는 쿠데타가 성공을 거두었다. 앙골라에서는 미국에 의해 부추겨진 내전(이 내전에서 미국은 남아프리카공화국과 함께 사빔비가 이끄는 앙골라완전독립민족동맹(UNITA)의 하부조직으로 테러부대를 조직했다)이 30년간이나 계속되다가 2002년 사빔비가 사망한 뒤에야 비로소 중단됐다.

이곳의 역내 패권국인 나이지리아는 부패, 반란, 조직적인 석유절도 행위 등이 만연한 상태이며, 이로 인해 니제르 삼각주 지역에서 생산되는 석유 중 상당부분(2004년 초에는 하루에 30만 배럴)이 부정하게 착복되고 있다.[24] 니제르 삼각주 지역에서 일어난 무장봉기도 그렇지만 이 나라 북부의 이슬람 지역과 남부의 비이슬람 지역 사이에 분쟁이 발생할 가능성도 미국에 큰 골칫거리가 되고 있다.

이런 이유에서 아프리카에 대한 미국의 '인도적 개입'을 요구하는 목소리가 부단히 이어지고 있고, 개입을 정당화하는 그럴듯한 주장도 모자람 없이 나오고 있다. 〈인도주의를 넘어〉라는 미국 외교협회의 보고서는 수단의 다르푸르 지역에 대해 "미국과 그 동맹국들이 국제적 제재조치, 필요하다면 군사적 개입을 포함한 적절한 행동에 언제든 나설 준비를 갖춰야 한다"고 주장했다. 이 지역에 대해 "유엔 안전보장이사회가 그렇게 하는 것이 방해받고 있다면" 미국과 그 동맹국들이 그렇게 해야 한다는 것이다.

이와 관련해 미군이 머지않아 나이지리아에 개입할 필요가 있을 수 있다는 이야기가 학자들과 정책담당자들 사이에 폭넓게 거론되고 있다. 잡지 〈애틀랜틱 먼슬리(Atlantic Monthly)〉의 통신원인 제프리 테일러는 이 잡지의 2006년 4월호에 게재된 글에서 나이지리아가 "지구상에서 가장 큰 실패국가"가 됐다면서, 만약 이 나라가 더 불안정해지거나 급진 이슬람 세력에 넘어간다면 "미국이 보호하겠다고 공언해 온 풍부한 석유자

---

24. Center for Strategic and International Studies, A Strategic U.S. Approach to Governance and Security in the Gulf of Guinea, July 2005, 3.

원 매장 지역"이 위험해질 것이며 "그렇게 되는 날이 온다면 그것은 이라크 작전보다 훨씬 더 큰 규모의 대대적인 군사적 개입을 예고하는 것이 될 것"이라고 썼다.[25]

미국의 거대전략가들은, 문제는 아프리카 국가들 자체나 그 국가들에 사는 사람들의 복지가 아니라 '석유' 및 '중국의 아프리카 진출 확대'임을 분명히 하고 있다. 〈월스트리트 저널〉은 '아프리카가 전략적인 싸움터로 떠오르고 있다'라는 제목의 기사에서 이렇게 지적했다. "중국은 아프리카를 전선으로 삼아 자국의 지구적 영향력 확대를 추구하고 있다. 중국은 아프리카와의 무역을 지난 5년간 세 배로 늘려 그 규모를 약 370억 달러로 확대시켰고, 아프리카의 에너지 자산들에 대한 자국의 독점 체제를 구축하고 있고, 수단과 같은 나라의 정권과 무역협상을 타결했고, 중국의 대학이나 군사학교들에서 아프리카의 미래 지도자들을 교육시키고 있다."

이와 비슷하게 미국 외교협회도 〈인도주의를 넘어〉라는 보고서에서 주된 위협은 중국으로부터 오고 있다고 서술하고 있다. "중국은 아프리카의 전략적 맥락을 변화시켰다. 오늘날 아프리카 전역에서 중국은 자연자원 자산에 대한 통제권을 확보하고 있고, 주요 기반시설 건설공사 입찰에서 서구의 기업들을 따돌리고 있으며, 자국의 경쟁 우위를 떠받치기 위해 장기저리의 융자를 비롯한 유인들을 제공하고 있다."[26]

중국은 국내에서 사용하는 석유의 4분의 1 이상을 앙골라, 수단, 콩고를 중심으로 아프리카에서 수입하고 있다. 중국은 수단에 가장 많은 투자를 한 국가이기도 하다. 중국은 나이지리아에 대한 자국의 영향력을 확대하기 위해 이 나라에 많은 보조금을 지원해 왔고, 이 나라에 전투기도 판매하고 있다. 미국 거대전략가들의 관점에서는 2004년에 중국이 앙골라에 제공한 20억 달러의 저리차관이 가장 위협적이었다. 이 차관은 앙골라로 하여금 자국 경제와 사회를 신자유주의 노선에 맞게 재편하라는 국제통화기금(IMF)의 요구에 맞설 수 있게 해주었다.

---

25. Council on Foreign Relations, More Than Humanitarianism, p. 24, 133; Jeffrey Taylor, 'Worse Than Iraq?', Atlantic, April 2006, pp. 33~34.
26. Council on Foreign Relations, More Than Humanitarianism, p. 40.

미국 외교협회가 볼 때 이 모든 상황은 아프리카에 대한 서구의 제국주의적 지배체제를 위협하는 것으로 귀결된다. 이 협회의 보고서는 중국의 역할을 전제로 할 경우 "과거에 프랑스가 프랑스어권 아프리카를 바라보았던 것처럼 지금 미국과 유럽이 아프리카를 자기만의 사냥터로 간주할 수는 없다"면서 "중국이 자원에 대한 접근권을 얻는 것뿐만 아니라 자원의 생산과 배분까지 통제하고, 자원이 점점 더 희소해지는 상황에서 자원에 대한 우선적인 접근권까지 미리 확보해두려고 함에 따라 게임의 규칙이 변하고 있다"고 지적한다.

아프리카에 관한 이 협회의 보고서는 이 지역에서 미국이 군사작전을 확대하는 것을 통해 중국을 물리쳐야 한다는 점을 대단히 중요하게 지적하고 있다. 이렇다 보니 레이건 행정부에서 국무부의 아프리카 담당 차관보를 지낸 체스터 크로커(Chester Crocker)조차도 이 보고서가 "미국 또는 서방이 유일하게 주된 세력이고 자신의 목표를 멋대로 추구할 수 있었던 시대에 대한 희망 섞인 향수를 드러내고 있다"고 비판했다.[27]

분명한 것은 미 제국이 탐욕스럽게 석유를 찾아다니다보니 이제는 아프리카의 일부까지 포괄할 정도로 그 범위가 확장되고 있다는 점이다. 그 결과는 아프리카 민중에게 파멸적인 것이 될 수 있다. 과거의 아프리카 쟁탈전과 마찬가지로 이번의 새로운 아프리카 쟁탈전도 자원획득과 약탈을 위한 강대국 간 싸움이지 아프리카의 발전이나 아프리카 민중의 복지를 위한 것이 아니다.

확장의 거대전략

최근 전략적 맥락이 급속히 변화하고 제국주의가 보다 노골화되고 있음에도 불구하

---

27. Council on Foreign Relations, More Than Humanitarianism, pp. 52~53, 131.

고 미국의 제국적 거대전략에는 하나의 일관성이 유지되고 있다. 사실 미국의 제국적 거대전략은 미국 권력구조의 최상층부에 존재하는 폭넓은 합의, 다시 말해 지미 카터 대통령 시절에 국가안보 보좌관을 지낸 즈비그뉴 브레진스키가 말한 '지구적 우월성(global supremacy)'을 미국이 추구해야 한다는 합의로부터 도출되고 있다.[28]

미국 외교협회의 보고서 〈인도주의를 넘어〉는 미국이 거대전략을 확장시켜 아프리카도 포함시켜야 한다는 입장을 지지하고 있다. 이 보고서의 작성을 주도한 사람들은 1993년부터 1997년까지 클린턴 대통령의 국가안보 자문관으로 일했던 앤서니 레이크(Anthony Lake)와 부시 행정부에서 환경보호청장을 지낸 크리스틴 토드 휘트먼(Christine Todd Whitman)이다. 레이크는 클린턴 대통령의 국가안보 보좌관을 지내며 클린턴 행정부 안에서 미국의 거대전략을 정의하는 데 주도적인 역할을 수행했다.

레이크는 2003년 9월 21일에는 존스홉킨스대학의 고등국제문제연구대학원(School of Advanced International Studies)에서 '봉쇄(Containment)에서 확장(Enlargement)으로'라는 제목으로 한 연설을 통해 소련의 붕괴와 더불어 미국이 "세계의 지배적 강대국"이 됐다고 선언하면서 이렇게 설명했다. "우리는 세계에서 가장 강한 군대, 가장 큰 경제, 다인종이며 가장 역동적인 사회를 갖고 있다. … 과거에 우리는 시장민주주의에 대한 지구적 위협을 봉쇄했다. 이제 우리는 시장민주주의가 미치는 범위의 확장을 추구해야 한다. 봉쇄의 독트린을 잇는 것은 확장의 전략이어야 한다."

해석하면 이 말은 미국의 군사적, 전략적 우산 아래 세계 자본주의의 영역을 확장해야 한다는 의미다. 레이크는 그런 새로운 세계질서의 주된 적으로 '반발국가들(backlash states)', 그중에서도 특히 이라크와 이란을 지목했다. 레이크가 클린턴 행정부의 초기에 미국의 거대전략으로 주장한 '확장의 전략'이 오늘날 중앙아시아와 중동에서만이 아니라 아프리카에서도 미국의 군사적 역할이 확장되는 것으로 현실화되고 있다.[29]

---

28. Zbigniew Brzezinski, The Grand Chessboard, New York, Basic Books, 1997, p. 3.

　미국의 제국적 거대전략은 워싱턴에서 지배계급의 이 분파 또는 저 분파에 의해 창출된 정책의 산물이라기보다는 21세기가 시작된 시기에 미국 자본주의가 갖게 된 역관계상의 위치가 낳은 불가피한 결과다. 미국의 경제적 힘은 가장 가까운 동맹국들과 더불어 꾸준히 퇴조하고 있다. 강대국들이 20년 뒤에도 서로 간에 경제적으로 지금과 똑같은 관계를 유지할 것으로 예상하긴 어렵다. 그러나 이와 동시에 세계에 대해 미국이 갖고 있는 군사적 힘은 소련이 붕괴한 이후 상대적으로 증대돼 왔다. 지금 전 세계 군사비 지출에서 미국이 차지하는 비중은 50% 정도이며, 이는 전 세계 생산에서 미국이 차지하는 비중의 두 배 또는 그 이상에 해당한다.

　미국의 새로운 제국적 거대전략의 목표는 이런 전례 없는 군사적 힘을 이용해 모든 대륙을 다 포함하는 광대한 영역에 걸쳐 전면적인 지배권을 확보함으로써 향후 수십 년간 그 어떤 잠재적 경쟁세력도 미국에 도전할 수 없게 하는 방식으로 역사적 세력의 부상을 미리 차단하는 것이다. 이것은 세계 자본주의, 특히 미국 자본주의의 확장을 위해 세계 자본주의의 주변부 민중을 대상으로 미국이 벌이는 일종의 전쟁이다. 이것은 또한 지구적으로 넓게 펼쳐지는 지정학적 싸움 속에서 제3세계 국가들은 그저 '전략적 자산'으로만 간주되는 '새로운 미국의 세기(New American Century)'를 공고히 하기 위한 전쟁이기도 하다.

　하지만 역사의 교훈은 분명하다. 군사적인 수단으로 세계에 대한 지배력을 확보하려는 시도는 비록 자본주의 아래에서 불가피한 것이긴 하나 반드시 실패하게 돼 있고, 더 큰 규모의 새로운 전쟁으로 이어질 수밖에 없다. 제국주의와 그 주된 뿌리인 자본주의 자체에 대해 의문을 제기함으로써 미국의 이런 새로운 제국적 거대전략에 저항하는 것은 세계평화를 지향하는 모든 사람들의 책임이다. ▣

---

29. Anthony Lake, 'From Containment to Enlargement', speech to School of Advanced International Studies, Johns Hopkins University, September 21, 2003, http://www.mtholyoke.ed/.

석유중독국 미국의 새로운 전선

"피는 물보다 진할지 모른다. 그러나 석유는 물보다도 피보다도 진하다."
(《뉴 레프트 리뷰》 2001년 7~8월호에 실린 페리 앤더슨의 글 '베들레헴으로의 질주'에서)

마이클 와츠[1]

'에너지안보'라는 쟁탈전

2006년 조지 부시는 이전의 어느 미국 대통령도 공개적으로 천명하지 못했던 '중독
(addiction)'이라는 단어를 연두교서를 통해 결국 내뱉고 말았다. 이는 미국이 석유에 중
독됐다는 사실을 인정한 것이었고, 그것은 자동차에 중독됐다는 말과 같은 것이었다.

미국은 석유에 중독된 결과 중동의 석유 공급자들에게 지나치게 의존하게 됐다. 하
지만 부시는 2차 세계대전 이후 미국 대외정책의 요체인 석유획득 전략이 크게 흔들
리고 있다는 점은 언급하지 않았다. 그 전략은 1945년 2월 미국의 루스벨트 대통령과
사우디아라비아의 사우드 왕이 미국 선박인 퀸시호 선상에서 만나 '특별한 관계'를

---

1. 마이클 와츠 (Michael Watts)는 미국 캘리포니아 버클리 대학의 지리학과 교수로, 같은 대학의 '아프리카 연구센터(Center for
   African Studies)'를 이끌고 있다. 정치경제학의 관점에서 인종, 지정학, 아프리카, 이슬람, 농촌사회, 사회운동 등 다양한 주제에 대
   해 연구하고 있다. 아프리카 니제르 삼각주 지역의 석유산업 역사에 관한 책을 집필 중이다. 이 글의 원문은 〈먼슬리 리뷰 2006년
   9월호에 실린 'Empire of Oil: Capitalist Dispossession and the Scramble for Africa'다. —편집자

수립하면서 성립된 것이었다. 그러나 미국의 이 정책을 떠받치는 기둥 역할을 해야 하는 이란, 사우디아라비아, 걸프만의 산유국, 베네수엘라 등은 미 제국이라는 울타리 안에서 고분고분 놀아주는 양이 아니다.

석유수출국기구(OPEC) 회원국들의 추가 석유생산 여력이 사상최저 수준으로 떨어지고 1차산품 거래시장에서 투기가 활개 치는 가운데 거대 석유회사들은 큰돈을 벌고 있다. 석유회사들이 올리는 이윤은 사상최대로 급증하고 있다. 셰브론의 2005년 순익은 140억 달러였고, 2006년 1분기의 매출은 전년에 비해 50% 증가했다. 이는 의회가 초과이윤세를 거론하도록 하기에 충분할 만큼 기록적인 고수익이다.

석유 거래업자들에게 투기의 충동을 일으킨 이란, 베네수엘라, 나이지리아의 공급 위기는 배럴당 70달러까지 석유가격을 치솟게 만들었고, 석유업자들의 무리에 둘러싸여 살았던 전 석유업자[2]는 백악관 복도를 활보하고 있다. 이로도 충분하지 않은 듯 미국 정부는 '모호한 법률'을 통해 주요 석유기업들이 지불해야 하는 70억 달러의 채굴권 사용료를 향후 7년간 유예할 수 있게 해줄 것이라고 〈뉴욕타임스〉가 2006년 3월 27일 보도했다.

이러한 모든 정황을 보면서 우리는 1973년 산유국의 석유수출 금지 조치나 1980년까지 미국의 석유자급을 달성하고자 닉슨 대통령이 추진했던 '독립 프로젝트(Project Independence)' 정책을 떠올리지 않을 수 없다. 하지만 닉슨의 정책은 참담하게 실패했다.[3] 닉슨은 어쩔 수 없이 국내 석유생산을 극대화하는 동시에 믿을 만한 해외의 공급자들로부터 최소의 비용으로 석유를 공급받고자 했다. 그것은 조지 부시가 지금 하려고 하는 것과 같은 것이었다.

부시의 레이더망이 대안의 석유 공급처를 중시하게 된 것도 놀랄 일이 아니다. 왜냐하면 그에게는 에너지 절약 전략이나 석유세 인상 정책은 부재하기 때문이다. 부시의 2006년 연두교서가 발표되기 훨씬 전인 2001년에는 체니가 〈국가 에너지전략 보고

---

2. 조지 부시 미국 대통령을 지칭함. ─편집자
3. 미국의 수입석유 의존도는 1960년대 말에 20%였는데 2025년에는 66%에 이를 것으로 예상된다.

서)를 통해 미국의 석유의존 습관을 가리켜 "미국의 이익을 진심으로 고려할 리가 없는 해외권력에 의존하는 것"이라고 한탄한 바 있다. 〈파이낸셜타임스〉는 2006년 3월 1일자에서 미국의 이 새로운 의제를 명확히 지적했다. 아프리카의 탄화수소(석유와 천연가스) 매장량은 걸프만 국가들에 비해 적긴 하지만 아프리카의 정세가 "안정되기 시작했고", 따라서 "에너지기업 간 첨예한 경쟁의 대상"이 되고 있다는 것이다.

석유산업계의 주요 컨설팅회사 중 하나인 IHS에너지는 아프리카, 특히 대서양 연안의 석유생산이 늘어나면서 '유전탐사를 겨냥한 막대한 규모의 투자자금'이 유인되어 2010년이 되면 전 세계에서 생산되는 액체탄화수소(석유)의 30% 이상이 이 지역에서 생산될 것이라고 예상했다. 지난 5년 동안 새로 발견된 석유 매장지가 드물긴 하지만, 북아메리카 이외의 지역에서 새로 발견된 석유의 4분의 1은 아프리카에서 발견됐다. 새로운 쟁탈전이 형성되고 있다. 그 전쟁터는 석유가 많이 매장돼 있는 아프리카다(지도 참고).

이 쟁탈전의 이름은 '에너지 안보'다. 미국 외교협회가 새 보고서 〈인도주의를 넘어(More Than Humanitarianism)〉(2005)에서 "아프리카의 전략적 중요성이 커지고 있다"면서 아프리카에 대한 미국의 접근방법이 달라져야 한다고 주장한 것도 무리가 아니다. 아프리카 서부의 나이지리아에서 앙골라까지 이어지는 기니만은 내륙과 연해를 포함해 석유매장량이 풍부한 곳으로, 점점 더 변덕스럽고 예측할 수 없게 변해가는 페르시아만의 산유국들 대신 부시가 대안으로 삼는 핵심지역이다. 나이지리아와 앙골라 두 나라에서만 매일 400만 배럴의 석유가 생산되고 있고, 이는 아프리카에서 생산되는 석유 전체의 거의 절반을 차지하는 양이다.

미국의 석유기업들은 지난 10년간 이 지역에 400억 달러 이상을 투자해 왔고, 2005년에서 2010년 사이에 300억 달러의 투자를 더 할 것으로 예상된다. 석유에 대한 투자가 아프리카 대륙에서 이루어지는 외국인직접투자 총액의 50% 이상을 차지하고 있으며, 아프리카의 외국인직접투자 총액 중 60% 이상이 4개국에 집중되고 있다. 또한 이 지역에서 2003년 이후 국경을 넘어 이루어진 국제 기업인수합병(M&A) 중 거의 90%

사하라 이남 아프리카의 석유생산 현황

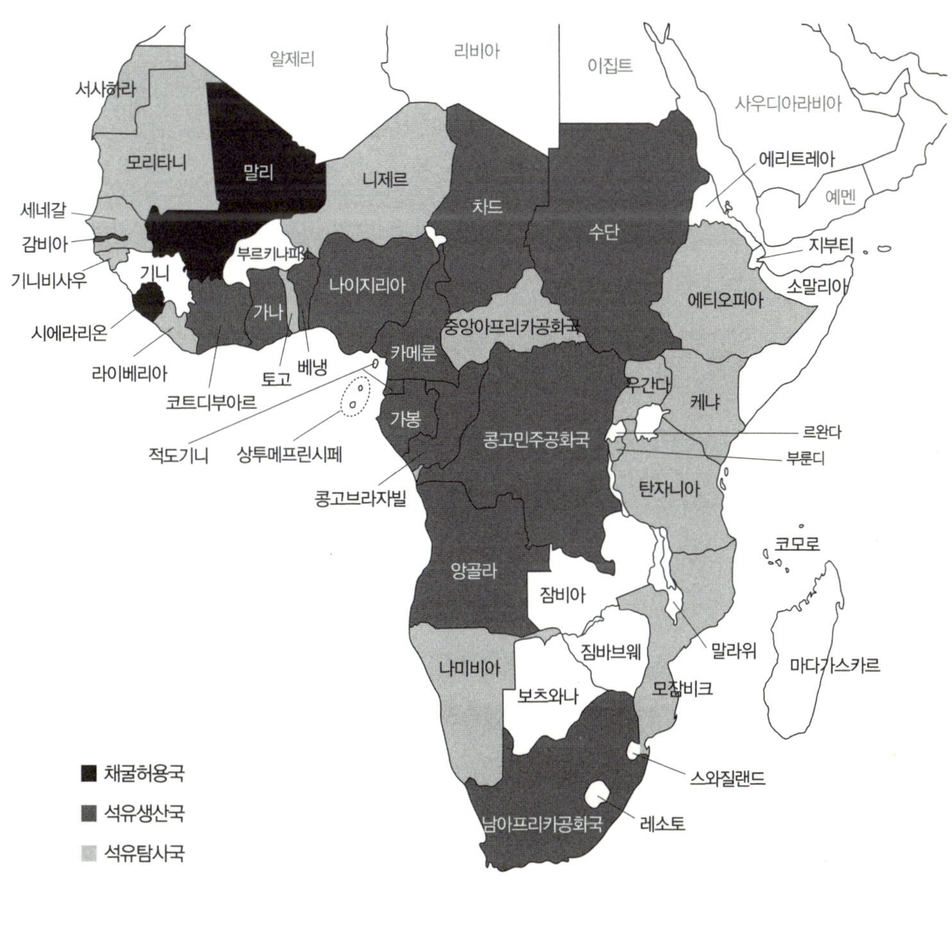

는 광업과 석유 부문에서 일어났다. 저렴한 저유황 석유를 안정적으로 수입하는 것뿐 아니라, 아프리카 석유산업에서 적극적인 행위주체로 새로이 등장한 중국의 진출을 예를 들어 수단에서, 한국의 진출은 예를 들어 나이지리아에서 각각 차단하고 이 지역에서 이슬람권의 테러를 저지하는 것도 미국의 전략적 이해관계에 포함되어 있는 게 분명하다.

　지식인들은 혁명적 이슬람을 상대로 진행되는 싸움에서 아프리카가 '새로운 전선'이 되고 있다고 말한다. 에너지 안보는 원시적 축적이라는 '오래된 것'과 테러와의 전쟁을 수반하는 미국의 군사주의라는 '새로운 것'이 뒤섞인 위협적인 혼합물임이 드러나고 있다.

노예 상태로 가는 길

새로이 전개되고 있는 쟁탈전의 배경에는 아프리카의 빈곤이라는 재난이 자리 잡고 있다. 영국의 토니 블레어와 고든 브라운의 주도로 작성된 〈우리의 공동이익: 아프리카위원회 보고서〉(2005)[4]는 아프리카의 빈곤을 "우리 시대의 최대 비극"이라고 표현하고 있다.

　2005년은 '아프리카의 해'였다. 2005년 6월 '라이브 에잇(Live 8)' 콘서트[5]가 전 세계에 걸쳐 20억 명의 청중을 끌어들인 지 1주일 뒤에 선진8개국(G8)은 아프리카에 제공되는 원조액을 두 배로 늘리고(2010년까지 250억 달러 추가), 아프리카 14개국의 빚을 탕감해주기로 서약했다. 국제사회는 보노[6]에서부터 제프리 삭스[7]와 교황에 이르기

---

4. Our Common Interest: The Report of The Commission on Africa, 2005.
5. 선진8개국(G8)이 아프리카를 돕는다는 명목으로 연 일련의 콘서트. 2005년 7월에 G8 국가와 남아프리카공화국에서 열린 행사로 전 세계에 중계방송됐다. ―편집자
6. Bono. 아일랜드의 록밴드 U2의 리드싱어 폴 데이비드 휴슨의 애칭. ―편집자
7. 미국 컬럼비아 대학 교수로 최근 《빈곤의 종말(The End of Poverty: Economic Possibilities for Our Time)》이란 저서를 냈다. ―편집자

까지 다양한 박애주의자들의 지지와 부추김에 따라 아프리카의 빈곤에 관심을 집중시켰다.

　사실 아프리카의 위기는 여러 계기들을 통해 국제무대에서 가시화됐다. 그러한 과정에서 이정표가 된 사건들로는 2000년의 '유엔 새천년 선언'[8], '새천년 도전계정'[9] 도입, 미국 대통령의 '에이즈 퇴치 긴급 프로그램' 수립, '아프리카의 성장과 기회에 관한 법률' 제정 등을 꼽을 수 있으며, 이것들은 모두 부시 대통령에 의해 이루어졌다. 이 밖에 최근에 세계은행은 '아프리카 행동계획(African Action Plan)'을 새로이 내놓았다. 이 모든 일시적 유화조치들은 20년이 넘도록 세계화, 개혁, 지배구조 개선이라는 성배(聖杯)를 탐색해온 과정 자체의 '도저히 받아들일 수 없는 얼굴'에 대한 뒤늦은 보완에 불과하다.

　아프리카 대륙 안에서는 '아프리카의 개발을 위한 새로운 경제 파트너십'(2001)[10] 과 과거의 아프리카단결기구(OAU)를 쇄신한 지역기구인 '아프리카연합(AU, African Unity)'이 미래의 가능성을 제시해 왔다. 이런 지역기구는 정치적 이행기였던 1990년 대의 격동을 통해 등장한 민주적 세력의 대표 격인 신흥 아프리카 정치계급이 가산제, 녹봉제, 약탈, 유사국가, 식민지 이후 시기, 탐욕의 정치 등으로 다양하게 묘사되는 아프리카 탈식민지 국가들의 병폐인 '허약한 지도력'에 대해 진지하게 고민하게 될 가능성에 기대를 걸고 있다.

　아프리카의 위기를 국제사회의 관점에서 도덕적 실패 내지 윤리적 실패로만 받아들인다면, 특히 2015년까지 아프리카의 빈곤을 절반으로 줄인다는 내용을 담은 '새천년 개발목표'[11]의 서약이 이행되지 못한 결과로만 본다면, 그것은 진실의 일부만을 이해한 것에 지나지 않는다. 진정한 아프리카의 위기는 가차 없는 신자유주의적 개혁 및 세계은행의 '구조조정 정책'과 국제통화기금(IMF)의 '경제안정화 정책'과 같은

---

8. UN Millennium Declaration.
9. MCA; Millennium Challenge Account). 미국의 해외원조 기금. —편집자
10. NEPAD; New Economic Partnership for African Development.
11. Millenium Development Goals. 2000년 9월 유엔의 191개 회원국들이 채택한 2015년까지의 세계 개발목표. —편집자

야만적인 정책이 시행된 지 25년이 지난 오늘날 아프리카의 개발이 파국적인 실패에 이르렀다는 점에 있다.

세계은행의 고위 관료를 지낸 윌리엄 이스털리(William Easterly)는 '4반세기 동안 이어진 경제적 실패와 정치적 혼란'인 구조조정 과정을 낱낱이 파헤치면서, '계획적인 개혁'이라는 무책임한 모험 전체의 '불합리성'을 과감하게 고발하고 있다.[12] 결국 아프리카는 1970년대에 개발경제학 분야를 휩쓸었던 하이에크의 반혁명적 이론의 실험장이 된 셈이다. 이 실험은 세계은행이 기획한 연속간행 보고서 가운데 사하라 이남 아프리카의 개발 문제에 초점을 맞춘 첫 번째 보고서이자 세간에는 '버그 보고서(Berg Report)'로 알려진 〈사하라 이남 아프리카의 가속개발: 행동의제〉[13]의 발간과 더불어 시작됐다.

세계은행의 이 보고서는 시카고학파의 이론을 적용했던 아옌데 정권 이후 칠레의 경험을 아프리카 대륙 전체에 적용해보려고 한 최초의 체계적인 시도였다. 이 보고서를 작성한 엘리엇 버그(Elliot Berg)와 그 동료들의 착상은 경제문제연구소(IEA; Institute of Economic Affairs), 몽펠르랭 협회(Mont Pelerin Society)와 같은 통화주의 싱크탱크 및 일찍부터 모습을 드러낸 시카고학파의 레오 스트라우스와 프리드리히 하이에크의 놀라운 부상에 의해 든든한 뒷받침을 받는 가운데 피터 바우어, H. G. 존슨, 데팩 랄과 같은 이들이 세계은행을 비롯한 개발기관을 통해 전개해 온 '행군'이 승리했음을 상징한다.

동유럽에 적용된 충격요법이나 라틴아메리카에서 시행된 '빚에 의한 구조조정'보다 훨씬 전부터 사하라 이남 아프리카 지역은 신자유주의의 공격무대가 됐다. 유엔에 따르면 1988년에 사하라 이남 아프리카의 32개국 중 26개국이 자유경제 체제를 표방하고 있었다. 이들 나라의 대부분은 버그 보고서가 출간된 후에 어떤 형태로든 구조

---

12. http://www.nyu.edu/fas/institute/dri/Easterly.

13. Accelerated Development in Sub-Saharan Africa: An Agenda for Action.

조정 프로그램을 경험했다.

1980년대가 1차산품 가격의 붕괴, 교역조건의 악화, 국제통화기금의 긴축 프로그램이라는 거센 파도를 처음으로 경험했던 '아프리카의 잃어버린 10년'이라면, 개혁의 결실을 거두었어야 하지만 그렇게 되지 못한 그 후 15년간의 성격은 뭐라고 규정할 것인가? 이 기간 동안 해외로부터의 공적 개발원조 순증가액이 187억 달러에서 100억 달러로 40% 이상 하락하는 가운데 아프리카 주민들의 기대수명은 줄어들고 일인당 소득은 정체됐다.

아프리카에서 신자유주의의 재판은 종결되고 평결만 남았지만, 현재의 아프리카 상황은 그리 좋지 않다. 지난 30년 이상 아프리카 서민들의 소득은 증가하지 않았다. 기대수명은 46세에 불과하다. 현재 47개에 이르는 사하라이남 아프리카 국가들 가운데 23개국의 국내총생산(GDP)은 30억 달러도 안 된다.[14] 2005년까지 '새천년 개발목표'를 향해 나아가지 못한 59개 우선지원대상국 중 38개국이 사하라이남 아프리카 국가들이었고, 〈2004~2005년 만성적 빈곤에 관한 보고서〉에 따르면 '가장 절망적으로 빈곤한' 16개국 모두가 이 지역 나라들이다.

사하라이남 아프리카에서는 현재 3억 명 이상이 하루 2달러 미만의 소득만으로 생계를 꾸려가고 있고, 2015년에는 이렇게 살아가는 사람 수가 4억 명으로 급증할 것으로 예상된다. 아프리카 대륙 인구의 3분의 1이 영양실조에 시달리고 있고, 발육부진 상태의 인구도 거의 40%에 이른다. 유엔 식량농업기구(FAO)가 2006년 1월에 조사한 바에 따르면 이 지역의 27개국은 긴급 식량원조가 필요한 상태다. 소말리아의 기아는 1980년대 중반 이 지역을 황폐하게 한 파국적인 식량위기와 같은 수준이다. 다르푸르의 악몽[15]은 차드로 번져가, 10여 년 전 중앙아프리카 위기[16] 당시처럼 수많은 피난민들이 거대한 차드호 주변으로 내몰릴 것으로 예상된다.

---

14. 이에 비해 엑손모빌의 2006년 1분기 순이익은 80억 달러였다.
15. 수단의 서부지역에 있는 다르푸르에서 벌어지고 있는 내전을 가리킴. ―편집자
16. 르완다 내전을 가리킴. ―편집자

신자유주의 쓰나미는 아프리카 도시들, 특히 도시 빈민지역들에 공포의 만행을 저질렀다. 기업에 막대한 이윤을 가져다 준 공공서비스의 민영화, 도시지역 사회서비스의 삭감, 공공부문 노동자들의 궁핍화, 제조업과 실질임금의 붕괴, 종종 중산계급의 소멸과 같은 의미인 '개혁'은 마이크 데이비스(Mike Davis)가 《빈민굴 지구(Planet of Slums)》(2005)에서 서술한 대로 사실상 가혹한 도시 파괴의 효과를 낳았다. 그 결과 아프리카의 도시들은 연간 최대 10%까지의 인구증가율이 지속되는 가운데서도 매년 2~5% 정도 경제가 위축되는 끔찍한 현실에 직면했다.

1990년대에 짐바브웨의 도시 노동시장은 매년 30만 명씩 확대됐지만, 도시지역의 실제 고용은 이렇게 증가하는 노동인구의 3%를 소화하는 수준으로 늘어나는 데 그쳤다. 1980년대에 다르에스살람[17]의 일인당 공공서비스 지출은 매년 10%씩 축소됐고, 하르툼[18]에서는 구조조정으로 인해 100만 명이 빈민으로 전락했다. 나이지리아의 도시지역 빈곤층은 1980년대와 1990년대 중반 사이에 세 배로 증가했다. 1980년대와 1990년대 사이에 나이로비[19], 킨샤사[20], 누악쇼트[21]의 도시지역 성장 중 85%가 마구잡이로 확산되어 통제가 불가능한 도시 빈민촌의 증가라는 사실은 이제 놀라운 일도 아니다.

누구나 도시 최악의 악몽으로 꼽는 라고스[22]의 인구는 50년 사이에 30만 명에서 1300만 명으로 불어났고, 2020년이 되면 베닌시티[23]에서 아크라[24]에 이르는 600km의 해안 회랑지대에 6천만 명의 빈민들이 가득 차면서 이 지역이 광범한 '기니만 슬럼'의 일부가 될 것이다. 그 전인 2015년에는 '검은 아프리카'[25]에 3억3200만 명의 빈민들이

---

17. 탄자니아의 수도. ―편집자
18. 수단의 수도. ―편집자
19. 케냐의 수도. ―편집자
20. 콩고민주공화국의 수도. ―편집자
21. 모리타니의 수도. ―편집자
22. 기니만 연안에 있는 나이지리아 제1의 항구도시. ―편집자
23. 나이지리아 남부 벤델 주의 주도. ―편집자
24. 가나의 수도. ―편집자
25. 사하라이남 아프리카 지역을 지칭. ―편집자

살고 있을 것이고, 이런 빈민의 수는 매 15년마다 두 배씩으로 늘어날 것으로 보인다.

어느 아프리카 국가가 어떤 종류의 아프리카 특유의 병폐를 지니고 있든 간에 외부 세력이 그런 국가와 함께 아프리카의 공동자산을 약탈하고 사유화하는 일을 벌인다면, 그것은 해외원조라는 미명 아래 자행되는 '강탈에 의한 축적'이며 참상을 빚어내지 않을 수 없다. 데이비스가 기록한 대로, 아프리카 도시들이 겪는 퇴행적 혼란은 소요를 일으키는 부랑자들을 낳기보다는 이슬람교나 펜테코스트파[26]가 활동할 수 있는 정치공간을 폭넓게 열 것이다. 카노[27]의 인민주의적 이슬람이건 소웨토[28]의 주술이건, 보이지 않는 권력이 지배하는 초자연적인 세계가 가장 강압적인 신자유주의적 유토피아주의의 이데올로기적 유산을 아프리카에서 대표하게 될 것이다.

로버트 카플란 같은 논평가들이 주장하는 파국설을 입증해주기라도 하듯 그 자체로 재난인 아프리카 개발은 HIV/에이즈의 만연이라는 또 다른 재난으로 직접 연결되고 있다. 에이즈 발병률 증가와 이것이 아프리카의 서부 및 동북부 지역에 끼치는 인구학적, 사회경제학적 파장이 그동안 과장됐음을 최신의 전염정보가 시사해주고 있음[29]을 감안하더라도, 에이즈가 아프리카의 일부 지역에 죽음의 장막을 드리우고 있다는 사실 자체를 부정할 수는 없다.

아프리카에서는 성인의 8%가 보균자이고 2800만 명이 감염되어 있으며 에이즈로 인한 사망자 수가 연간 230만 명에 이른다. HIV/에이즈가 미치는 파급효과로 인해 남아프리카와 동아프리카에서는 기대수명까지 달라졌다. 20년 전에 보츠나와에서 태어난 남자아이는 60세까지 살 것으로 기대할 수 있었다. 그러나 현재의 기대수명은 30세에 불과하다. 2010년이 되면 아프리카에서는 고아가 5천만 명 이상이 될 것으로 추정된다.

---

26. 근본주의 기독교의 일파. ―편집자
27. 나이지리아 북부 카노 주의 주도. ―편집자
28. 남아프리카공화국의 요하네스버그 외곽에 있는 흑인 거주구역. ―편집자
29. 〈가디언〉 2006년 4월 21일치 보도.

석유로만 집중되는 외국자본

개발사업에 편입돼 있는 사람들 중에는 신자유주의의 적용이 과도했기 때문이 아니라 오히려 부족했기 때문에 아프리카의 장기적 국가개발이 실패했다고 생각하는 이들도 있다. 주로 자유시장을 주장하는 주류 경제학의 전통적 관점에서 이들이 제기하는 이의의 골자는 아프리카에서는 구조조정과 경제안정화 정책이 제대로 시행된 적조차 없다는 것이다.

이는 구조조정이란 아프리카의 지배계급에게 정치적 자살을 요구하는 것이라는 좌파의 주장과 쌍을 이루는 우파의 주장이다. 이 주장에도 일말의 진실은 들어 있다고 할 수 있겠다. 뭔가에 실패한 뒤에는 충분히 앞으로 나아가지 못한 데서 실패의 이유를 찾는 사람들이 늘 있게 마련이다. 하지만 신자유주의적 지배와 통치가 지리적으로 고르게 적용되지 않았음에도 그동안 아프리카에서는 대체로 사회적 불평등이 확대되고 빈민들이 더욱 빈곤해지면서 주변으로 밀려나는 것이 일반적인 경향이었다.

세계은행의 개혁이 진행되고 세계무역기구(WTO)의 압력이 1990년대 중반부터 작용하면서 신자유주의적 개발의 리트머스 시험지로 볼 수 있는 아프리카의 무역과 투자에 엄청난 참상이 초래됐다. 아프리카의 국가적 시장관리 당국이나 무역보호가 광범위하게 파괴된 데에서도 그러한 참상을 엿볼 수 있다. 그 참상은 진정 파괴적이다.

절대적인 수치만으로 보면 아프리카의 수출은 1963년에서 2000년 사이에 많이 증가했다고 말할 수 있다. 하지만 세계무역 전체의 성장속도와 비교하면 아프리카의 성장속도는 매우 느렸다. 세계 전체의 수출에서 아프리카의 수출이 차지하는 비중은 1962년에 6%였지만 2000년에는 2%로 낮아졌다. 1980년에서 1998년 사이에 식품과 제조업제품 등 비석유 제품의 수출 증가율은 비참한 수준이었다. 소득, 지리적 조건, 사회경제적 여건 등 아프리카의 상황을 감안하면 아프리카가 보여준 실적은 그런대로 무난한 편이라고 이야기되기도 했다. 하지만 "북반구 시장에서 유리된 채 국제무역의 구성에서 보다 역동적인 발전을 이루는 부분에서 격리되어 고립된" 상태에서 아

프리카의 수출이 보여주는 현실적인 내용의 문제점을 부정해서는 안 된다.[30]

유엔 무역개발회의(UNCTAD)가 26개 아프리카 국가들의 수출을 분석한 결과, 수출 품목은 주로 1차산품에 집중(대략 85% 정도)되어 있고, 이런 현상은 1980년대 이후로 거의 변화가 없었다고 한다. 사하라이남 아프리카 지역은 1차산품 수출에서 벗어나 고부가가치 상품 수출로 이동하는 데 실패했다. 특히 1980년대에 아프리카가 자본주의적 축적 및 전 지구적 자원흐름 회로에서 밀려나 더욱 더 주변화되었을 것이라는 지적조차도 당시의 현실을 실제 이상으로 좋게 표현한 것이었음이 입증되고 있다. 1970년대에는 놀랍게도 제3세계에 투자된 외국인직접투자의 25%가 아프리카로 향했다. 그러나 이 비중이 2000년에는 3.8%에 그쳤고, 지금은 1%에도 미치지 못한다.

아프리카로 흘러들어간 외국인직접투자는 1981년부터 1985년까지는 연간 17억 달러였고, 1991년부터 1995년까지는 38억 달러로 증가했다. 하지만 개발도상국들 전체로 흘러들어간 외국인직접투자 가운데 아프리카로 흘러들어간 비중은 지속적으로 하락해 같은 기간에 9%에서 5% 미만으로 낮아졌다. 이는 동남아시아와 라틴아메리카로 흘러들어간 외국인직접투자 비중에 비하면 낮은 수치다.

1995년에서 2001년 사이에 아프리카로 유입된 외국인직접투자는 연간 70억 달러에 이르지만, 그 가운데 3분의 2는 앙골라, 나이지리아, 남아프리카공화국 등 3개국에 집중됐다. 또 이들 세 나라로 향한 외국인직접투자 가운데 90%는 석유부문으로 들어갔다(70쪽 도표 참조). 아프리카 국가들 가운데 절반은 이런 외국인투자의 혜택을 전혀 받지 못했다. 아프리카의 외국인직접투자 가운데 3분의 2는 영국, 독일, 미국 등 3개국에서 온 것이고, 이들 세 나라가 1980년대에 아프리카로 들어간 외국인직접투자의 대부분을 지배했다. 2005년도 〈세계투자보고서(World Investment Report)〉에 따르면 현재 아프리카로 유입되는 외국인직접투자는 연간 180억 달러에 이르며, 그중 50%가 4개국에 집중되고 상위 10개국이 전체 투자액의 4분의 3을 차지한다.

---

30. Peter Gibbon & Stefano Ponte, Trading Down, Temple University Press, 2005, p. 44.

보다 적나라하게 말하면 4개 산유국이 신자유주의적 계획의 성공을 보장해주는 민간 외국인투자의 대부분을 독점했다고 말할 수 있다. 아프리카 대륙의 나머지 다른 나라들은 근본적으로 외국인투자 규모가 지극히 미미하다. 2005년은 '아프리카의 해'라는 이점이 있었음에도 불구하고 아프리카 대륙으로 유입된 투자의 규모는 매우 실망스러운 수준이었다.

아프리카의 축적위기와 자본흐름, 무역흐름의 양상은 실제로 보면 복잡하고 불균등하다. 석유부문의 성장, 그리고 드물게만 존재하긴 하나 수출자유지역이나 다름없는 모리셔스와 같은 곳들에서 이루어지는 제조업 부문의 성장 외에 지구적 가치사슬이

2003-2004 아프리카로 유입된 외국인직접투자(상위 10개국)

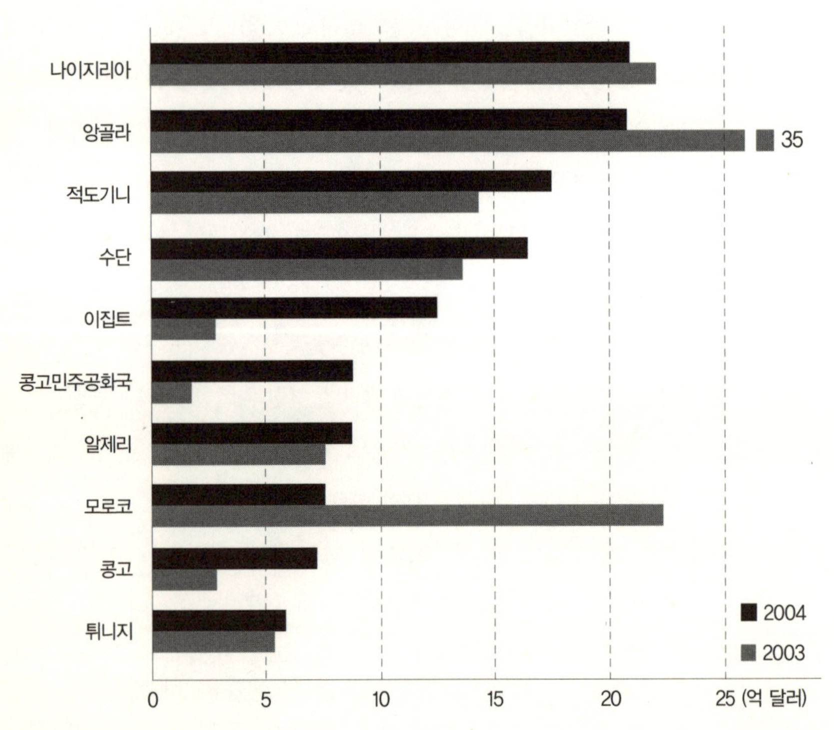

출처: 〈세계투자보고서〉, 2005, 41쪽

70

불균등하게 출현하는 현상도 아프리카 경제에 변동을 일으키는 원인으로 작용한다.

이런 현상은 특히 신선한 과일과 채소를 재배하는 남아프리카공화국의 고부가가치 농업, 케냐의 화훼산업, 세네갈의 콩산업에서 두드러지게 나타난다. 이런 산업들의 계약생산 형태는 특히 구매자가 결정권을 행사하는 유통망이 구축되도록 함으로써 소매상들이 막대한 권력을 갖게 해준다. 이 때문에 이런 산업들은 아프리카 전역에 이미 존재해 온 불평등을 더욱 심화시키는 동시에 아프리카인이 아닌 다른 나라 사업가의 이익을 증진시키는 데 기여하는, 주위와 격리된 농업자본주의 지역들을 만들어낸다. 매우 높은 출산율에 의해서는 물론이고 극심한 내전과 주거지 박탈에 의해서도 초래되는 인구압력 속에서 농촌의 상품화가 심화되는 현상은 토지를 둘러싼 갈등을 불러일으켰고, 이는 아프리카 개발에서 새로이 등장한 생생한 풍경이 되고 있다.

아프리카의 이런 상황을 배경으로 놓고 보면 개발기관들의 활동이 좌충우돌한 것도 놀랄 일이 아니다. 한편에서는 세계은행에서 경제학자로 일한 바 있는 윌리엄 이스털리가 원조(또는 '계획')는 철저한 실패이자 무책임한 실패였다고 주장한다. 그가 제시하는 해결책은 아무것도 계획하지 않는 것이다. 우리에게 필요한 것은 계획가들이 아니라는 것이다. 그가 보기에는 국제통화기금과 세계은행의 '속기사'들은 신자유주의의 옷을 입은 스탈린주의자들이다. 보노나 토니 블레어 같은 이들이 필요한 것도 아니라고 한다. 우리가 해야 할 일은 무담보 소액대출(마이크로 크레딧)의 대부인 모하메드 유누스[31] 같은 '탐색가'들을 많이 찾아내는 것이라는 얘기다.

그 반대편에는 이른바 '일인산업(一人産業)'으로 불리는 제프리 삭스가 있다. 그는 국제원조를 확대해야 한다고 주장한다. 그는 아프리카에 매년 300억 달러가 지원되도록 하는 일에 참여하고 있으며, 지배구조의 실패 외에 빈약한 물리적 지리조건 때문에 어려움을 겪고 있는 빈곤한 사람들을 구하는 데 부자들이 일조하도록 하기 위한 전 지구적 협약의 체결을 추진하는 일을 하고 있다.

---

31. 방글라데시 그라민 은행의 설립자. —편집자

그러나 현실에는 군사적 신자유주의라는 황량한 세계만 남아 있다. 이 세계의 한쪽 끝에는 군사력 동원으로 강화된 '축적의 엔클레이브'[32]와 다큐멘터리 영화 〈다윈의 악몽(Darwin's Nightmare)〉[33]에서 생생하게 묘사된 폭력적이고 때로는 혼란스러운 시장이 자리 잡고 있다. 그 반대쪽 끝에는 경제침체, 퇴보, 불균등한 상품화라는 블랙홀이 자리 잡고 있다. 이처럼 복합적인 축적의 궤적에서 지배적으로 나타나는 흐름은 자원추출의 중요성 강화와 일차산품 생산으로의 복귀다.

석유정치와 아프리카 만유역 국가들

현재 아프리카는 석유호황 바람이 불고 있는 주요 지역들 중에서도 중심지가 되어 있다. 이는 곧 아프리카 대륙에서 자본주의적 축적의 가장 중요한 원천으로 취급되는 1차산품 부문에서 특히 석유가 핵심적인 역할을 하게 됐음을 뜻한다. 아프리카 대륙은 세계 석유생산의 약 10%를 차지하며, 현재 우리가 알고 있는 석유 매장량의 9.3%가 이곳에 묻혀 있다.

아프리카의 유전지역은 일반적으로 중동의 유전지역보다 좁게 분포돼 있고 석유가 매장돼 있는 위치도 더 깊어서 생산비용이 중동에 비해 3배 내지 4배가량 더 많이 든다고 한다. 하지만 아프리카의 원유는 대체로 유황 함유량이 적다는 장점이 있어서 미국 수입업자들이 눈독을 들이고 있다. 그러나 상업적 석유생산지로서의 아프리카는 탄화수소 시대에 접어든 후에 상당히 늦게 등장했다. 아프리카의 석유생산은 이집트에서 1910년에 처음 시작됐고, 1930년대와 1940년대만 해도 본격적으로 석유생산에 뛰어든 나라는 프랑스와 이탈리아의 후원을 받은 리비아와 알제리뿐이었다.

---

32. 석유복합체가 그 전형적인 사례다.
33. 과학실험을 위해 탄자니아의 빅토리아호에 유입된 외래종 물고기인 나일강 농어가 이 호수의 토종 물고기들을 모조리 잡아먹어 생태계를 파괴하고 주변지역 주민들의 삶을 파괴하지만 외국자본들은 이 나일강 농어를 식용으로 가공해 수출함으로써 돈을 버는 과정을 담은 다큐멘터리 영화. ―편집자

현재는 아프리카석유생산국연합(APPA)의 회원국인 12개 주요 산유국들이 아프리카를 장악하고 있다. 생산량 순서로 보면 나이지리아, 알제리, 리비아, 앙골라를 비롯한 이들 12개국이 아프리카 전체 생산량의 85%에 이르는 석유를 생산한다. 아프리카의 주요 산유국들은 하나같이 석유에 대한 국가경제의 의존도가 매우 높다. 상위 6개 산유국들의 경우 원유 판매가 석유 관련 수출에 따른 정부세입의 75~90%, 국내총생산의 30~40%, 전체 정부세입의 50~80%를 차지한다.

1970년대까지는 북아프리카가 아프리카 전체의 석유 및 가스 생산을 지배했지만, 그 뒤 30여 년에 걸쳐 아프리카의 석유생산 중심지는 확실하게 기니만으로 옮겨졌다. 기니만은 나이지리아에서 앙골라로 내려가는 해안의 풍부한 석유 매장지를 포함하고 있다. 이른바 '서아프리카 만유역 국가들'로 구성된 기니만 지역은 공급부족과 변동성이 심해지고 있는 세계 석유시장에 아프리카 지역 공급자로서 뚜렷하게 모습을 드러냈다. 워싱턴의 싱크탱크들과 석유산업 로비스트 집단은 기니만의 안전 보장, 미국의 이익, 기니만에 대한 미국의 개입에 깊은 관심을 갖고 있다.

가봉과 적도기니공화국은 일인당 석유 부존량이 많은 아프리카 산유국이며, 석유가 풍부하면서도 인구가 적은 쿠웨이트나 카타르와 유사하다. 세계의 상위 15대 산유국에 들어가는 아프리카 국가는 나이지리아뿐이다. 나이지리아, 알제리, 리비아는 각각 세계 석유수출국 순위 8위, 10위, 12위를 차지하고 있다. 이 세 국가와 가봉은 모두 석유수출국기구 회원국이다.

아프리카의 모든 정부가 국영 석유회사를 통해 석유산업 부문을 관리한다. 아프리카의 국영 석유회사들은 주요 다국적 석유회사들과 함께 이런저런 형태의 협력사업을 벌이고 있다. 그 형태는 주로 석유에 대한 임차권을 부여하거나 공동 양해각서를 체결하는 방식이다. 일반적으로 아프리카에서 활동하는 세계적인 석유회사들은 아프리카의 국영 석유회사들과 생산량 배분비율에 관한 약정을 맺는다. 다만 나이지리아는 석유사업이 대부분 합작투자 방식으로 이루어진다는 점에서 예외적인 경우라고 할 수 있다.

아프리카 각국 정부들은 지리적, 기술적 기준 및 투자와 관련된 기준을 바탕으로 석유기업에 최저이윤을 보장한다. 국영회사는 생산비용을 우선 공제한 후 원유 생산량에 따라 합작사에 채굴보수를 지불한다. 아프리카의 3대 산유국에는 극심한 부패, 권위주의적 통치, 비참한 경제실적이라는 이른바 '자원의 저주' 가 씌워진 상태다.[34]

석유생산을 기업이 맡고 있는 국가와 독재정부가 담당하는 국가가 상호작용하는 가운데 석유생산과 관련된 투명성의 문제가 국제적 의제로 부상했다. 토니 블레어의 '자원추출산업 투명성 이니셔티브'[35], 국제통화기금의 '석유진단 프로그램'[36], 소로스 재단의 '정부세입 감시'[37] 같은 것들은 모두 자발적으로 이루어지는 규제노력이라고 볼 수 있다. 이러한 것들은 부패하고 무질서한 석유산업에 책임성이라는 허울을 덧씌운다.

석유 팔아 부자 됐다는 '잔인한 농담'

나이지리아는 아프리카 산유국 중에서 가장 중요한 존재다. 오늘날 누구도 나이지리아가 전략적으로 중요한 나라임을 부정하지 않는다. 나이지리아의 인구는 1억3700만 명으로 추정되며, 아프리카 전체 인구의 5분의 1을 차지한다. 나이지리아는 세계에서 7번째로 많은 양의 석유를 수출하는 나라이며, 미국이 수입하는 석유의 대략 8% 정도가 나이지리아산이다.

오래 전부터 석유수출국기구(OPEC)의 회원국으로 활동해 온 나이지리아는 전형적인 '석유국가'[38]라고 할 수 있다. 나이지리아에는 400억 배럴에 가까운 석유가 매장돼

---

34. Ian Gary & Terry Karl, Bottom of the Barrel, Catholic Relief Services, 2003.
35. Extractive Industries Transparency Initiative.
36. Oil Diagnostic program.
37. Revenue Watch.
38. Petro-state. 국가가 독점적으로 석유를 생산하고 관리하는 국가를 가리키는 말. ―편집자

있는 것으로 추정된다. 국제통화기금에 따르면 나이지리아는 2004년에 석유가 정부 세입의 80%, 외환수입의 90%, 수출소득의 96%, 그리고 국내총생산의 거의 절반을 차지했다.

현재 나이지리아에서 원유는 하루평균 210만 배럴이 생산되며, 그 가치는 2004년 가격으로 계산할 경우 200억 달러 이상이다. 나이지리아의 석유는 대부분 니제르삼각주 내륙 전역에 흩어져 있는 250여 곳의 유전에서 끌어올려진다. 그 막대한 석유생산으로 인해 나이지리아의 석유부문은 이제 이 나라의 최대 산업기반으로 자리 잡았다. 300여 곳 이상의 유전, 5284개 소의 유정, 7천 킬로미터에 달하는 송유관, 10개 소의 수출집하지, 275개 소의 저유소, 10개의 가스 생산공장, 4곳의 정제공장, 대규모 거대 액화천연가스 생산 프로젝트[39]가 가동 중이다.

나이지리아가 세계 석유지정학 상의 전략적 행위자로 등장한 것은 일대 사건이었다. 그 과정은 1970년에 끝난 내전의 결과로 일어났다. 1950년대 말까지만 해도 석유산업은 나이지리아 전체 수출의 2%를 차지하는 미미한 부문에 불과했다. 나이지리아의 석유생산이 급격히 증가한 시기는 1960년과 1973년 사이였다. 500만 배럴을 갓 넘는 수준에 불과하던 연간 석유 생산량이 이 시기에 6억 배럴로 치솟았다. 그러자 석유로 벌어들이는 정부세입이 1970년 6600만 나이라[40]에 불과하던 것이 1980년에 이르면 100억 나이라 이상으로 증가했다.

그러나 막대한 가치를 갖는 석유산업이 사실은 악몽에 불과하다는 사실이 밝혀졌다.[41] 이는 나이지리아의 석유산업이 이룬 것이 무엇인지를 살펴보면 금세 드러난다. 나이지리아가 석유로 벌어들인 돈의 85%를 인구의 1%가 가져간다. 1970년 이후 벌어들인 4천억 달러 중 약 1천억 달러는 그냥 공중으로 사라졌다. 나이지리아의 반부패 당국 책임자인 누후 리바두는 2003년에 나이지리아가 석유로 벌어들인 돈의 70%가

---

39. 보니 지역과 브라스 지역의 LNG 프로젝트를 그 예로 들 수 있다.
40. 나이지리아의 화폐단위. —편집자
41. Nigeria: Want in the Midst of Plenty, Africa Report 113, International Crisis Group, 2006.

도난당했거나 낭비됐지만 2005년에는 이 비율이 "40%에 불과한 정도로 개선됐다"고 말했다.

1965년과 2004년을 비교하면 나이지리아의 국민 일인당 소득은 250달러에서 212달러로 줄어들고 소득불평등은 현저히 증가했다. 1970년에서 2000년 사이에 나이지리아에서 하루 1달러 미만으로 생계를 꾸린 사람의 수는 전체 인구의 36%인 1900만 명에서 70% 이상에 해당되는 9000만 명으로 가파르게 증가했다. 국제통화기금은 이 나라에서 "석유가 삶의 기준을 개선한 것이 아니라 오히려 악화시키는 데 기여한 것으로 보인다"고 지적했다.[42] 세계은행은 지난 10년간 이 나라의 일인당 국내총생산과 기대수명이 모두 하락했다고 평가한다.

석유개발이라는 이름 아래 나타난 실제 현상은 장기적인 국가개발의 끔찍하고도 파국적인 실패다. 그 깊이와 결과 전체를 파악하기란 쉽지 않다. 카노나 라고스에 자리 잡은 광대한 빈민촌에서 바라보아도 마찬가지이지만 니제르삼각주에서 바라보아도 국가개발이 이루어지고 석유를 팔아 부자가 됐다는 말은 잔인한 농담에 불과함을 알 수 있다.

석유와 관련된 이같은 역설과 모순이 니제르삼각주의 유전지대만큼 잘 드러나는 지역은 없다. 석유가 풍부한 바이엘사 주나 델타 주에서도 주민 15만 명당 의사는 고작 한 명뿐이다. 석유가 가져다 준 것이라고는 빈곤, 국가의 폭력, 죽어가는 생태계뿐이다. 지난 반세기 동안 '검은 금'[43]의 그늘 속에서 국민의 삶이 방치된 셈이니 정치적 불안정이 심화된 것은 어쩌면 당연하다. 1999년에 시작된 민주화 프로젝트는 점점 더 공허한 모습이 되고 있다.

악몽과도 같은 석유정치는 그 기원이 1970년대의 들뜬 호황기로 거슬러 올라간다. 당시의 호황은 석유투자를 겨냥한 외자의 거대한 유입을 촉발시켰고, 야심차고 대체로 독재적인 국가 주도의 현대화 정책을 출범시켰다. '석유국가' 와 동일한 것은 아니

---

42. Martin & Subramanian, Addressing the Resource Curse, IMF, 2003, p. 4.
43. Black Gold. 석유를 지칭함. -편집자

지만 그 내용이 겹치는 '석유복합체'가 등장해 새로운 석유경제의 가동에서 중심적인 역할을 하기에 이르렀다. 석유국가는 몇 가지 핵심 제도적 요소로 구성된다.

그것은 ① 자원개발권의 합법적 독점 ② 특정 지역의 채굴권(영역권)을 보장받은 거대 석유회사와의 합작투자를 통해 운영되는 국영 석유회사 ③ 투자의 안전을 보장하는 국가의 안전보장 장치(이것은 종종 민간회사의 경비인력과의 보완적인 관계 속에서 작동한다) ④ 유정이 위치한 지역을 관할하는 석유생산지 지역사회 ⑤ 석유세입을 분배하는 정치체계다.

석유세입을 분배하는 문제는 나이지리아 같은 연방체제 국가에서나 사우디아라비아 같은 전제군주제 국가에서나 쉽게 달아오르는 제국적 석유정치를 이해하는 데 필수불가결한 요소다. 나이지리아의 경우 분배체계는 크게 네 가지로 구분된다. 그것은 연방정부가 직접 거두어가는 지대와 관련된 '연방계정', 각 주가 연방재정에 기여한 만큼 연방정부 세입의 분배에 참여할 권리와 관련된 '주별 분배원칙', 각 주 주민의 필수수요와 인구규모 등의 기준에 따라 연방정부 세입을 주별로 할당하는 계정인 '주간 연합계정', 부패로 악명 높은 니제르삼각주개발위원회로 유입되는 돈을 비롯해 니제르삼각주로 직접 유입되는 돈과 관련된 '특별지급계정'이다.

시간이 지나면서 각 주에 분배되는 세입이 점차 줄어들면서 석유 매장량이 풍부한 니제르삼각주 지역의 주들이 직접 통제하는 재정의 규모가 감소하는 대신 주간 연합계정이 크게 확대됐다. 이에 따라 소수민족이 많이 거주하는 석유생산 지역의 주들은 손실을 입는 반면, 석유를 생산하지 않는 주들의 다수민족이 이익을 보는 방향으로 급격한 재정집중화 현상이 일어났다. 그리고 이런 현상을 일으키는 수단과 방법은 전혀 문제가 되지 않았다.

그 결과 여러 세력들이 합쳐서 하나의 형태를 이룬 석유복합체가 나이지리아라는 석유국가를 뒤덮기에 이르렀다. 이런 추세의 의미를 살펴보면 다음과 같다.

첫째, 석유와 관련해 발생하는 지리전략적 이해관계와 군사력을 비롯한 물리력이 지역 단위 석유복합체의 일부를 구성하게 됐다.

둘째, 전 세계 시민사회가 '인권 증진과 석유부문의 투명성 개선에 관심을 가진 초국적 시민운동단체' 및 '석유산업이 초래한 결과에 대해 석유산업으로 하여금 직접 책임을 지게 하거나 석유국가의 책임성을 요구하는 투쟁을 벌이는 지역 사회운동단체나 비정부기구' 등을 통해 석유복합체에 개입하고자 한다.

셋째, 거대 석유회사들이나 독립적인 석유회사들, 그리고 광범위한 석유 관련 서비스 업체들을 포함한 초국적 석유산업이 지역사회 개발, 기업의 사회적 책임 준수, 이해당사자들의 포용 등을 통해 지역개발 과정에 적극적으로 관여하게 된다.

넷째, 석유로 인해 발생하는 부를 둘러싼 갈등이 불가피하게 발생한다. 그 부를 누가 통제하고 소유할 것인가, 그 부에 대해 누가 권리를 가지는가, 그 부는 어떻게 분배되고 활용돼야 하는가 등을 놓고 벌어지는 갈등은 민족별 민병대, 준군사조직, 분리주의자 운동단체 등을 포함한 다양한 정치세력들을 석유복합체의 활동 안으로 끌어들인다.[44] 때로는 석유와 관련된 활동이 내전의 표적이 되기도 한다.

다섯째, 국제통화기금과 세계은행을 비롯한 다자간 개발기관들과 수출신용기관을 비롯한 금융기관들은 산유국이 에너지 부문을 구축하고 확장해가는 데 있어서 핵심 '매개자'로 등장하고 있다. 최근 다자간 개발기관들은 아프리카 산유국 정부와 석유회사들의 투명성을 실현하라는 압력을 받고 있다. 그리고 특히 마약, 석유절도 등을 통한 불법적인 부, 용병, 지하경제와 같은 암흑세계와 석유 사이에 일정한 관계가 형성돼 있다는 점도 무시할 수 없다.

석유복합체는 비기업경제에 둘러싸인 고립된 '기업경제 엔클레이브'다. 그러면서도 석유복합체는 '석유제국'이라고 부를 수 있는 일련의 지역적, 국가적, 초국적 세력들의 활동을 파악해야만 이해가 가능한 정치적, 경제적 계산의 중심이기도 하다. 나이지리아의 지난 10년간을 핵심적으로 규정해 온 '자원에 대한 통제권을 둘러싼 갈등'은 그 성격이 점점 더 군사적인 것으로 변했고, 이에 따라 니제르삼각주는 점점 더 나

---

44. 콜롬비아의 상황이 그 전형적인 사례다.

이지리아 정부의 통제에서 벗어났다. 이제는 자원 통제권을 둘러싼 갈등이 석유복합체를 구성하는 세력들 자체로부터 일어나고 있다.

'제2의 이라크'가 되어가는 나이지리아

아프리카 석유안보의 현실과 전후 미국 석유정책의 무참한 실패를 감안해볼 때 최근 나이지리아에서 발생한 사건들, 그중에서도 특히 석유가 생산되는 니제르삼각주 지역에서 발생한 사건들 대부분은 신문 1면 머리기사가 되기에 충분하고 석유시장의 관심을 끌기에도 충분하다.

나이지리아 석유경제의 취약성은 석유세입 분배 문제를 논의하는 전국회의에 참석한 석유생산 지역의 정치적 대표들이 항의퇴장하는 사태를 통해 부각됐다. 이 밖에 2005년 후반에 니제르삼각주 지역의 군사지도자와 반란지도자들이 반역 혐의로 체포된 사건, 2005년 12월에서 2006년 1~2월 사이에 석유시설에 대한 무장공격이 급격히 증가한 사실, 특히 '니제르삼각주해방운동'[45]이라는 대체로 알려지지 않았던 무장단체가 인질극을 벌이는 등 이조[46] 부족 민병대의 석유시설 공격이 증가한 점 등은 나이지리아의 현실을 극명하게 보여준다.

2006년 초까지도 정치적 불안과 무장공격으로 인해 훼손된 석유는 하루평균 63만 배럴에 달했다. 그러나 이러한 소요는 더 폭넓은 역사적 지평 속에서 파악돼야 한다. 최근 니제르삼각주의 유전지역 전역에서 석유시설에 대한 대규모 공격을 수반한 폭력사태가 증가했지만, 돌이켜보면 이런 현상은 1990년대 이래 계속돼 온 것이다. 지금도 석유생산 지역들 사이에, 그리고 석유생산 지역들과 국가안보 세력 사이에 무력충돌이 계속되고 있으며, 석유와 관련된 폭력사태로 연간 1천 명 이상이 사망하는 것

---

45. MEND, 2006년 6월 7일 한국인 근로자 납치 사건을 일으킨 조직. ─편집자
46. Ijaw. 니제르삼각주 지역의 원주민. ─편집자

으로 추정된다.

니제르삼각주는 지난 10여 년간 폭동에 시달려 왔다. 나이지리아 국영 석유회사를 위해 작성되어 2003년에 발간된 〈낭떠러지로부터의 귀환(Back from the Brink)〉이라는 보고서는 거대 석유기업들에 대한 위험평가 결과 어두운 전망을 내놓았다. 그런가 하면 같은 해에 유출된 셸의 내부 보고서에는 나이지리아에서 셸의 사업권이 위기에 봉착했다는 내용이 들어 있다. 이런 분석들은 타당한 것이다.

나이지리아 국영 석유회사는 1998년부터 2003년까지 발생한 회사시설물 파괴 행위가 매년 400건에 이른다고 추산하고 있다. 2004년을 예로 들면 1월에서 9월 사이에만 581건의 시설물 파괴 행위가 발생했다. 이런 시설물 파괴로 인한 석유 손실은 연간 10억 달러에 이른다고 한다. 석유회사를 공격하는 전술도 다양하다. 시위, 석유시설 봉쇄, 저유소 점거, 송유관 파괴, 무단 급유나 절도[47], 석유회사를 상대로 한 소송 제기, 인질 납치, 파업 등의 방법이 활용되고 있다.

규모가 큰 이조 부족 여성단체는 2002년 와리 지역 인근에 위치한 셰브론의 정제공장을 점거하고 이 석유회사에 투자를 확대할 것과 지역 주민들을 고용할 것을 요구했다.[48] 이 사건은 물론 거대한 정치적 빙산의 일각에 불과하다. 이듬해인 2003년 이 지역에서 발생한 폭력사태는 수많은 사망자를 낳으면서 지역사회를 파괴하고 혼란을 야기했다. 결국 2003년 3월에 석유회사 직원 7명이 살해당했다. 이 사건으로 인해 거대 석유기업들이 직원을 철수시키고 작업장을 폐쇄함으로써 전국 생산량의 40%에 해당하는 하루 평균 75만 배럴 이상의 석유 생산 감소로 이어졌다.

이러한 사건들에 대한 대응책으로 오바산조 나이지리아 대통령은 급히 대규모 군대를 석유생산 지역에 주둔시켰다. 그러자 불법적 석유거래[49]에 끼어들기 위해 투쟁하는 이조 부족의 무장단체는 자신들의 수중에 있는 11개 소의 석유시설을 파괴하겠

---

47. 저유소에서 원유를 대량으로 탈취하기 위해 석유관 중간에 다른 관을 꽂아 석유를 빼돌리는 행위.
48. 〈뉴욕타임스〉 2002년 8월 13일치.
49. 혁신적인 방식의 절도행위로 사라지는 석유가 전국 생산량의 15%라는 추정치도 제시된 바 있다.

다고 으름장을 놓았다.

2004년 4월에 석유시설물 주위에서 또다시 폭력의 물결이 터져 나와 4월 말에 셸이 입은 석유손실이 하루 평균 37만 배럴에 달했고, 그중 대부분의 손실은 니제르삼각주 지역에서 발생했다. 이는 아테케톰(니제르삼각주 자경단)과 알하지아사리(니제르삼각주 자원단)이라는 두 개의 민족민병대 조직을 중심으로 한 무장봉기였다. 고도로 조직화된 석유절도를 통해 조성된 자금이 이들의 활동을 뒷받침하고 있다.

켄 사로 위와[50]가 교수형을 당한 지 10년이 넘었지만, 오고니의 유전지역 일대에 배치된 군사력은 지금도 여전히 유지되고 있다. 각 유전지역의 여건은 예전 그대로이거나 오히려 악화되었다. 정부의 보안군은 어떤 활동을 해도 처벌받지 않으며, 이를 통해 정부는 석유산업에 대해서는 안전을 보장해줄 수 있었지만 석유생산 지역 주위의 지역사회들에 대해서는 안전을 보장해주지 못했다. 석유회사들은 그들대로 진절머리 나는 참상과 각 지역의 정치적 불안을 감내했다는 점에서는 책임의 일부를 나눠 진 셈이었다.

그러나 새로운 폭력과 불안정은 하나의 중대한 분수령이 됐다. 니제르삼각주해방 운동은 명망 있는 두 명의 이조 부족 무장단체 지도자를 석방하라고 요구했다. 이조 부족 무장단체는 니제르삼각주 지역의 소수민족으로 이루어진 조직으로, 가장 규모가 크고 무장이 잘 된 집단이다. 2006년 1월 29일에 이 단체는 인질들을 아무런 상해도 입지 않은 상태로 석방했지만, 이 단체가 석방을 요구한 이조 부족 지도자들은 나이지리아의 수도 아부자의 감옥에 수감된 채 석방되지 않았다.

2월 첫째 주에 니제르삼각주해방운동은 2월 12일까지 니제르삼각주에 있는 주둔군을 철수시키라고 국제사회에 요구했다. 그렇게 하지 않을 경우 무장공격을 감행하겠다고 공언한 니제르삼각주해방운동은 2주 후에 실제로 연방해군 군함을 공격했고, 석유 관련 서비스 업체인 윌브로스의 직원 9명을 납치했다. 이 행동은 나이지리아 정부

---

50. 오고니 지역의 인권운동가로 1995년에 처형됐다. ─편집자

군이 니제르삼각주 지역을 공격한 데 대한 보복임이 분명했다. 나이지리아 정부는 석유밀수에 관여한 바지선을 공격했던 것이라며 정부에서 실시한 공격의 정당성을 주장했다.

니제르삼각주해방운동이 공언한 목표는 나이지리아의 석유 생산량을 30% 감소시키는 것이다. 2006년 1월에서 3월 사이에는 석유세입 손실액이 10억 달러에 달했고, 29명의 나이지리아군 병사들이 폭동의 외중에 살해당했으며, 바이엘사 주에 위치한 석유회사 아깁의 저유소 직원 40명이 사로잡혀 인질이 됐다. 이처럼 나이지리아의 유전지대는 1970년에 내전이 종식된 이후 그 어느 때보다 긴장된 상황이다. 2006년 7월 말에 이르면 나이지리아의 석유생산이 예전보다 하루 평균 70만 배럴 줄어든 상태가 된다.[51]

현재의 위기는 나이지리아의 석유생산 지역이 나이지리아 정치의 중심에 위치하게 됐음을 보여준다. 그 이유는 다음 네 가지로 요약된다. 첫째, 니제르삼각주 지역의 여러 주들이 자원에 대한 통제를 위해 기울이는 노력은 이제 석유와 석유세입에 대한 접근과 통제의 문제로까지 확대됐다. 둘째, 니제르삼각주 지역 내 소수민족의 자결을 위한 투쟁과 연방정부의 근거를 규정한 헌법의 개정을 위한 전국회의를 요구하는 목소리가 존재한다. 셋째, 젊은이들의 무장운동, 심화되는 불안정, 지역사회 내부와 민족들 사이의 폭력 등으로 인해 다수의 주정부를 비롯한 지방정부들이 무력화됨으로써 이 지역 전체가 '통치의 위기'에 직면해 있다.

최근의 사태가 보여주듯이 이런 통치의 위기는 석유산업의 흐름과 미국이 내세우는 '에너지 안보'를 위협할 수 있다. 게다가 넷째로 이른바 '남남동맹'이 등장하고 있다. 남남동맹은 소규모이며 정치적으로 주변화된 석유생산 주들[52] 사이의 강력한 연대를 이끌어냄으로써 2007년에 실시될 선거에서 지배집단인 다수민족[53]에 대항하는

---

51. The Swamps of Insurgency: Nigeria's Delta Unrest, Africa Report 115, International Crisis Group, 2006.
52. 예를 들면 아크와이봄 주, 바이엘사 주, 크로스리버 주, 델타 주, 온도 주, 리버스 주 등.
53. 예를 들면 하우사 족, 요루바 족, 이보 족 등.

도전이 일어날 수 있는 여건을 만들어내고 있다.

토니 블레어의 '자원추출산업 투명성 이니셔티브', 국제통화기금의 '석유진단 프로그램', 소로스 재단의 '정부세입 감시' 같은 것들이 나이지리아의 부패하고 무질서한 석유산업에 책임성이라는 허울을 덧씌우고 있지만, 실질적인 행동은 다른 곳에서 벌어진다. 미국은 이 지역에 대한 군사적 영향력을 강화하고 있으며, 이러한 미국의 행동은 용병이나 준군사조직의 주둔을 증가시켜 결국은 콜롬비아와 다르지 않은 상황을 만들어낼 위험을 내포하고 있다.

2006년 2월에 나이지리아의 아티쿠 아부바카르 부통령은 미국에 200대의 순찰정 및 군사적 종합지원을 요청했지만 거절당했다. 그러자 나이지리아 정부는 미국이 군사적 원조를 머뭇거리고 있다며 중국에 군사원조를 요청했다. 〈파이낸셜 타임스〉(2006년 3월 1일치)는 워싱턴에 위치한 전략국제문제연구소(CSIS)의 아프리카국장인 스티븐 모리슨의 말을 인용해 나이지리아 정부의 이런 행동이 갖는 의미에 대해 다음과 같이 보도했다. "중국은 매우 경쟁력 있는 행동주체이며 미국은 이런 사실과 타협할 수밖에 없을 것이다. 중국인들은 진정으로 중요한 곳으로 가고 있다."

정부와 폭동단체들이 모두 무장할 수 있다는 점에서 나이지리아에서 정치권력을 놓고 벌어지는 싸움에서 폭력적 수단을 이용할 권한은 '민주화' 되었다고 말할 수 있을지도 모르겠다. 또한 2007년 선거가 다가오면서 석유자금이 1999년이나 2003년에 그랬던 것처럼 모든 종류의 정치적 비행에 자금원 역할을 하게 될 것이다. 선거를 앞두고 표를 모으고 유권자를 위협할 것으로 예상되는 정당이나 지역군벌의 무장에도 그 자금이 사용될 것이다.

미국은 나이지리아 남부지역의 유전을 보호하는 동시에 북부지역에서 '범사헬[54] 테러대응 이니셔티브'를 통해 이슬람에 의한 테러를 통제하기 위해 이 지역에 대한 군사적 영향력 확대를 도모할 것으로 보인다. 물론 미국의 이러한 조치는 대규모의

---

54. 사헬(Sahel)은 사하라사막 남쪽의 대평원 지역을 가리킴. —편집자

정치적 폭력이 발생할 가능성에 대한 대응처방으로 취해질 것이다. 이런 의미에서 나이지리아는 '군사적 신자유주의'와 '테러와의 전쟁'이라는 현실 속에서 새로이 벌어지고 있는 아프리카 쟁탈전의 축소판이다. 그래서 나이지리아가 다음번 이라크가 될지도 모른다. ▣

정치적 폭력이 발생할 가능성에 대한 대응처방으로 취해질 것이다. 이런 의미에서 나이지리아는 '군사적 신자유주의'와 '테러와의 전쟁'이라는 현실 속에서 새로이 벌어지고 있는 아프리카 쟁탈전의 축소판이다. 그래서 나이지리아가 다음번 이라크가 될

사미르 아민[1]

'제국과 다중' 론은 미국식 자유주의에의 투항

제국주의 이후의 제국인가, 제국주의의 새로운 확장인가?

마이클 하트와 안토니오 네그리는 현재의 세계체제를 '제국(Empire)' 이라고 부른다.[2] 두 저자가 '제국' 이라는 단어를 선택한 것은 바로 그 '제국' 을 구성하는 주요 특징들을 '제국주의(Imperialism)' 를 규정하는 특징들과 구분하려는 의도에서다. 두 사람의 정의에 따르면 제국에서는 제국주의가 그 엄격하게 정치적인 차원, 즉 '어느 한 국가의 공식적인 힘이 자국의 국경 너머로까지 확장되는 것' 으로 축소되며, 따라서 제국주의가 식민주의(Colonialism)와 혼동된다. 그러면 식민주의도 제국주의도 더 이상 존재하지 않는 것이 돼버린다.

---

1. 사미르 아민 (Samir Amin)은 이집트 출신의 정치경제학자로 세네갈의 수도 다카르에 본부를 두고 있는 '제3세계 포럼(Third World Forum)' 을 이끌고 있다. 《세계적 규모의 축적(Accumulation on a World Scale)》, 《제국주의와 불균등 발전(Imperialism & Unequal Development)》 등 30여 권의 저서를 냈다. 이 글의 원문은 〈먼슬리 리뷰〉 2005년 11월호에 실린 'Empire and Multitude' 다. ―편집자

이런 공허한 주장은 우리가 흔히 들을 수 있는 미국의 이데올로기적 담론에 영합하는 것이다. 이 담론에 따르면 유럽 국가들과 달리 미국은 자국의 이익을 위해 식민주의 제국을 구축하려는 열망을 가져본 적이 없으며, 따라서 미국은 '제국주의 국가'가 될 수 없었다는 것이다. 과거에도 그랬지만 지금은 더 그렇다고 부시 미국 대통령은 우리에게 말한다. 그러나 역사적 유물론의 전통이 오늘날의 세계에 대해 제시해주는 분석은 이와 전혀 다르다. 역사적 유물론의 분석은 자본, 특히 지배적인 자본의 축적에 필수요건이 되는 것들을 식별해내는 데 초점을 둔다. 따라서 이 분석은 지구적 차원에서 부와 권력의 양극화를 낳으면서 제국주의의 정치경제를 구축하는 메커니즘을 발견해낼 수 있게 해준다.

하트와 네그리는 마르크스주의자들뿐만 아니라 그 밖의 다른 정치경제학파 사람들까지 그동안 이런 관점에서 제시해온 모든 분석을 일관되게 무시한다. 대신 두 사람은 모리스 뒤베르제[3]의 법치주의나 저속한 앵글로색슨식 경험주의 정치학을 채택한다. 그래서 두 사람에게는 '제국주의'가 시간과 공간을 뛰어넘어 여러 다양한 제국들, 예를 들어 로마제국, 오스만제국, 영국 또는 프랑스의 식민제국, 오스트리아헝가리제국, 러시아와 소련 등에 두루 적용되는 공통의 특징이 된다. 그리고 이들 제국 각각이 붕괴한 것도 '서로 유사한 원인들'과 관련된다. 두 사람의 이런 견해는 어떤 진지한 역사 독해라기보다는 피상적인 저널리즘에 훨씬 더 가깝다. 더욱이 두 사람의 견해는 '베를린 장벽의 붕괴 이후'인 현재에 유행하는 경향에 영합하는 것이다.

지난 20년간에 걸친 자본주의와 세계체제의 전개과정이 모든 영역에서의 질적인

---

2. Michael Hardt and Antonio Negri, Empire, Cambridge: Harvard University Press, 2000; Multitude: War and Democracy in the Age of Empire, New York: Penguin, 2004. 두 저자는 '자본주의에서 새로운 것은 무엇인가'라는 질문과 관련된 많은 근본적인 쟁점들, 예를 들어 인지(認知)자본주의나 금융자본주의, 노동과 생산의 조직, 그리고 지정학과 관련된 쟁점들은 직접 다루지 않는다. 그러나 이런 점을 갖고 내가 두 사람을 비난하려는 것은 아님을 분명히 해두고자 한다. 이보다는 그들이 새로이 전개된 상황을 제대로 살펴보지도 않은 채 상황으로부터 부당한 결론을 이끌어내어 자기들의 생각을 뒷받침하려 했다는 점에서 그들을 나무라려는 것이다. 문제의 '상황변화'에 대한 독해는 매우 다양하게 존재하며, 그런 독해들에 대해서는 다른 기회에 논하겠다. 《제국(Empire)》은 9.11 테러 사건이 일어난 2001년 9월 11일 이전에 저술됐지만, 그렇다고 해서 미국이 자국의 물질적 이익은 조금도 고려하지 않고 오로지 대중의 요구에 따라 인도주의적인 이유에서, 그리고 민주주의를 수호하기 위해 군사적 개입에 나섰다고 주장하는 미국 정부의 저속한 선전의 담론을 하트와 네그리가 수용한 것이 정당화되지는 않는다.

3. Maurice Duverger, 프랑스의 정치학자. —편집자

변환을 포함함은 물론이다. 지금의 지배담론은 '과학과 기술'의 혁명 그 자체가 최근까지 '국가이익'의 수호와 연관됐던 관리의 수준을 넘어 지구에 대한 경제적, 정치적 관리의 형식들을 창출해낼 것이라고 보는 동시에 더 나아가 이를 '긍정적'인 발전으로 본다. 이런 지배담론을 신봉하는 것은 또 다른 문제다. 이런 식의 지배담론은 심각한 단순화의 토대 위에서 전개된다.

사실 자본의 지배적 부분들은 세계 자본주의의 초국가적 공간에서 활동하지만, 그들에 대한 통제권은 여전히 강고하게 '국가적'인 성격을 가진 금융그룹들[4]의 수중에 들어있다. 게다가 이 체제의 경제적 재생산은 과거와 마찬가지로 오늘날에도 그 변종들을 만들어내는 '정치'의 실제 행동과 병행되기 마련이다. 하나의 이데올로기이지만 공허하고 통속적인 이데올로기인 자유주의만이 자본주의 경제가 '국가' 없이 존재할 수 있다고 보며, 그 외에는 그렇게 보지 않는다.

초국가적인 '세계국가'는 아직 생겨나지 않았다. 세계화에 관한 지금의 지배담론은 회피하는 문제이지만, 우리가 진정으로 질문을 던져야 할 문제가 있다. 그것은 중심 자본주의의 지배적 부분들, 즉 '과두집단들(oligopolies)'의 지구적 축적을 뒷받침하는 논리와 그런 체제의 '정치'를 지배하는 논리 사이의 모순이다.

하트와 네그리가 발음이 듣기 좋은 '제국(Empire)'이라는 용어를 내세워 제시한 체제는 세계화의 모습에 대해 지배담론이 제시하는 관점에서 출발한 것이다. 이 관점에서 보면 '초국가화(超國家化)'가 이미 제국주의 및 제국주의적 갈등을 근절시키고 그것을 '중심이 그 어디에도 존재하지 않는 동시에 모든 곳에 존재하는 체제'로 대체했다. 그리고 제국주의적 관계를 규정하는 '중심과 주변 간의 대립'은 이미 극복됐다. 여기서 하트와 네그리는 제3세계 속에도 부(富)의 제1세계가 존재하고 제1세계 속에도 빈곤의 제3세계가 존재하므로 제1세계와 제3세계를 대치시키는 것은 의미가 없다는 진부한 담론을 채택한다.

---

4. 미국이나 영국 또는 독일에 본거지를 둔 금융그룹들을 예로 들 수 있다. 아직 존재하지 않는 '유럽'이라는 곳에 본거지를 두었다는 금융그룹은 여기에 포함되지 않는다.

미국에 부자도 있고 가난한 사람도 있는 것과 마찬가지로 인도에도 부자와 가난한 사람이 있는 것은 분명한 사실이다. 여전히 우리는 모두 계급적으로 나뉜 채 세계 자본주의에 통합된 사회 속에서 살고 있기 때문이다. 그러나 그렇다고 해서 인도의 사회구성과 미국의 사회구성이 같다고 말할 수 있을까? 세계를 주도적으로 만들어나가는 일부 국가들의 적극적인 역할과 그 나머지 국가들의 수동적인 역할, 즉 세계화된 체제의 요구에 단지 적응하기만 하는 역할을 구분하는 것이 아무런 의미가 없는 것일까?

현실에서 보면 이런 구분은 과거의 그 어느 때보다 오늘날에 더 타당하다. 현대역사의 초기단계(1945~80년)에는 제국주의 국가들과 피지배 국가들 사이의 역관계가 그래도 주변부 국가들의 '개발'을 의제에 올리고 피지배 국가들도 세계의 변혁을 위해 스스로 적극적인 행위주체로 나설 수 있는 가능성을 열어놓은 형태였다. 그런데 오늘날에는 그런 관계들이 지배자본에 유리한 방향으로 극적으로 변했다. 개발의 담론은 사라졌고, 그 대신 적응의 담론이 들어섰다. 달리 말하면 현재의 세계체제(즉 '제국'이라는 것)는 과거의 세계체제에 비해 제국주의의 성격을 덜 갖는 것이 아니라 더 많이 갖는 것이다.

하트와 네그리가 만약 지배자본의 대변자들이 글로 써놓은 것들에 주목하기만 했다면 이와 같은 사실을 인식했을 것이다. 믿기 어려울지 몰라도 두 사람은 전혀 그렇게 하지 않았다. 그리고 두 사람은 눈여겨보지 않았지만, 미국의 민주당 지지자든 공화당 지지자든 기성 주류세력의 주요 분파들은 모두 다 자기들의 계획이 지향하는 목표를 숨기지 않고 겉으로 드러낸다. 그들의 목표는 다른 국민들에게 해악을 초래하는 일이라 하더라도 자기들의 낭비적인 생활방식을 지속하기 위해 필요하다면 지구의 자연자원에 대한 접근권을 독점하는 것, 그 어떤 중간 규모의 세력이라 할지라도 그 세력이 워싱턴의 지시에 저항할 수 있는 경쟁자가 되지 못하게 하는 것, 그리고 지구에 대한 군사적 통제를 통해 이런 자기들의 목표를 달성하는 것이다.

하트와 네그리는 민족주의와 공산주의는 완전히 패배했으며, 세계화된 형태로 자유주의가 복원된 것은 객관적으로 진보를 의미한다는 유행담론을 채택했을 뿐이다. 체제에 결함이 있다면 그 결함은 체제와의 싸움을 통해서가 아니라 그 체제 자체의 논리 안에서 교정될 수 있다는 것이다. 이런 측면에서 보면 네그리가 범대서양주의[5]적 유럽을 주장하는 사람들의 대열에 동참해 워싱턴에 대해 종속적인 극단적인 자유주의 헌법을 제정하려는 그들의 프로젝트에 대한 지지를 호소하는 이유를 쉽게 알 수 있다.

하지만 민족주의와 공산주의의 실제 역사는 자유주의 선전가들이 말하는 바와 전혀 다르다. 지난 30여 년간에 걸쳐 서구의 사회민주주의 복지국가들에서, 현존하는 사회주의 국가들에서, 그리고 제3세계의 급진적인 민족적 인민주의의 경험들 속에서 민족주의와 공산주의가 촉발하고 고무해온 사회적 변혁들은 자본으로 하여금 그 자신의 지배논리가 초래한 사회적 요구들에 적응하도록 강제했고, 자본의 제국주의적 야망을 억제했다. 그동안의 사회변혁 프로젝트들은 급진적 성격을 충분히 갖추지 못했다는 점에서 한계가 있었음에도 불구하고 그 자체로 대단한 것이었고, 대체로 긍정적인 역할을 했다. 현대역사의 초기에 시작된 이런 변혁 프로젝트들이 훼손되고 붕괴됨에 따라 가능해진 자유주의의 복원은 잠정적인 것으로서 일보전진이라기보다 막다른 골목으로 들어가는 것이다.

오늘날의 세계에 대해 문제제기를 올바르게 하려면 하트와 네그리의 자유주의적 담론을 폐기해야만 한다. 오늘날의 세계에 대해 던져진 질문들에 대해 그동안 중요한, 그리고 물론 다양한 이론적 답변들이 나왔고, 그중에서 특히 새로 다듬어진 역사적 유물론의 관점에서 나온 이론적 답변들이 눈길을 끈다. 그러나 하트와 네그리는 그러한 이론적 답변들을 무시한다. 여기서 나는 내가 제시한 이론적 답변들의 개요를 소개하는 것으로 만족하겠다.

과거에는 제국주의가 복수의 제국주의 세력들이 서로 영속적으로 갈등을 빚는 모

---

5. 대서양 양안에 위치한 미국과 유럽은 서로 협력해야 한다는 입장. —편집자

습으로 존재했다. 과두적 자본집중의 심화는 이제 삼극동맹(三極同盟)[6]이라는 집단적 제국주의의 등장을 낳았다. 이런 관점에서 본다면 자본의 지배적 부분들은 삼극동맹이라는 새로운 제국주의 체제로부터 자기들이 얻는 이익에 대해 공통의 이해관계를 갖는다.

그러나 이 체제에 대해 통합적인 정치적 관리를 하려는 시도는 복수의 국가들이 존재하는 현실과 충돌한다. 삼극동맹 내부의 모순은 지배적 과두자본들의 이해관계가 서로 다르기 때문에 생겨나는 것이 아니라, 각 국가가 대변하는 이해관계가 서로 다르기 때문에 생겨나는 것이다. 그동안 나는 이런 모순을 "경제는 제국주의 체제의 파트너들을 통합시키지만, 정치는 그 체제와 관련된 국가들을 분열시킨다"라는 한 문장으로 요약해왔다.

다중은 민주주의를 구축하고 있는가, 자본의 헤게모니를 재생산하고 있는가?

자본주의에 고유한 자유주의 이데올로기는 '개인'을 전면에 내세운다. 자유주의 이데올로기가 처음 성립된 계몽주의 시대에는 개인이 교육을 받고 재산을 소유한 사람, 따라서 이성(理性)을 자유롭게 이용할 수 있는 부르주아여야 했다는 사실을 지금의 자유주의는 도외시한다.

계몽주의 시대의 자유주의는 자유를 향한 인간해방이라는 측면에서 불멸의 진보였다. 자본주의를 넘어서려는 운동인 사회주의도 개인을 부정함으로써 과거로 회귀하는 것이 돼서는 안 된다. 부르주아 민주주의는 자본주의에 의해 협소한 한계 안에 갇히고 불완전한 상태에 머무르게 되지만, 그렇다 해도 부르주아 민주주의는 단지 형식적인 것만은 아니며 분명히 실질적인 것이다.

---

6. The Triad. 미국, 유럽, 일본사이의 동맹체제. ─편집자

사회주의는 민주주의적인 것일 수도 있고 그렇지 않은 것일 수도 있다. 다만 나는 이런 진술에 필수적 보완조건으로 "자본주의에 대해 의문을 품지 않고서는 더 이상 민주적 진보가 없을 것"이라는 말을 덧붙이고자 한다. 민주주의와 사회적 진보는 분리될 수 없다. 과거에 실제로 존재했던 사회주의들은 이 보완조건을 존중하지 않았고, 따라서 민주주의 없이도, 또는 자본주의에 존재하는 만큼의 민주주의만 있어도 진보를 성취할 수 있다고 여겼다.

이 지점에서 한 마디를 더 덧붙일 필요가 있겠다. 그것은, 오늘날의 민주주의 지지자들 대다수는 민주주의에 대해 더 이상의 요구를 거의 하지 않고 있거나, 자본주의의 원칙들을 의문시하기는커녕 가시적인 사회적 진보 없이도 민주주의가 가능하다는 생각을 하고 있다는 것이다. 하트와 네그리는 이런 범주의 자유민주주의를 넘어섰는가?

자유주의 이데올로기의 개인주의적 토대는 개인을 역사의 궁극적인 주체로 설정한다. 그러나 이런 주장은 구체제[7]의 역사에도 들어맞지 않고, 계급이 역사의 진정한 주체가 된 시기에 계급들 사이의 갈등을 토대로 해서 성립된 체제인 자본주의의 역사에도 들어맞지 않는다. 그러나 미래의 발전된 사회주의에서는 개인이 역사의 주체가 될 수 있을 것이다.

하트와 네그리는 우리가 바로 그런 역사적 전환점에 이미 도달했으며, 따라서 이제는 국가나 민족과 더불어 계급도 더 이상 역사의 주체가 아니라고 생각한다. 그 대신 개인이 역사의 주체가 이미 됐거나 되어가는 과정에 있다는 것이다. 그리고 이렇게 우리가 도달한 전환점은 두 사람이 '다중(多衆, Multitude)'이라고 부른 것, 즉 '생산적이고 창조적인 주체들 전체'로 그들이 정의한 '다중'을 형성시킨다는 것이다.

그렇다면 그런 전환점은 왜, 그리고 어떻게 일어난다는 것일까? 이 문제에 대한 하트와 네그리의 글은 아주 모호하다. 두 사람은 '인지자본주의(cognitive capitalism)'로의 이행, 즉 비물질적인 생산, 새로운 네트워크 사회, 탈영토화의 출현을 이야기한다.

---

7. 계몽주의에 대한 정의에 따르면 구체제는 개인에 대한 의식이 없는 체제였다.

두 사람은 또 '규율사회'로부터 '통제사회'로의 이행에 관한 푸코(Foucault)의 명제들을 거론한다.

이처럼 지난 30년 동안 말해져온 모든 것, 각자의 관점에 따라 좋은 것이든 나쁜 것이든, 또는 상투적이고 당연한 말이어서 논의의 대상이 되지 못하는 것이든 강력한 논박의 대상이 돼야 할 것이든, 모든 것이 미래를 준비하는 거대한 단지 안에 뒤범벅 상태로 집어넣어진다. 그러나 현재 유행하는 그 어떤 주장도 쉽게 확신할 만하지 않다. '네트워크 사회'에 대해 마뉴엘 카스텔(Manuel Castells)이 정식화한 이론적 주장이나 제러미 리프킨(Jeremy Rifkin)과 로버트 라이히(Robert Reich)를 비롯한 미국의 대중적 저술가들이 퍼뜨린 생각들도 마찬가지다. 그래서 우리는 "그 모든 생각들의 뒤범벅 속에서 무엇이 진정으로 새롭고 중요한 것인가?"라는 질문을 던지지 않을 수 없다.

이런 상황을 염두에 두고 나는 문제의 '다중'이라는 용어가 창안된 배경을 설명하기 위해 하나의 가설을 제시하고자 한다. 우리가 사는 시기는 20세기를 형성했던 강력한 사회적, 정치적 운동들, 즉 노동자들의 운동, 사회주의자들의 운동, 그리고 민족해방운동이 패배한 시기다. 이 가운데 어떤 패배의 경우에도 그 패배에 내재된 '전망의 상실'은 일시적인 불안정을 낳는 동시에 그 불안정을 정당화하는 한편, 원하건 원치 않건 그 불안정이 세계를 변혁하는 데 유효한 수단이 된다는 믿음을 불러일으키는 준(準)이론적 주장들을 양산한다.

그러나 과거의 '리메이크'를 제시하는 것보다는 과거로부터 스스로를 격리시키는 것에 의해서만, 그리고 사회적 진화에 의해 생겨난 새로운 현실들을 그 모든 측면에 걸쳐 효과적으로 통합하는 것에 의해서만 점진적으로 새로운 이론적 정식화가 이루어지고 그런 이론이 견고하게 자리 잡을 수 있다. 이런 관점에서 논의의 대상으로 삼을 수도 있는 다양한 기여들이 분명히 존재한다. 그러나 하트와 네그리의 담론은 그런 기여에 포함되지 않는다고 나는 생각한다.

하트와 네그리가 다중에 관한 자신들의 담론으로부터 이끌어낸 명제들은 그들 자신이 정식화한 형태 그대로도 그들 자신이 처해 있는 곤경을 증언해준다. 이런 그들의 명제들 가운데 가장 먼저 눈에 띄는 것은, 역사상 처음으로 '민주주의' 가 전 지구적 차원에서 실현될 가능성을 막 보이기 시작했다는 명제다. 여기에서 더 나아가 두 사람은 다중을 민주주의에 구성요소적인 세력이라고 정의한다. 이는 참으로 엄청나게 단순한 명제다. 우리가 실제로 그런 방향으로 가고 있는가?

여기저기서 실시되는 선거들 가운데 일부와 같이 자유주의 권력들, 특히 워싱턴의 권력을 만족시키는 것이 분명한 소수 자유주의 권력들의 표피적 겉모습을 제외하면, 필수적인 민주주의든 미래에 실현가능한 민주주의든 민주주의는 지금 위협을 받고 있다. 민주주의가 그 정당성을 상실함으로써 위기에 처한 상황은 종교적 또는 인종적 근본주의에 유리하게 작용하고 있다. 물론 그렇다고 해서 내가 유고슬라비아에 들어섰던 인종관료주의 정권들이 민주적 진보의 형태라고 생각하는 건 아니다.

오히려 나는 예를 들어 러시아의 독재정권에 봉사했던 것과 같은 어느 한 범죄집단의 권력을 무너뜨리고 그 대신에 미국 중앙정보국(CIA)으로부터 자금지원을 받는 또 다른 범죄집단의 권력을 세우는 선거가 과연 민주주의를 위한 진보인가, 아니면 하나의 조작된 소극(笑劇)인가를 묻고 싶다. 지구를 통제하기 위한 제국주의적 프로젝트의 전개가 미국 국내에서도 기본적인 민주적 인권을 위축시키기 위한 노골적인 공격의 발단이 된 것은 아닐까? 유럽에서 주요 우파 및 좌파 정치세력들로 하여금 서로 손을 잡도록 하는 데 중심적인 역할을 하고 있는 자유주의적 콘센서스가 선거과정의 정당성을 무너뜨리고 있는 것은 아닐까? 이런 모든 질문들에 대해 하트와 네그리는 침묵하고 있다.

두 번째로 살펴봐야 할 하트와 네그리의 명제는 '다중의 다양성' 에 관한 것이다. 그런데 다중의 다양한 구성요소들을 정의하는 형식과 내용에 대해서는 물론이고 그 다양성을 창출하거나 위축시키는 힘들에 대해서도 구체적인 설명이 거의 없다. 이 때문에 하트와 네그리의 모든 글에 걸쳐 중대한 모순들이 나타난다. 예를 들어 두 사람에 따르면 현재의 세계화는 중심과 주변 사이의 격차를 축소시킨다. 사실, 그렇지 않다면 세계화는 계속 제국주의일 것이다. 그러나 그런 격차가 더 벌어지고 세계적 차원에서 아파르트헤이트(인종차별) 체제가 구축되면서 현실세계는 하트와 네그리가 가리킨 방향과는 정반대로 나아가고 있다.

두 사람이 말한(사실은 북미와 서유럽 사회들에 대해서만 그들이 말했지만) 전체 체제의 지역적 구성부분들 각각의 내부에 존재하는 다양성은 그 자체가 다양한 성격을 갖는다. 때로는 미국에서와 같이 인종적 또는 준인종적 지역사회도 있고, 종교와 언어상으로 다양한 지역도 있으며, 아마도 변혁된 사회현실에 맞게 다시 정의하는 것이 좋을 듯한 계급도 여럿 있다. 그러나 이 모든 다양성이 다 열거된 뒤에도 실제로 이야기된 것은 거의 없다.

그런 것들은 사회체제의 생산, 재생산, 변혁의 과정에서 서로 어떻게 연결되는가? 내가 '정치문화'라고 부르는 것을 개념화하지 않고서는 이런 근본적인 질문들에 대답하기가 불가능하다. 이 분야에서도 역시 진지하고 적극적인 기여들이 있다. 그중에는 분명 논박의 대상이 될 수 있는 것들도 있지만, 무시될 수 있는 것은 없다. 그러나 이런 면에서도 하트와 네그리는 자기들의 주장을 뒷받침하는 것으로 여겨질 만한 기여를 한 것이 전혀 없다.

개인을 역사의 주체로, 다중을 그 민주주의 프로젝트의 구성요소적인 세력으로 역전시켜 설정한 것은 공상적이고 관념적인 발상이다. 이런 발상은 현실의 사회관계들에는 아무런 변혁도 일어나지 않았는데 머릿속 사고의 세계에서만 역전이 일어나는 것과 같다. 내가 여기서 사고나 사상이 늘 현실의 수동적인 반영일 뿐이라고 주장하려는 것은 아니다. 나는 오히려 이와 반대되는 견해를 각각의 '심급(審級, instance)'이 지닌 자율성을 인정한 토대 위에서 발전시켜 왔다.

사상은 시대를 앞설 수 있다. 나의 문제제기는 이런 일반적인 명제에 대한 것이 아니다. 문제는 하트와 네그리의 사상을 포함해 오늘날 유행하고 있는 포스트모더니즘 사상에 있다. 포스트모더니즘 사상은 시대를 앞선 것인가, 아니면 아직 극복되지 못한 '패배한 시기'의 현실을 단순하면서도 혼동되게, 그리고 모순적으로 표현하는 것일 뿐인가? 패배한 시기의 여건에서는 다중이 확정적이지 않고 다양하며 분절된 상태의

'다양성'을 구성하는 실체가 될 수도 있다. 그것은 예를 들어 선거에서의 강력한 다수와 같이 실질적인 힘으로 작용하는 듯한 겉모습을 가질 수도 있다. 그러나 그것은 일시적인 것 이상이 아니며, 역사에서 흔히 그랬듯이 하나의 '접합된 모순구조'에 자리를 내주게 된다.

다중에 관한 이야기는 1970년대의 노동자주의(workerism)가 그랬던 것과 같이, 그리고 노동자주의와 같은 이유에서, 아마도 몇 년만 지나면 잊혀질 것이다. 그 이유는 《제국과 제국주의(Empire and Imperialism)》(2005)라는 책에서 아틸리오 보론(Atilio Boron)이 지적한 '부분적인 것과 일시적인 것에의 고착'에 있다.

하트와 네그리의 담론에 배후로 깔려 있는 정치문화는 미국식 자유주의의 정치문화다. 이 정치문화는 미국의 독립전쟁과 그때 이루어진 미국 헌법의 제정을 근대가 개막된 시기의 결정적인 사건으로 본다. 하트와 네그리에게 정신적 자극을 준 한나 아렌트(Hannah Arendt)는 미국의 독립전쟁이 '정치적 자유에 대한 무한한 추구'의 시대를 열었다고 말했다. 이런 관점에서는 오늘날에 비로소 '세계적 차원에서 최초로 가능해진' 민주주의의 구성요소적인 세력으로서 '다중'의 등장은 적극적인 의미에서 '세계의 미국화'가 승리하고 있음을 상징하는 것이 된다.

너도나도 미국식 자유주의로 몰려드는 경향은 필연적으로 다른 나라들의 다른 경로들에 대한 평가절하를 수반하며, 특히 한나 아렌트가 프랑스혁명을 '빈곤과 불평등에 대항한 제한된 투쟁'으로 축소시키고 그렇게 축소된 프랑스혁명에 미국의 독립전쟁을 대조시키면서 정식화한 '옛 유럽(old Europe)'의 다른 경로들에 대한 평가절하를 수반한다.

냉전의 시기에는 프랑스혁명, 러시아혁명, 중국혁명 등 근현대의 위대한 혁명들이 모두 폄하당해야 했다. 2차대전 이후에 반혁명의 선봉이 된 미국의 자유주의 담론에 따르면 그런 혁명들은 애초부터 전체주의 경향에 의해 오염된 것이었다. 그리고 자본주의적 발전이 필요로 하는 것들 가운데 그 어느 것에 대해서도 의문시하지 않는 개척적인 혁명을 이루고 그런 내용의 헌법도 갖춘 '미국 모델'만이 살아남은 것은 그런 혁명들, 즉 자코뱅파에 의한 프랑스혁명의 급진화에서 시작된 '자본주의의 요구사항들' 에 대해 의문을 제기했던 혁명들의 유산이 폐기됐음을 의미한다는 것이다. 이런 정치문화에서는 프랑수아 퓌레[8]가 퍼부은 것과 같은 프랑스혁명에 대한 비난, 흔해빠진 반소련주의, 그리고 마오주의에 대한 공격이 반혁명의 주된 메뉴가 된다.

이 부분에 대해서도 하트와 네그리는 완전한 침묵을 지키고 있다. 미국의 헌법은 '민중적 일탈(popular deviation)' 이 일어날 위험성을 완전히 체계적으로 제거하는 방향으로 작성됐음을 확인해주는 내용의 비판적인 글들이 이미 오래 전부터 나왔고, 게다가 이런 글들의 대부분은 미국에서 씌여졌다. 그럼에도 하트와 네그리는 이런 글들을 체계적으로 무시하고 있다. 이런 의미에서는 두 사람이 거둔 성공은 대단한 것이어서, 그렇게 하는 데 성공한 적이 없는 유럽의 반동세력 모두의 부러움을 사고 있다. 예를 들어 지스카르 데스탱[9]은 극단적 '자유주의 유럽 프로젝트' 의 헌법은 미국의 헌법만큼이나 '좋은 것' 이라고 말한 적이 있다.

미래의 구성요소적인 세력으로 설정된 다중의 열망은 아주 작은 것들에 대한 열망으로 축소됐다. 예를 들면 자유, 특히 다른 나라로 이주할 자유, 그리고 사회적으로 보장되는 소득에 대한 권리와 같은 것이 그런 열망의 대상이다. 위에서 말한 유럽 프로젝트는 미국식 자유주의에 의해 허용되는 범위 밖으로는 감히 나가지 않으려고 주의하는 태도를 분명히 보이는 동시에 노동자들의 운동과 사회주의 운동의 유산으로 인정될만한 것들을 모두 다 무시하며, 특히 미국의 정치문화에 의해 거부당하는 '평등' 을 의도적으로 무시한다. 새로 생겨나는 글로벌 시민권(또는 유럽 시민권)으로부터 그 효력을 근본적으로 빼앗는 정책들이 실행된다면, 그런 시민권이 변화의 추동력을 가질 것이라고 믿기 어렵다.

오늘날의 세계화된 자유주의 자본주의 체제에 대한 실질적인 대안을 건설하기 위해서는 다른 요건들, 특히 전 세계에 걸쳐 민중을 이루는 계급들이 품고 있는 욕구와

---

8. François Furet, 프랑스의 역사학자. —편집자
9. 전 프랑스 대통령. —편집자

열망이 대단히 다양하다는 사실을 인식할 필요가 있다. 사실 하트와 네그리는 전 세계 인구의 85%를 차지하는 주변부 사회들을 머릿속에 그려보는 것에서부터 많은 어려움을 겪은 게 분명하다. 세계의 상이한 국가들이나 지역들의 구체적이고 고유한 여건들 속에서 효력을 가질 수 있는 민주적이고 진보적인 대안을 구축하는 전술과 전략에 관한 논의가 하트와 네그리의 흥미를 끈 적은 결코 없었던 것 같다.

미국의 개입에 의해 촉진된 '민주주의'가 예를 들어 우크라이나에서 있었던 것과 같은 '선거 소극(笑劇)'을 넘어서는 것을 허용할까? 지구를 가득 채우고 있는 가난한 사람들의 인권을 풍요로운 서구로 이주할 권리 정도로 축소시키는 게 합당한 일인가? 사회적으로 보장되는 소득에 대한 요구는 정당화될 수도 있다. 그러나 사회적으로 보장되는 소득이 실현되면 자본에게 노동을 고용하도록, 그리고 그 결과로 노동을 착취하고 억압하도록 허용하는 자본주의적 관계가 파괴되어 그 시점부터는 누구나 자본을 자유롭게 이용할 수 있고, 그 결과 자신의 창조적 잠재력을 확인하게 되는 노동자에게 이익이 돌아갈 것이라고 단순하게 믿을 수가 있는 것인가?

역사의 주체를 '개인'으로 축소시키고 그런 개인들을 '다중'으로 합치는 것은 우리 시대의 도전과제들에 상응하는 역사적 주체를 재구축하는 일과 관련된 진정한 질문을 던지지 못하게 한다. 이 주제에 대해 하트와 네그리는 침묵하고 있지만, 그들과 달리 적극적으로 이 주제에 대해 답변해준 많은 기여들이 있다. 과거의 역사에 나타났던 사회주의와 공산주의들은 분명 현대역사의 주체를 '노동계급' 하나로 축소시키는 경향을 보였다. 이런 점은 네그리가 지닌 노동자주의 성향에 대해 가해질 수 있는 질책이다. 그들과 달리 나는 피지배 계급과 민중에게 이익이 되도록 사회적 역관계를 효과적으로 변혁하는 대중투쟁의 각 단계에서 구체적으로 존재하게 되는 유능한 사회집단들로부터 형성되는 역사의 주체에 대해 분석해볼 것을 제안해왔다.

현 시점에서 이런 분석을 하는 것은 제국주의 헤게모니 블록과 매판 헤게모니 블록이 행사하는 권력에 맞서 그것들을 물리칠 능력을 지닌 민주적이고 민중적이며 민족적인 헤게모니 블록의 형성을 추구한다는 뜻을 내포한다. 그러한 민주적, 민중적, 민족적 블록의 형성은 나라마다 서로 다른 구체적 여건 속에서 이루어지며, 따라서 '다중'이나 이와 비슷한 형태들의 일반적인 모형이 존재한다고 생각하는 것 자체가 이치에 닿지 않는다.

이런 관점에서 보면 민중과 국가의 자율성에 대한 긍정이야말로 하트와 네그리가 《제국》에서 찬양한 '지배자본에 의해 강요된 일방적 세계화'를 '협의된 세계화(negotiated globalization)'로 대체함으로써 현재의 제국주의 체제를 점진적으로 해체하는 것을 가능하게 할 것이다. 그리고 그렇게 해서 가능해지는 민주적 진보와 사회적 진보는 세계 사회주의로 나아가는 긴 이행과정의 일부분이 될 것이다. '다중'이라는 것이 어떤 것인가를 검토하는 것보다는 이와 같은 실질적인 문제에 대한 논의를 보다 깊게 하는 것이 분명 훨씬 더 나은 성과를 얻을 수 있는 길이다.

《제국과 다중》의 '정치문화'는 도전과제에 대응할 수 있는가?

몇 가지 문화적 요소들, 특히 종교적 요소와 인종적 요소를 불변으로 가정하고 그것을 전제로 인류의 다양성을 바라보는 관점, 즉 '문화주의(culturalism)'가 요즘 유행이다. '공동체주의'가 발달한 것, 그리고 '다문화주의'를 인정하라는 권유도 바로 이런 역사적 관점의 산물이다.

그러나 이 관점은 역사적 유물론의 전통과 다르다. 역사적 유물론은 세계화된 자본주의 체제에 의해 영향을 받는 사람들이 의사결정에 참여하는 형식 및 조건들과 계급투쟁을 연결시키려고 노력한다. 이런 맥락에서 제시된 분석들은 나라마다 서로 다르게 거쳐 온 다양한 경로들을 이해하고, 각국의 사회 내부에, 그리고 세계체제의 차원에 존재하는 구체적인 모순들을 식별할 수 있게 해준다. 그리고 이런 분석들은 내가 '현대세계에서의 국가별 정치문화 형성'이라고 부르는 것을 중심으로 해서 전개된다.

여기서 내가 하는 문제제기는 하트와 네그리의 저작들에 바탕으로 깔려 있는 정치문화에 대해서다. 그 정치문화는 역사적 유물론의 전통 안에 있는가, 아니면 문화주의의 전통 안에 있는가? 나는 《자유주의 바이러스(The Liberal Virus)》(2004)라는 책에서 각국 국민의 정치문화를 형성하는 두 개의 경로, 즉 유럽적인 경로와 미국적인 경로를 설명했다. 여기서는 이 책에서 내가 전개한 주장의 개요만을 간략하게 상기시키고자 한다.

유럽대륙의 정치문화는 계몽주의와 근대성의 창출, 프랑스혁명, 노동자 운동과 사회주의 운동의 발전 및 마르크스주의의 등장, 러시아혁명 등 형성적 기능을 가진 일련의 대사건들에 의해 구축돼왔다. 이런 일련의 사건들은 그 각각의 경우에 생겨난 '좌파'에게 유럽사회에 대한 정치적 관리권을 보장하지는 않았지만, 유럽대륙에서 우파와 좌파가 대치하는 정치문화를 구축했다. 승리한 반혁명 세력은 프랑스혁명과 러시아혁명 이후에 그랬듯이 구체제의 복구, 정교분리로부터의 후퇴, 귀족집단과 교회의 담합, 자유민주주의에 대한 도전 등에 나섰다. 그들은 민중으로 하여금 지배자본의 제국주의 프로젝트를 지지하도록 유도하고, 이를 위해 1914년의 전쟁 발발 직전에 가장 두드러지게 나타났던 것과 같은 국수주의적 국가주의 이데올로기를 성공적으로 동원했다.

미국의 정치문화를 구성해온 주요 사건들은 유럽의 경우와 매우 다르다. 미국의 정치문화를 구성해온 사건들은 프로테스탄트 중 계몽주의에 반대하는 분파에 의한 뉴잉글랜드 건설, 식민지 부르주아들에 의해, 그중에서도 특히 노예를 소유한 지배적 부르주아 분파에 의해 수행된 미국 독립전쟁, 변경(프런티어)의 확장을 토대로 한 대중과 부르주아 사이의 동맹 및 그 결과로 나타난 인디언 학살, 사회주의 정치의식의 성숙을 저해하고 그 대신 '공동체주의'를 들여앉힌 일련의 대규모 이민자 유입 등이었다. 미국에서 일어난 이런 사건들은 '우파의 영속적 지배'라는 미국 정치문화의 특징을 강화하는 것이었고, 이로 인해 미국은 자본주의의 발전을 가장 안전하고 확실하게 보장하는 나라가 됐다.

오늘날 인류의 미래를 좌우할 가장 중요한 싸움들 가운데 하나가 '유럽의 미국화'를 둘러싸고 전개되고 있다. '유럽의 미국화'가 지향하는 목적은 유럽의 문화와 정치적 유산을 파괴하고, 그 대신 미국에서 지배적인 문화와 정치적 유산을 유럽에 이식하는 것이다. 이런 극단적 반동의 길이 오늘날 유럽의 지배적 정치세력들이 추구하는 길이 돼있고, 그 완벽한 유럽판이 유럽헌법 프로젝트로 나타났다. 인류의 미래를 좌우할 가장 중요한 싸움들 가운데 또 다른 하나는 지배자본, 즉 '북(North)'과 지구 인구의 85%를 차지하면서도 삼극동맹이 추구하는 제국주의 프로젝트의 희생양이 되고 있는 '남(South)' 사이의 싸움이다. 이 두 개의 결정적인 싸움이 갖는 중요성을 하트와 네그리는 무시한다.

'미국식 민주주의'에 대한 두 사람의 섣부른 찬양은 북미사회에 대해 비판적인 분석가들의 글과 뚜렷하게 대조된다. 비판적인 분석가들은 '반미주의자'라는 이유만으로 애초부터 비판자로서 자격이 없는 사람들로 치부되어 거부당하고 있다. 그런데 누구의 눈에 그들이 그렇단 말인가? 미국 기득권자들의 눈에 그런 것 아니겠는가? 여기서 나는 아나톨 리븐(Anatol Lieven)의 저서 《미국, 옳은가 틀린가: 미국 국가주의에 대한 하나의 해부》(2004)[10]에서 한 구절만 인용하겠다. 리븐과 나는 이념적 출발점도 학문적 출발점도 다르지만, 이 책의 결론은 나의 결론과 대동소이하다.

리븐은 미국의 민주주의 전통[11]을 이 나라의 태생적인 특성이자 거듭된 이민자 유입의 파도에 의해 지속되고 재생산된 '반계몽주의(obscurantism)'와 연결시켜 설명한다. 이런 측면에서 미국 사회는 결국 영국 사회보다 파키스탄 사회와 더 흡사하다. 게다가 미국의 정치문화는 서부정복의 산물이며, 미국인이 아닌 다른 모든 사람들은 미국을 가로막지 않는다는 조건을 받아들여야만 계속 살아갈 권리를 누릴 수 있는 레드스킨(인디언)으로 간주하는 태도로 이어진다. 미국 지배계급의 새로운 제국주의 프로젝트는 공격적 국가주의를 배증시킬 것을 요구하며, 공격적 국가주의가 지배 이데올

---

10. America Right or Wrong: An Anatomy of American Nationalism.
11. 그 실재에 대해서는 누구도 반박하지 않을 것이다.

로기가 됨에 따라 오늘날의 미국은 오늘날의 유럽이 아닌 1914년의 유럽을 상기시킨다. 모든 차원에서 지금의 미국은 ‘옛 유럽’에 비해 더 진보하기는커녕 1세기가량 뒤진 상태다. 그런데 바로 이 점이 ‘미국 모델’이 우파에 의해, 그리고 유감스럽게도 이미 자유주의에 투항한 하트와 네그리를 포함한 일부 좌파에 의해 선호되는 이유다.

하트와 네그리가 “제국주의는 시대에 뒤진 구식 용어”라면서 내세운 ‘제국’, 그리고 그들이 “개인이 역사의 주체가 됐다”면서 내세운 ‘다중’이라는 두 개의 개념이 지닌 문제점 외에 또 하나 지적해야 할 것은 두 사람의 담론이 체념의 어조를 띠고 있다는 점이다. 현 단계의 자본주의 발전이 긴박하게 요구하는 것들에 대해 순종하는 것 외에는 다른 대안이 없으며, 그런 자본주의 발전에 스스로 통합되는 것만이 그 결과로 입을 수 있는 피해를 막을 수 있는 길이라는 것이다.

물론 이것은 ‘패배한 시기’의 담론이며, 그 ‘패배한 시기’는 아직 극복되지 않았다. 하트와 네그리의 담론은 자유주의에 투항한 사회민주주의의 담론이고, 범대서양주의에 투항한 유럽통합주의의 담론이다. 이런 종류의 담론과는 단호하게 결별해야만 좌파라는 이름에 걸맞은 좌파, 즉 민중의 이익을 위해 진보를 고무하고 스스로 실천해낼 수 있는 좌파가 부활할 것이다. ▥

지식기반 경제에서의 직업정체성

낯선 사람을 만났을 때 그가 어떤 사람인지 얼른 알아보기 어려울 때 우리는 가장 먼저 "무슨 일을 하느냐"고 묻게 된다. 수렵채집으로 살아가는 소규모 부족사회를 제외하면 어디에서나 개인의 사회적 정체성을 알려주는 가장 중요한 것은 아마도 그 사람의 직업일 것이다. 유럽의 여러 문화권에서는 개인의 사회적 정체성이 가족의 성(姓)으로 이어졌다.

예컨대 슈미트, 에레로, 르페브르 등의 성을 갖고 있는 사람들의 선조는 대장장이이

---

1. 어슐러 휴스(Ursula Huws)는 영국 런던메트로폴리턴 대학의 노동생활연구소(Working Lives Research Institute)에 재직 중인 국제노동학 교수이며 조사컨설팅 회사인 애널리티카(Analytica)의 이사로도 일하고 있다. 저서로 《사이버타리아의 형성: 현실세계의 가상노동(The Making of a Cybertariat: Virtual Work in a Real World)》(Monthly Review Press, 2003)이 있다. 이 글의 원문은 〈먼슬리 리뷰〉 2006년 1월호에 실린 'What Will We Do?: The Destruction of Occupational Identities in the Knowledge-Based Economy'다. ―편집자

고, 웨인라이트, 바그너 등의 성을 갖고 있는 사람들은 마차 제조공의 후손이다. 이와 마찬가지로 뮐러는 방아꾼의 후손, 불랑제는 제빵공의 후손, 게레로는 군인의 후손이다. 북미의 전화번호부를 들추어보면 포터(짐꾼), 부처(백정), 카터(마부), 쿠퍼(통 제조공), 카펜터(목수), 피셔(어부), 셰퍼드(양치기), 쿡(요리사) 등의 성을 가진 사람들이 많음을 알 수 있다.

이런 현상은 유럽에서 발원한 문화권에서만 볼 수 있는 게 아니다. 남아시아에서도 노동의 분업이 진전되면서 여러 사회구조 속에 깊이 자리 잡게 됨에 따라 누구나 직업 정체성을 부여받은 상태로 태어나는 것으로 여겨지기에 이르렀다.

수드히어 비로드카르(Sudheer Birodkar)는 이렇게 설명했다. "직업의 전문화는 4대 바르나(카스트) 중 하위 2개의 바르나인 바이샤와 수드라가 다양한 자티(각 카스트 안에서의 직업상 구분)로 나뉘는 데 핵심이 되는 요소였다. … 직업에 대한 카스트 규칙을 어긴 사람은 추방당할 수도 있었다. 따라서 자티가 차마르(신발 만드는 사람)인 사람은 평생 차마르로 살아야 했다. 차마르인 사람이 쿠마르(항아리 만드는 사람)나 다르지(옷 만드는 사람)가 되려고 한다면 차마르 집단에서 추방당할 수 있었고, 설사 그가 신발 만드는 일 외에 다른 일을 할 수 있는 지식을 갖고 있다 하더라도 다른 카스트에서 그를 받아들이지 않았다."[2]

이처럼 수공기술에 기반을 둔 직업정체성 구분은 자동화의 영향과 공장시스템의 도입에 따라 무너지기 시작했다. 마르크스주의 이론에 따르면 자본주의 생산관계에는 노동자들을 서로 간에 쉽게 대체될 수 있는 무차별적인 대중으로, 다시 말해 노동계급 또는 프롤레타리아로 전락시키는 일반적인 경향이 내재돼 있다.

특정한 임무를 수행하는 데 필요한 기능과 그런 기능을 갖춘 노동자가 얼마나 희소한가는 그런 기능을 갖춘 노동자들이 사용자들(그런 기능을 갖춘 노동자가 자영업자라면 고객들)을 상대로 더 높은 임금과 노동조건을 얻어내기 위해 협상할 수 있는 능

---

2. http://www.hindubooks.org/sudheer_birodkar/hindu_history/castejati-varna.html, 2005년 5월 27일.

력과 직접적인 관련성이 있다. 따라서 여러 용도에 두루 사용될 수 있는 범용의 기능을 갖추었고, 따라서 최대한의 대체가능성이 있는 기능을 갖춘 노동계급의 존재는 자본에 이익이 된다. 범용의 기능만을 지닌 노동자들을 고용하는 데는 비용이 적게 들고, 그들을 대체할 수 있는 노동자들은 얼마든지 달리 구할 수 있다. 그러므로 그런 노동자들이 말썽을 부리면 사용자들은 그들을 쉽게 해고해버릴 수 있다.

특정한 기능, 지식, 경험의 소유를 중심으로 형성된 직업정체성은 사회주의자들에게 하나의 수수께끼다. 이런 직업정체성은 한편으로는 노동자 조직화의 기본단위가 되지만, 다른 한편으로는 폭넓은 계급의식의 발달에 장애물이 된다. 노동자 조직들 모두가 다 그런 것은 아니지만 대부분은 전통적으로 특정한 직업정체성을 중심으로 형성된 집단 속에서 자라나왔다. 이때 직업정체성을 중심으로 형성된 집단은 강력한 내적 연대관계를 만들어낸다는 의미에서 내포적인 성격을 지니기도 하지만, 집단의 효력이 강력한 경계선과 진입장벽에 근거한다는 의미에서는 배타적인 성격을 지니기도 한다.

도제제도를 비롯해 특정 직업으로의 진입을 제약하는 메커니즘 중 일부는 자본주의 이전에 존재하던 길드와 같은 제도적 형식들에서 그 연원을 찾을 수 있다. 길드의 조합원들은 공식적인 입회식에서 동업자들끼리의 비밀을 누설하지 않겠다는 맹세를 해야 했고, 조합원들 간의 유대관계는 강화시키지만 외부자들은 배제하는 여러 관행적 행사나 행동에 참여해야 했다. 길드 이후에 나타난 다른 많은 직업기반 집단들 중에서는 누구를 받아들이고 누구를 배제할 것인가를 판정하는 기준에 성별과 인종을 제한하는 요소를 포함시킴으로써 구성원들 사이에 강력한 사회적 동질성을 보이게 된 경우도 많았다. 이로 인해 직업기반의 집단이 보다 넓은 범위에서 하나의 계급으로서 노동자들 사이에 불화를 일으키는 성격도 갖게 됐다.

그러나 직업기반 집단은 강력한 조직력을 갖게 되고 사용자들에 휘둘리지 않고 저항할 수 있는 능력을 갖추게 되기에 전체 노동자들 가운데 일부나마 더 높은 임금이나 더 나은 노동조건을 얻어내도록 촉진하는 역할을 할 수 있다. 더 폭넓게 보면 직업기반 집단들은 인구 전체에 혜택이 돌아가는 생활보호 입법이나 복지제도의 도입을 촉진하는 운동을 주도할 수 있다. 직업기반 집단의 이런 역할은 특히 사회민주주의 정당이 직종별 노사교섭보다는 산업별 노사교섭이 발달하도록 유도해온 독일과 같은 나라에서 특히 두드러진다.

2차 세계대전 이후 선진 자본주의에서 발달한 복지국가들은 그 형태가 다양하고 서로 다른 특색을 보였지만 공통점도 하나 있었다. 그것은 그런 복지국가들이 이루어낸 성과들 가운데 많은 것들이 대량생산의 생산성 이득 중 일부를 노동자들에게 나눠주도록 사용자들을 압박할 수 있을 정도로 강력한 노동자 조직의 노력이 가져온 결과였다는 점이다. 그런 결과 중 하나로 사용자들과 국가가 일종의 타협, 즉 공장 등 작업장이 언제라도 노동자들에 의해 혼란에 빠질 수 있다는 불안감을 갖지 않고도 작업장을 운영해나갈 수 있도록 노동자들이 배려하는 대신 사용자들과 국가는 노동자들에 대한 적대적인 태도를 완화한다는 타협을 하는 데 동의했다.[3]

노동자 조직의 형태는 나라마다 달랐다. 영국에서 지배적이었던 직종별 노조와 같은 직업기반의 노동자 조직도 있었고, 강한 직업정체성을 가진 노조 지도자들이 이끌고 포괄범위가 보다 넓은 노조에 기반을 둔 노동자 조직도 있었다.[4] 이와 동시에 노동시장이 성별과 인종별로 뚜렷하게 나뉘기도 하고, 그 밖의 여러 다른 요인들에 의해 노동시장이 더욱 세분되기도 했다.

노동기능은 노동자들 자신에게만 이중의 성격을 갖는 게 아니다. 노동기능은 자본에게도 역시 그 의미가 모호하다. 자본주의의 발달에 필수적인 변화의 원동력이 되는 혁신의 과정은 노동자의 기능을 필요로 한다는 데서 매우 모순적인 성격을 드러낸다. 어떤 작업이 자동화되기 전에는 그 작업의 모든 과정을 자동화하고 표준화하려면 어떻게 해야 하는지를 정확하게 알고 그 과정의 각 단계를 반복해 수행하려면 기계장치

---

3. Gøsta Esping-Anderson, The Three Worlds of Welfare Capitalism, Cambridge, Polity Press, 1990.
4. 필자는 마르쿠스 프롬베르거(Markus Promberger)와의 이메일 교신(2005년 5월 31일) 덕분에 독일 노조운동에서 직업상으로 정의된 엘리트 집단이 갖는 역사적 중요성을 알게 됐다.

의 프로그래밍을 어떻게 해야 하는지를 잘 아는 누군가의 전문성과 경험을 이용할 필요가 있다. 그러나 일단 그런 일을 할 수 있는 노동자의 지식과 경험, 기능이 일단 활용되고 나면 그것들은 더 이상 필요 없게 되고, 그 대신 더 저렴하고 기능이 떨어지는 노동자들을 새로 도입된 기계장치를 돌리는 일에 투입할 수 있게 된다.

그러나 넓게 보면 노동자의 기능에 대한 수요는 여기에서 멈추지 않는다. 새로운 제품을 만들어내고, 그 생산의 과정을 설계하고, 새로운 목적에 맞춰 제품과 생산과정을 재조정하고, 자본주의의 수레바퀴가 계속 원활하게 굴러가도록 해주는 많은 제품과 서비스들을 만들어내기 위한 콘텐트를 서로 주고받거나 제공해주고, 사람들을 돌보고 교육하고 정보제공을 하고 기분전환을 하게 해주는 제품과 그런 제품의 생산과정을 창출하고 설계하는 데에는 인간의 지식, 손재주, 창조성이 절대적으로 필요하다.

그러나 이런 노동기능도 그 일부는 좀 더 적은 수의 노동자들에 의해서도, 그리고 기능의 수준이 보다 낮은 노동자들에 의해서도 수행될 수 있도록 하기 위해 노동자들이 갖고 있는 지식을 컴퓨터 프로그램과 데이터베이스에 집어넣는 과정에 말려든다. 예를 들어 기술지원 부서에서 일하는 전문 도우미 노동자들은 고객으로부터 자주 제기되는 질문에 대한 대답을 데이터베이스에 집어넣도록 요구받는다. 이런 사측의 요구는 보다 하위의 일선 직원들도 그런 대답들을 쉽게 이용할 수 있도록 하기 위한 것이다. 또한 강의를 전자학습(e-learning) 방식으로 전환시키라는 요구를 받는 대학교수의 지식도 같은 맥락에서 볼 수 있다. 그러나 어떤 하나의 작업을 수행하는 일이 정형화되어 특별한 기능 없이도 누구나 그 일을 할 수 있게 되면 상품화 과정 중에서 그 다음 단계를 실현하기 위한 새로운 '지식노동자' 집단이 필요하게 된다.[5]

따라서 점점 더 기술적으로 복잡한 자본주의의 발달이 노동자들에게 '기능박탈(deskilling)'을 초래하는가, 아니면 '기능재습득(reskilling)'을 초래하는가 하는 논란은 핵심을 벗어난 것이다. 이 두 가지 과정이 동시에 일어나는 것이 혁신의 과정이 보

---

5. 상품화(commodification) 과정에 대한 보다 자세한 설명은 Ursula Huws, The Making of a Cybertariat: Virtual Work in a Real World, New York, Monthly Review Press, 2003을 보라.

이는 특징이다. 노동의 기술적 분업이 발달하는 과정의 각 단계에서 '머리'와 '손'의 분리가 거듭 새로이 이루어진다. 어느 한 집단의 노동자들이 수행하는 직무를 정형화하기 위해서는 그 직무를 수행하는 과정에 대한 종합적 지식을 갖춘, 흔히 그 수가 보다 적은 노동자 집단이 필요하다. 노동자들이 변화에 저항하거나 적응하면서 자기들의 이익을 보호하기 위해 조직화함에 따라 부단히 새로운 직업들이 생겨나고, 기존의 직업들은 형태가 바뀐다.

직업정체성은 배타적인 동시에 내포적이라고 말할 수 있는 것과 마찬가지로 지속적인 구축과 해체의 과정에 있다고 말할 수도 있다. 사용자들은 한편으로는 참신한 아이디어를 갖고 있으며 잘 교육되고 창조적인 노동자들이 계속 공급된다는 보장을 받아야 할 필요성, 다른 한편으로는 노동의 가치를 저렴하게 만드는 데서 얻을 수 있는 이익을 동시에 충족하는 균형 잡기를 해야 한다. 어떤 상황에서는 사용자가 다른 기업들에 비해 우월한 경쟁력을 가질 수 있게 해주는 노동자의 기능과 지식에 대해 재산권에 입각한 통제력을 갖기를 원하기도 한다.

전통적 마르크스주의 이론은 노동시장이 작동하는 형태가 결정되는 데서 노동기능이 하는 역할의 중요성을 과소평가한다고 볼 수 있다. 현실의 사회는 고전적인 계급적 양극화로 그려진 사회의 모습보다 훨씬 더 복잡하게 변했다. 즉 마르크스주의 이론은 '생산수단을 소유하고 재화와 자본의 순환과정을 통제하며 국가가 어떤 일을 해야 할지를 지령하는 부르주아'와 '점점 더 동질화되는 프롤레타리아 대중' 사이의 양극화로 사회의 모습을 그리고, 너무 많은 것을 요구하는 노동자는 더 낮은 임금만 받고도 고분고분한 태도로 동일한 노동을 해줄 수 있는 실업자 산업예비군 중에서 누군가로 쉽게 대체될 수 있다는 사실에 대한 인식에 의해 통제된다고 본다.

하지만 현실사회는 이런 그림보다 훨씬 복잡하다. 노동의 기술적 분업이 점점 더 복잡하게 전개됨에 따라 이런 그림과는 반대되는 현상이 벌어진다. 즉 매우 다양한 노동기능들에 대한, 부단히 변화하는 수요가 창출되며, 그런 노동기능들 가운데 다수는 산업발전 과정의 특정 국면이나 특정 부문, 특정 경영과정, 특정 제품, 심지어는 특정 기업에서만 필요하게 된다.

그러나 필요한 노동기능이 다양화하고 고용계약상의 의무나 지리적 위치의 측면에서 더욱 더 다양하게 노동분업이 이뤄지더라도 산업예비군은 노동자, 사용자, 국가 사이의 타협(이는 흔히 '포드주의 타협' 이라고 불린다)이 붕괴했거나 심각하게 긴장된 최근의 노동시장에 일어난 변화를 이해하는 데 도움이 되는 적절한 개념이다. 노동시장에 대한 이런 이해를 할 수 있기 위해 우리는 노동시장의 작동에서 직업정체성과 노동기능이 하는 역할에 대해 좀더 다양하게 차별화된 개념을 갖고 있어야 한다. 우리는 또한 점점 더 복잡해지고 격동하는 경제에 생겨나는 틈새를 메우는 데 필요한 범용의 기능을 노동인구가 갖추도록 하는 데서 국가가 하는 역할과, 직업 간 경계선을 흐리게 하고 조직화된 노동의 힘을 잠식하는 데서 그런 범용의 기능이 하는 역할에 대해 좀더 자세히 들여다볼 필요가 있다.

이런 분석을 하기 위한 출발점 중 하나는 노동이 거래되는 시장, 즉 노동시장 그 자체를 바라보는 관점이다. 노동시장이라는 개념 자체에 대해 의문을 제기하는 방식에도 물론 여러 가지가 있다. 노동의 특성과 자본의 특성에는 극도의 비대칭성이 존재하며, 이런 점은 노동의 거래를 재화나 서비스의 거래와 매우 다르게 만든다.

노동시장에 제공되는 기본단위인 인간의 육체는 힘과 인내력, 민첩성에서는 물론이고 몇 시간이나 일을 계속할 수 있는가에 있어서도 일정한 한계를 갖고 있다. 이 점은 기업이 사용하는 다른 자원들의 경우 그 자원을 구입하는 데 필요한 자본과 그 자원의 원료에 대한 접근이 얼마든지 더 많이 가능하다는 점과 다르다. 노동은 자본처럼 물리적 이동성을 갖고 있지 않다. 자본이 제멋대로 얼마든지 국경을 넘나들 수 있는 지금과 같은 자유무역의 시대에도 노동은 다른 나라에 존재하는 기회를 이용할 능력이 크게 제약돼 있다. 당신이 산 채로 다른 나라로 가서 합법적으로 일자리를 얻는 것보다는 아마도 당신이 죽은 뒤에 시체가 국경을 넘는 것이 오히려 쉬운 경우가 많다.

노동시장은 독점이나 수요독점[6], 카르텔, 기업끼리나 노동자끼리의 다양한 연대, 국가의 개입, 노동인구의 성별, 인종별 구분을 심화시키는 가용 노동시간이나 이동상의 제약[7]을 포함한 많은 요인들에 의해 왜곡된다. 남성에게만, 백인에게만, 또는 특정한 종교를 가진 사람들에게만 특정한 직업의 문호가 열려있는 노동시장은 결코 자유시장이라고 부를 수 없다. 그러나 직업에 대한 접근을 제한하고 노동시장에서 순수한 경쟁이 발달되는 것을 가로막는 요인들 가운데 가장 중요한 것은 고도로 복잡하고 갈수록 글로벌화하는 기술적 노동분업 속에서 사용자들이 특정한 기능을 갖춘 노동자들을 필요로 하게 된다는 점일 것이다.

노동시장을 이론화하려는 시도 가운데 중요한 것으로 꼽히는 《내부 노동시장과 개인의 노동력 분석》(1971)[8]이라는 획기적인 저서에서 저자인 피터 되린저(Peter Doeringer)와 마이클 피오레(Michael Piore)는 '이중 노동시장(dual labor market)' 이라는 개념을 제시했다. 이 모델에서는 직업이 대체로 두 개의 카테고리, 즉 '1차 노동시장' 또는 '내부 노동시장' 에 속하는 직업과 '2차 노동시장' 또는 '외부 노동시장'에 속하는 직업으로 나뉜다.

두 저자에 따르면 내부 노동시장은 내부 규칙의 체계에 의해 외부 시장의 힘과 격리된다. 사용자가 특정한 작업관행에 맞춰진 특정한 노동기능을 필요로 하는 경우 그 사용자는 충성도 높은 노동자들의 고용을 유지하기 위해 더 높은 임금, 연금, 휴일, 기타 일련의 부가혜택을 포함한 유인을 제공할 준비가 돼있다. 아울러 두 저자는 내부 노동시장은 특정 기업에 국한된 지식에 크게 의존하는 내부 승진경로를 갖고 있으며, 고도로 구조화되고 위계적인 형태를 띠는 게 보통이라고 말한다. 이런 내부 노동시장에서는 사용자들이 높은 수준의 생산성을 달성하기 위해 기업 내부의 자체 교육훈련에 기꺼이 많은 투자를 한다. 달리 말해 내부 노동시장의 임금 및 노동조건의 수준은 순수한 형태의 외부 노동시장에서 실현되는 임금 및 노동조건의 수준과 다르다.

내부 노동시장으로 진입하는 지점들은 통과하기가 어렵지만, 일단 그런 지점을 통

---

6. 노동력의 구매자가 하나만 있는 경우.
7. 예를 들어 임금이 지급되지 않아도 노동력의 재생산을 위한 노동은 누군가가 해야 한다는 점.
8. Internal Labor Markets and Manpower Analysis.

과해 내부 노동시장에 진입한 노동자들은 많은 혜택을 누리게 된다. 외부 노동시장에 존재하는 자본과 노동 사이의 암묵적 타협은 이런 내부 노동시장의 상황과 매우 다르다. 외부 노동시장에서는 사용자가 노동자에게 장기간의 약속을 하지 않으며, 필요하면 얼마든지 자유롭게 노동자를 해고할 수 있다고 생각하기 때문에 노동자에게 고도의 헌신성과 생산성을 요구하지 않는다. 되린저와 피오레가 위의 책을 쓴 1960년대 말에는 전형적으로 내부 노동시장에 속하는 노동자는 공무원 또는 IBM이나 제너럴모터스와 같은 대기업의 노동자였고, 전형적으로 외부 노동시장에 속하는 노동자는 수위, 작가, 그리고 자기의 노동기능을 다양한 고객에게 제공하는 자영업 형태의 노동자였을 것이다.

이런 이중 노동시장 모형은 다양하게 존재하는 여러 경제사회들 사이의 복잡한 임금차이를 설명하기에는 너무 단순하다는 점이 곧 분명하게 드러났다. 되린저와 피오레의 통찰은 다른 분석가들에 의해 더욱 정교하게 다듬어지면서 '다중 노동시장(multiple labor market)' 또는 '분절 노동시장(segmented labor market)' 모델로 발전했다.[9] 분절 노동시장이라는 개념은 국가적인 교육 시스템, 노동보호 입법, 노동자들의 조직화 방식을 포함한 여러 요인들의 상호작용에 의해 임금과 노동조건이 서로 다르게 형성된 다수의 노동시장들이 존재할 수 있음을 인정한다.

돌이켜보면 되린저와 피오레, 그리고 두 사람의 뒤를 따른 사람들에 의해 묘사된 내부 노동시장은 현실의 경제 속에서 절대적이고 불변적인 것이 아님을 알 수 있다. 오히려 그것은 자본주의의 한 특정한 국면, 즉 2차대전 이후 타협의 시기에 특히 잘 들어맞은 이론이라고 이해할 수 있다. 타협의 시기가 종식됐다는 선언이 자주 들리기도 했지만, 우리도 그 시기를 구성한 요소들이 미래의 자본주의에도 계속 유용하거나 필요할 것이라고 장담할 수 없다. 그러나 그런 타협의 시기가 전성기를 이미 지났다고 보는 것이 합리적인 결론일 것이다. 그 시기가 어떻게, 왜 붕괴했는가를 이해하기 위

---

9. Jill Rubery & Frank Wilkinson, Labour Market Structure, Industrial Organisation and Low Pay, Cambridge, Cambridge University Press, 1982.

해서는 그 시기의 타협이 황금기의 실현에 어떤 역할을 했는지를 좀더 자세히 들여다보는 게 도움이 될 것이다.

첫째, 대규모 조직들 내부에서 그 '핵심' 노동자들과 자본 사이에 이뤄진 특수한 타협이 유효하게 기능했던 것은 그런 타협이 모든 노동자에게 다 적용되는 것이 아니었기에 가능했을 뿐이라는 점을 강조할 필요가 있겠다. 노동귀족들이 자기들의 힘을 발휘해 노동계급 중 많은 부분에게 폭넓은 이익을 가져다준 역사적 순간들도 있긴 했다. 하지만 이보다는 내부 노동시장에 소속하게 된 행운의 노동자들이 자기들의 특권적인 지위를 스스로 알고 있었고, 2차 노동시장에서는 삶을 꾸려나가기가 어려울 수 있다는 인식에서 질서를 수용하고 지켰다는 점이 더 중요하다. 이런 식의 포섭과 배제의 양상은 인종차별이나 성차별에 의해 강화되기도 했다.

둘째, 2차대전 이후의 모델은 보편적이었던 게 아니라 나라마다 서로 다른 형태를 취했다는 사실을 염두에 두는 것도 중요하다. 포섭과 배제의 나라별 형태는 노동자 조직이 발달돼 온 각국의 특수한 방식과 더불어 각국의 특수한 산업구조와 역사에 의해 형성됐다. 예를 들어 독일에서는 강력한 사회민주주의 운동이 개별 산업부문 차원의 단체협약을 촉진했고, 이는 곧 '내부 노동시장 타협(insider deal)'이 특정 산업부문의 모든 노동자에게 적용된다는 것을 의미했다. 이는 예컨대 영국처럼 직종별 조합이 강한 나라에서 일반적으로 나타난 타협의 형태, 즉 특정 직업집단에만 타협이 적용되는 경우와 다른 것이었다. 이는 또한 기업 차원의 단체교섭이 지배적인 곳에서 특정 기업에만 타협이 적용되는 형태와도 다른 것이었다. 이처럼 서로 다른 타협의 형태는 복지체계의 유형, 투자의 형태, 정부 개입의 정도와 방식, 교육훈련 및 취업자격 체제 등의 차이를 만들어내고, 그 차이가 직업들이 규정되는 방식에 다시 반영된다. 데이빗 코츠(David Coates)는 이런 차이들이 경제 전체에 어떤 의미를 갖는가에 대해 포괄적인 분석을 내놓았다.[10] 그에 따르면 다양한 형태로 나타나는 '내부 노동시장 타협'은

---

10. David Coates, Models of Capitalism: Growth and Stagnation in the Modern Era, Cambridge, Polity Press, 2000.

'외부 노동시장 타협' 의 여러 유형들에 의해 보완됐다는 것이다. 이는 곧 2차대전 이후 타협의 붕괴도 나라별로 각기 다른 형태로 이루어졌음을 말하는 것이다.

이런 나라별 차이를 부분적으로나마 모델화하기 위해 로즈메리 크롬프턴 (Rosemary Crompton)의 도표를 일부 수정한 아래 도표를 이용해 이중 노동시장 이론을 성 및 계급의 이론과 통합시켜 설명해보겠다.[11]

노동시장의 구조와 리스트럭처링의 효과

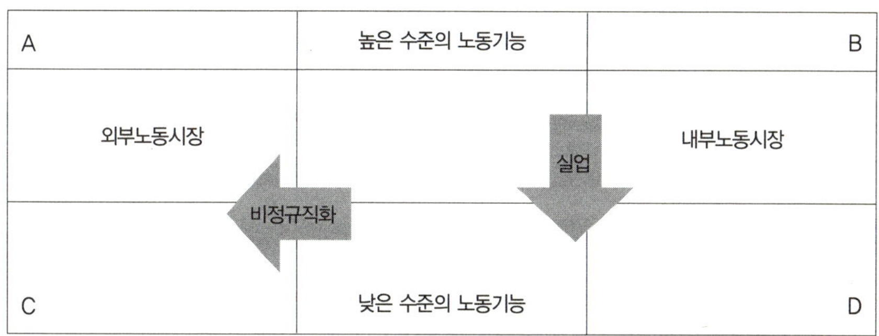

이 도표는 나라마다 노동시장이 다른 형태를 보인다는 점을 분석하는 데에, 특히 지금 우리가 살아나가면서 겪고 있는 급속한 구조적, 기술적 변화의 시기에 노동시장이 나라별로 어떻게 다르게 나타나고 변화하는지를 살펴보는 데에 유용하다. 이 도표는 내부 노동시장과 외부 노동시장을 양 극단의 노동시장으로 보고 그것을 각각 오른쪽과 왼쪽에 표시하며, 그 사이에 중간적인 유형의 부문별 노동시장이 존재할 가능성을 열어놓고 있다. 이어 이 도표에는 또 하나의 측면, 즉 노동기능이라는 변수가 추가된다. 이 변수는 위아래로 표시된다. 이처럼 두 개의 축으로 이뤄진 도표를 이용하면 임금이 지급되는 노동이라면 그 어떤 종류의 노동이라도 도표상의 어딘가에 점으로 표시할 수 있다.

---

11. Rosemary Crompton &Kay Sanderson, Gendered Jobs and Social Change, London, Unwin Hyman, 1990.

예를 들어 높은 임금을 받는 대기업 임원이나 고위 공무원은 오른쪽 위의 코너 B 근처 어딘가에 위치할 것이다. 다양한 고객을 위해 일하면서 돈을 많이 버는 프리랜스 회계사가 지닌 노동기능의 수준도 대기업 임원이나 고위 공무원의 경우와 마찬가지로 높겠지만, 도표에서 그의 위치는 코너 A쪽으로 달라질 것이다. 오른쪽 아래의 코너 D 근처에는 대규모의 안정된 기업조직에 새로 취직한 신입직원이나 견습직원을 비롯해 견습 우편물 분류사처럼 직업 사다리의 맨 밑에 존재하는 노동자들이 위치할 것이다. 그리고 왼쪽 아래의 코너 C 근처에는 과일을 따는 일을 하는 사람과 같은 계절적으로만 고용되는 노동자, 파트타임 노동자, 일시적으로 햄버거 가게에서 햄버거를 굽는 일을 하는 노동자 등이 위치할 것이다. 다시 말하지만, 물론 그 중간 곳곳에 중간적인 노동기능의 노동자들이 위치하게 된다.

노동시장의 구조와 리스트럭처링의 동학

조합주의 정치, 역사적으로 강력하게 유지돼온 내부 노동시장, 교육훈련에 대한 사용자들의 적지 않은 투자, 엄밀하게 정의된 직업구분, 사용자 기반의 플랜과 연계된 복지제도 등이 존재하는 독일과 같은 나라에서는 노동인구의 상당한 부분이 도표의 오른쪽에 편중돼 있다고 예상할 수 있다. 그리고 그 전형적인 직업경력의 궤적은 코너 D에서 출발해 사용자가 제공하는 교육훈련을 거치고 기업 내부의 규칙을 따르면서 점차 코너 B로 상승해가는 것이다.

미국이나 영국과 같이 보다 자유주의적인 노동시장에서 특징적으로 나타나는 양상은 보다 큰 비중의 노동인구가 도표의 왼쪽에 몰려 있는 형태일 것이다. 이렇게 도표의 왼쪽에 위치한 사람들은 자영업 형태의 노동을 하는 개인들, 그리고 기업 내부에서 승진할 기회나 당장 취업하는 데 필요한 수준 이상으로 교육훈련을 받을 기회를 거의 누릴 수 없는 동시에 장기적으로 안정된 직장을 갖기 어려운 임시직이나 파트타임 노동자로서 불안정한 고용상태에 있는 사람들일 것이다. 이런 형태의 노동시장을 가진 나라에서는 기본적인 고등교육 이상의 자격을 가진 노동자들은 그런 자격을 자신이나 부모의 비용으로 획득한 것이다. 이런 형태의 노동시장을 가진 나라에서는 코너 C 근처에 위치한 다수의 무차별적인 불안정 노동자 대중과 코너 A나 B 근처에 위치한 소수의 특권층 노동자 사이에 생활수준의 큰 차이가 존재한다.

물론 이상의 두 가지 모델만 가능한 것은 아니다. 고용상의 지위보다는 개인의 시민권에 더 밀접하게 연계된 복지제도를 갖추고 있으며 교육훈련은 공적으로 제공한다는 태도를 취하고 있는 스칸디나비아 국가들에서는 높은 수준의 기능을 가진 노동인구가 도표의 위쪽 절반 영역에 많이 위치하고, 코너 C나 D 근처에는 비교적 적은 수의 노동자들만 위치할 것이라고 생각해볼 수 있다. 이와 달리 많은 개발도상국에서는 공식부문의 노동자들의 수가 아주 적다. 다시 말해 많은 개발도상국에서는 인구의 대부분이 코너 A와 C가 위치한 도표의 왼쪽에 존재한다는 것이다.

설사 공정성을 높이는 규칙이 있다 하더라도, 이 모든 형태의 노동시장 각각에서 실제로 모든 인구에 공평하게 기회가 돌아가지는 않을 것이다. 서구사회에서는 백인 남자인 거주자가 일반적으로 코너 B가 들어있는 사분면을 지배할 것이고 이주자, 유색인, 여성은 코너 C가 있는 사분면에 주로 위치하게 될 것이다.

이 도표는 노동시장을 정태적으로 비교하는 방법으로서만 유용한 게 아니다. 이 도표는 서로 다른 나라에서 조직적 리스트럭처링이 노동자들에게 상이하게, 동태적으로 영향을 끼치는 방식들을 이해하는 데도 도움이 된다. 사용자들로 하여금 노동비용을 줄이도록 하는 유인은 어느 나라에서건 동일할는지 모르지만, 그에 따른 리스트럭처링의 모습은 나라마다 다르다.

조합주의 국가의 노동시장에서는 고용된 노동자들의 강력한 조합이 사용자와 체결한 노사협약에 의해 보호되기 때문에 내부 노동시장의 경계선이 분명하고, 따라서 노동자 각 개인이 내부 노동시장에 들어와 있느냐 아니냐가 분명하다. 이런 나라에서 내부 노동시장에 진입하는 가장 일반적인 방식은 공식적인 취직절차를 통하는 것이고, 가장 일반적인 퇴출의 방식은 공식화된 해고나 퇴직절차를 통하는 것이다. 그리고 내부 노동시장 안에 들어와 있는 노동자들은 자기들이 누리는 복지혜택의 대부분이 고용상의 지위와 연결돼 있기 때문에 퇴출당할 경우 잃어버릴 것이 많다. 따라서 그들은 퇴출당하는 데 대해 격렬히 저항하며, 내부 노동시장에 자신이 갖고 있는 발판을 잃기보다는 직장에서 자기가 맡고 있는 일자리에 대해 급격한 리스트럭처링이 이루어지는 것을 수용하는 경우가 많을 것이다.

노동자들이 다기능(멀티태스킹)화로 불리는, 전통적 직업구분의 붕괴를 수용하는 것도 그같은 리스트럭처링이 수용되는 하나의 형태다. 이런 나라에서는 노동자가 일단 실업자가 되면 다른 직업을 구하기가 어렵다. 이는 노동기능이 특정한 산업이나 기업에만 필요한 것이기 때문일 수도 있고, 사용자들이 장기간의 고용계약을 해줘야 하는 일자리를 만들어내기를 기피하기 때문일 수도 있다. 따라서 이런 나라에서 보수가 괜찮은 일자리에 안정적으로 고용된 상태에서 노동자가 이탈하는 경로는 도표에서 '실업'이라고 쓰인 화살표의 방향으로 가는 것일 가능성이 높다.

노동시장에 대한 규제가 적은 미국이나 영국 같은 나라에서는 내부 노동시장이 훨씬 덜 보호되고, 노동자의 입장에서 내부 노동시장에 들어있다는 것의 편익이 상대적으로 보아 크지 않은 경우가 많다. 이런 나라에서는 사용자들이 상황변화에 대해 정규직 고용을 비정규직화하는 것으로 대응할 가능성이 높다. 임시 고용이 풀타임 고용을 대체하거나 보완하는 데에 점점 더 많이 이용되고, 여전히 필요하긴 하나 항상 필요하지는 않은 기능만을 갖추고 있는 직원들은 파트타임 노동자나 프리랜스 노동자로 전환하도록 권유되며, 노동의 아웃소싱이 점점 더 많이 이용된다. 따라서 이 경우 내부 노동시장에서 퇴출되는 과정은 도표에서 '비정규화'라고 쓰인 화살표의 방향으로 진행될 가능성이 높다.

노동의 비정규화는 미국과 영국 외에 프랑스, 독일, 오스트리아, 벨기에와 같은 나라들에서도 일어나고 있다. 이런 나라들에도 실업이 존재하긴 하지만 그것이 절대적인 실업이 아니거나 오랜 기간 지속되는 경향이 덜한 경우가 많다. 그 대신 이들 나라에서 실제로 나타나는 현상은 마치 포드자동차의 기계장치에 녹이 스며들어 번지는 것처럼 노동시장 전체에 고용의 위태로움이 확산되면서 노동조건이 전반적으로 나빠지고 고용의 안정성이 점차 악화되는 것이다.

이런 차이들이 중요한가? 경제전문 언론매체의 독자들은 독일에 500만 명의 실업자들이 존재하는 것은 유럽의 노동시장 정책이 '경화' 되었거나 '경직적' 이기 때문이라고 비난하는 기사에 익숙할 게 뻔하고, 보다 리버럴한 유럽 언론매체의 독자들은 자기착취의 집단행동 속에서 자기들의 권리를 포기한 채 늘 과로하는 앵글로색슨 국가 노동자들의 모습을 그린 기사에 익숙할 것이 뻔하다. 그러나 이런 식의 인식은 노동자들 사이에 단합을 촉진하는 데는 아무런 역할도 하지 않는다. 전통적 마르크스주의자들은 많은 수의 실업자 대중과 기간제 노동자를 비롯한 한시제 노동자 대중은 어느 정도 동일한 역할을 한다고 주장할지 모른다. 즉 실업자와 한시제 노동자는 둘 다 자신들의 존재 자체가 노동시장에서 보다 조직화된 노동자들의 임금수준과 노동조건을 개선하려는 노동운동을 제약하는 산업예비군이라는 것이다.

이런 접근법에는 한 가지 문제점이 있다. 현대경제는 엄청나게 많은 종류의 재화와 서비스를 생산해내고 있고, 그러는 가운데 다양한 생산요소들이 투입되며, 모든 작업은 아니더라도 많은 작업들이 단순한 근육의 힘만으로 이루어지지 않는다. 달리 말해 노동의 기술적 분업이 진전되면서 이제는 대부분의 직업이 각각 특정한 노동기능을 요구하고 있다. 이런 상황에서는 각각의 직업이 요구하는 특정한 기능을 갖추지 못한 산업예비군은 쓸모가 없다.

그런데 많은 작업들이 요구하는 특정한 노동기능의 대부분은 한 세대 전에 요구되던 노동기능, 즉 20세기 후반에 직업정체성을 형성시킨 노동기능과 같지 않다. 선반공, 식자공, 재단사, 그래픽 디자이너, 영화 편집자, 교정원, 천공기사, 오디오 타이피스트[12], 전화교환원과 같은 직업들은 과거에 베를 짜던 사람이나 필경사와 같은 사람

---

12. 테이프에 녹음된 소리를 들으면서 그대로 타자를 하는 사람. —편집자

들과 같은 길을 걷게 됐거나 원래의 형태를 알아볼 수 없을 정도로 하는 일의 모습이 바뀌어버렸다. 이런 변화에서 핵심적인 역할을 한 것은 정보기술(IT)이다. 컴퓨터의 이용이 상이한 생산과정들, 산업들, 기업들 사이에 남아있던 많은 차이들을 모두 다 없애버린 것은 아니지만 상이한 생산과정들, 산업들, 기업들에 필요한 정보를 조직화하고 조작 또는 활용하는 데 표준화된 절차를 도입했다.

일상적인 노동에서 실제로 컴퓨터를 이용하는 노동자들이 전체 노동인구에서 차지하는 비중은 나라마다 다르긴 하지만 전체적으로 높은 수준에 이르렀을 뿐 아니라 점점 더 높아지고 있다. 사용자들은 컴퓨터가 어떻게 작동하는지를 이해하고 실제로 컴퓨터를 작동시킬 줄 아는 소수의 엘리트 노동자 집단과 협상해야 하는 입장이 되기를 원하지 않는다. 사용자들 가운데 일부는 컴퓨터 프로그래밍이 상대적으로 특권적인 소수 컴퓨터 도사들만의 배타적이고 신비화된 영역이었던 1960년대에 그런 협상을 해야 했지만, 지금의 사용자들은 그 누구도 그런 입장이 되기를 원하지 않는다. 사용자들은 노동자들이 컴퓨터를 잘 다룰 줄 알게 하기 위한 교육훈련에 스스로 큰 투자를 하기를 원하지 않는다. 사용자들이 필요로 하는 것은 컴퓨터를 다룰 줄 아는 노동자들이 풍부하게 공급되어, 필요하면 얼마든지 그런 노동자를 고용할 수 있고, 필요 없게 되면 얼마든지 해고할 수 있게 되는 것이며, 그렇게 되어 수요가 급증할 때 필요한 노동기능을 구하지 못해 손발이 묶일 수 있다는 두려움을 갖지 않게 되는 것이다. 그런데 그런 노동자들의 풍부한 공급을 어떻게 보장받을 수 있을까?

이런 측면에서는 흥미롭게도 19세기의 상황이 지금과 비슷했다. 당시 산업과 국가경제, 제국주의 국가의 조직화가 복잡하게 되자 글을 읽을 줄 알고 셈을 할 수 있는 노동인구가 필요해졌다. 국제무역을 하는 데 따르는 모든 거래와 관련된 송장과 영수증의 처리를 담당할 사무원들이 필요해졌고, 누가 얼마나 많은 시간을 일했는지를 기록해뒀다가 그것을 토대로 임금계산을 하는 일도 점점 더 많이 필요해졌다. 육체노동자도 읽고, 쓰고, 간단한 산수를 할 수 있는 게 도움이 됐다. 그래야만 그들도 작업지시를 받고 재고량을 세는 일 등을 할 수 있기 때문이었다. 그런 기능을 소수의 노동자들만 갖추고 있다면 그런 기능이 그들에게 얼마간의 협상력을 갖게 해주어 사용자들의 운신공간을 좁혔을 것이다.

물론 시간엄수, 강도 높은 노동, 다른 사람의 재산에 대한 존중 등의 가치관이 이미 주입된 새로운 노동자들이 작업장에 원활히 공급되도록 하는 것도 필요했다. 그들이 소비자로서도 글 읽기와 셈 하기 능력을 갖추는 것이 도움이 됐다. 그래야만 그들이 갈수록 더욱 더 화폐에 의존하는 경제 속에서 현금을 다룰 줄 알고, 공적인 신호를 읽을 줄 알고, 어느 상품을 살 것인지를 식별할 수 있을 것이기 때문이었다. 그렇게 되도록 하는 방법은 무엇이었던가? 기본적인 학교교육이 보편적으로 실시되면서 권위가 존중되고 강력한 노동윤리가 권장되며 무단결석을 하거나 시간을 안 지키는 경우엔 엄하게 징벌되는 분위기 속에서 읽기, 쓰기, 셈 하기를 가르치는 것이었다. 이런 기능이 보편화되면 그런 기능을 갖추고 있다는 것만으로는 그 누구도 시장에서 추가적인 영향력을 발휘할 수 없게 된다.

오늘날에는 노동기능의 내용과 그것을 표현하는 수사가 좀 다르다. 이제 사용자들은 디지털 기기 이용능력이 있고, 자발적 동기부여가 돼 있고, 팀플레이를 잘 하고, 소프트 스킬(soft skill)을 갖추고 있고, 피고용경쟁력(employability)이 있고, 기업가적 정신을 갖추고 있는 노동자들을 원한다. 또한 사용자들은 기술과 시장이 변화함에 따라 새로 필요해지는 노동기능을 학습할 자세가 돼 있는, 흔히 '평생학습의 의지가 있다'고 표현되는 사람들을 요구한다. 아울러 사용자들은 특정한 소프트웨어 패키지를 익숙하게 잘 다루고, 글로벌 시장 속에서 멀리 떨어져 있는 고객들과 의사소통을 할 줄 아는 사람들을 필요로 한다. 그러나 이런 기능, 능력, 적성, 노하우를 어떻게 조합해 갖춘다 하더라도 그것이 안정된 직업정체성으로 이어지지는 않는다는 것은 굳이 말할 필요도 없다.

이런 사실들은 지금의 세계에서는 직업에 한계가 없다는 것을 의미한다. 즉 "내가 이 일을 하고 있지만 내 직업의 일부로 이 일을 하는 것은 아니다"라는 의미에서 직업에 한계가 없다는 것이다. 지금의 세계에서는 각각의 직업에 대한 규정이 무한히 신축적으로 되어, 노동자가 물러앉아 "마침내 나는 숙련된 상태가 됐고, 인정받는 직업을 갖게 됐다. 이제부터는 좀 느긋한 자세로 이 직업을 계속해나가면 된다"고 생각할 수 있는 지점에 결코 도달할 수 없다. 게다가 우리는 이제 지구적 자본주의의 국면에 접어들었고, 이 국면에서는 19세기에 노동자들이 글 읽는 능력을 갖추는 것이 보편적으로 필요하게 됐던 것과 마찬가지로 노동자들이 새로운 범용의 태도와 능력들을 갖추도록 요구받고 있다. 그리고 19세기와 마찬가지로 지금도 국가기관들은 그런 범용의 태도와 능력을 갖춘 노동자들을 사용자들에게 원활하게 공급해주는 일에 적극 나섬으로써 사용자들을 돕고 있다. 19세기와 다른 점이 있다면, 이번에는 그런 일이 어느 한 나라의 국경 안에서만, 또는 서로 경쟁하는 몇몇 제국에서만 일어나는 것이 아니라 전 지구적인 규모로 일어나고 있다는 점뿐이다.

자본주의는 늘 새로운 시장을 찾아 해외로 확장해야 할 필요가 있다. 이와 동시에 자본주의는 새로운 노동공급 원천을 확보해야 할 필요가 있다. 자본주의의 이 두 가지 필요조건은 서로 분리되기 어렵다. 사실 이 두 가지는 서로 밀접하게 연관돼 있다. 그러나 세계은행이나 유럽연합(EU)과 같은 초국가적 기구의 교육정책이나 그런 기구의 지원을 받는 개별 국가의 교육정책은 '지구적 지식노동자 산업예비군'을 창출하는 것을 명시적인 목표로 삼고 있다고까지 말할 수는 없다 하더라도, 적어도 그런 효과를 겨냥하고 있다고는 말할 수 있다. 이로 인해 지구적 지식노동자 산업예비군이 창출되는 과정에서, 그런 지식노동자가 되는 데 필요한 '지식'을 어느 정도 배타적으로 가진 사람들이 노동시장에서 누리던 비교우위는 파괴돼버렸다.

이런 식으로 지식노동자 집단을 창출하는 시도는 나라마다 서로 다른 형태를 띤다. 예를 들어 조합주의 모델을 유지하고 있는 오스트리아에서는 정부가 '노동기금'을 다수 설립하고 이를 통해 지역별로 사용자들과 긴밀히 협력하면서 실업자들에 대한 교육훈련을 실시한다. 한스 게오르크 질리안(Hans Georg Zilian)에 따르면 이 나라의 레오벤 시에서는 교육훈련을 받는 피교육생의 38%가 실업자가 되기 전에 일하던 회사로 복귀한다. 이와 관련해 질리안은 오스트리아의 노동기금은 사용자들에게 노동력의 저수지 역할을 해준다는 결론을 내렸다. 즉 노동기금은 사용자가 다시 노동자를 공급해줄 것을 요구하게 되는 시점까지 납세자의 비용부담으로 노동자를 재교육하는 기능을 한다는 것이다.[13]

우리의 도표에서는 이런 일이 코너 D 근처에서 일어난다고 볼 수 있다. 이때 심하게 훼손되기는 했으나 아직은 내부 노동시장으로 간주될 수 있는 곳으로의 진입에 대해 국가가 사용자들과 함께 규제에 나선다. 이보다 규제가 덜한 경제를 갖고 있는 나라에서는 교육훈련이 각 개인의 비용부담과 의지에 의해 이루어지는 경우가 더 많다. 도표에서 보면, A-C 축에 놓이는 비정규 노동자들, 그 가운데 특히 왼쪽에 치우쳐 있는 노동자들에게 이런 과정이 일어난다고 볼 수 있다. 어떤 경우에는 사용자들에 대한 국가의 보조금 지급이 교육훈련에 직접 지출되는 방식이 아닌 다소 간접적인 방식으로 이루어지기도 한다. 이런 측면에서 국가가 수행하는 역할이 정확히 무엇이든 간에 일반적으로 본다면 국가의 보조금 지급이 구인광고 및 노동자들의 디지털 기기 이용능력을 강화시키는 쪽으로 초점이 옮겨지는 경향이 있다. 이와 관련해 유럽연합의 전 지역에서는 '유럽 컴퓨터 드라이빙 라이선스'[14]라는 자격이 강조되고 있고, 이 자격의 소지자는 기초적인 컴퓨터 이용능력을 갖춘 것으로 대우받는다.

국제적 수준에서 보면, 개발도상국들에 대한 교육비 원조가 글로벌 지식기반 경제의 육성과 갈수록 더 명시적으로 관련되어가고 있다. 예를 들어 세계은행은 개발도상국들에 대한 원조 프로그램을 이른바 '케이 포 디(K4D, Knowledge for Development)' 프로그램과 긴밀하게 연계시킨다. 이런 원조 프로그램은 교육의 개혁을 통신망의 확장과 기업가 정신의 권장, 그리고 기업, 연구소, 대학 등의 효과적인 혁신 시스템 도입과 연결시키는 내용으로 돼 있다.[15] 유럽연합의 개발도상국 원조 프로

---

13. Hans Georg Zilian, 'Welfare and employment flexibility within the new labour market', paper presented at Labour and Welfare in Europe in the Information Economy: Is there a danger of digital divide? Workshop, LAW Project, March 1, 2005, Brussels.
14. ECDL: European Computer Driving License.
15. http://info.worldbank.org/etools/kam2005/index.htm.

그램도 비슷한 목적을 갖고 있다. 예를 들어 유럽연합의 2001년도 정책 중 하나인 '제 3세계 국가들과의 협력 강화정책'[16]은 "인적자원 관리를 개선하고, 경쟁적인 세계경 제 속에서 유럽연합을 교육, 훈련, 연구개발의 강력한 주도기구로 만드는 것"을 교육 정책의 목적으로 꼽았다.[17]

이런 개발도상국 원조 프로그램들은 피원조 국가들에 대해 국가 단위의 자격체계 를 해체하고 국내 교육훈련을 국제적인 교육훈련 과정에 연계시킬 것을 요구한다. 여 기서 말하는 국제적인 교육훈련 과정은 원조를 제공하는 국가들의 대학에 의해 운영 되는 교육훈련 과정을 프랜차이즈해갈 것, 초등교육 기관에서 영어를 의무적으로 가 르칠 것 등을 요구할 뿐 아니라 디지털 기기 이용능력, 피고용경쟁력, 기업가정신 등 을 강조한다. 초국적 기업들은 노동기능의 지구적 표준을 설정하는 데도 적극적이다. 예를 들어 마이크로소프트나 SAP와 같은 초국적 기업들은 자사의 소프트웨어 제품 사용에 관한 자격 코스를 제공하기도 하고, 학생들이 자사 제품에 익숙해지도록 하기 위해 초중등학교나 대학에 하드웨어나 통신장비를 기부하기도 한다.

유럽연합에서는 'e유럽(eEurope)' 정책의 실행계획에 따라 2005년에 새로 가입한 10개국과 아직 가입을 기다리고 있는 루마니아, 불가리아, 터키 등 3개국에 대해 컴퓨 터과학 분야의 전체적인 학업성취도에 관한 여러 가지 목표들이 설정됐고, 이 밖에도 인터넷 접근성의 수준과 전자상거래의 이용도와 같은 다양한 지식사회 지표들에 관 한 목표들도 설정됐다. 헝가리, 체코공화국, 폴란드, 슬로베니아, 슬로바키아, 리투아 니아, 라트비아, 에스토니아를 비롯한 중동부 유럽 국가들은 다른 유럽연합 국가들을 위해 비용이 적게 드는 '후방 지원부서(백 오피스)'의 역할을 이미 떠맡고 있다.[18]

e유럽 정책 관련 문서에서 '제3의 국가들'이라고 언급된 나라들은 이보다 더 외곽

---

16. 나는 Yigit Kargin 덕분에 이 정책에 주목하게 됐다.

17. http://europa.eu.int/scadplus/leg/en/cha/c11053.htm.

18. Ursula Huws, Jörg Flecker & Simone Dahlmann, Outsourcing of ICT and Related Services in the EU, European Monitoring Centre for Change, European Foundation for the Improvement of Living and Working Conditions, Dublin, December, 2004. 12.

의 고리를 형성하고 있다. 알바니아, 보스니아헤르체고비나, 크로아티아, 유고슬라비아연방, 마케도니아공화국, 아르메니아, 아제르바이잔, 벨로루시, 그루지야, 카자흐스탄, 키르기스스탄, 몰도바, 러시아연방, 타지키스탄, 투르크메니스탄, 우크라이나, 우즈베키스탄, 몽골, 이집트, 이스라엘, 요르단, 레바논, 모로코, 시리아, 튀니지, 팔레스타인이 그런 나라들이다.

이런 나라들은 영어권에서는 인도, 필리핀, 바베이도스, 프랑스어권에서는 튀니지, 모로코, 마르티니크, 스페인어권에서는 도미니크공화국, 멕시코, 콜롬비아와 같은 처지가 되어간다. 지구적으로 정보노동자들이 바닥으로의 경쟁에 휘말려있는 상황에서 이런 나라들은 정보노동 아웃소싱의 역외 대상지가 되고 있다. 이런 나라들에는 대용량 통신 인프라가 갖춰져 있을 뿐 아니라 글로벌 언어를 말할 줄 알고 표준화된 글로벌 소프트웨어 패키지를 돌릴 줄 아는 노동자들이 존재한다.

따라서 '글로벌 소싱(global sourcing)' 이라는 용어가 지칭하는 과정이 지구적으로 확산되고 있는 가운데 사용자들은 이런 나라들을 넘나들며 일자리를 이 노동자로부터 저 노동자로, 이 장소에서 저 장소로 부단히 옮길 수 있게 된다. 여기서 글로벌 소싱이란 사업상 고객의 수요에 맞춰 필요한 작업들을 다수의 여러 장소에 분산 배치해 각각 현지의 노동자들에 의해 수행되도록 하는 '노동의 복잡한 혼합 및 연결' 체제를 가리킨다.

선진국의 노동자들은 국내의 일자리가 해외로 옮겨지는 것의 가장 중요한 의미는 국내의 일자리가 제거되는 데 있다고 흔히 생각한다. 그러나 이런 생각은 핵심을 벗어난 것이다. 산업예비군이 존재하는 목적은 모든 일자리를 다 넘겨받는 것이 아니라 노동자들에게 규율을 강요하는 힘으로 작용하는 것이다. 선진국 노동시장의 전체 규모에 비하면 해외로 장소를 옮기는 일자리의 수는 실제로는 미미한 수준에 그치고 있다. 선진국의 사용자들은 주된 고객들이 본거지를 두고 있는 곳, 즉 국내에서 필요한 노동기능을 갖춘 노동자들을 구할 수 있기를 바라며, 대부분 민감한 '핵심' 연구개발 작업은 해외로 옮기기를 꺼린다. 그런가 하면 콜센터와 같이 해외이전이 많이 일어나는 작업부문들은 전체적으로 확장의 과정에 있는 경우가 많다. 기업들은 자신의 제품을 사줄 국내시장도 필요로 하지만, 국내에 대량실업이 존재한다면 그런 국내시장을 가질 수 없을 것이다. 게다가 미국 시장은 중국이나 인도의 시장보다 여전히 몇 배나 더 크다.

실업은 분명히 발생하고 있고 실업에 의해 비참한 현실이 야기되고 있다는 사실은 부인할 수 없다. 그러나 그럼에도 불구하고 일자리의 해외이전이 가져오는 가장 강력한 효과는 미국이나 유럽에서 일자리를 제거하는 것이 아니라 해외이전이 가능한 일자리에 고용될 수 있는 노동의 가치를 떨어뜨리는 것이라는 사실을 기억해둬야 할 것이다.

노동자들이 자신이 갖고 있는 노동기능을 전 세계에 걸쳐 수십만 명의 다른 사람들도 역시 갖고 있음을 안다면 직업정체성을 토대로 조직화하기가 대단히 어려울 것이다. 게다가 노동자들이 자신의 일자리가 얼마든지 해외로 이전될 수 있음을 의식하게 된다면, 이런 의식은 임금과 노동조건의 개선을 요구하는 데에, 그리고 잔업 등의 추가노동을 거부하는 데에 강력한 잠재적 장애물로 작용할 것이다. 일자리가 해외로 이전될 수 있다는 가능성만으로도 노동자들의 삶의 안정성과 협상력이 파괴될 수 있다. 사용자들은 여전히 노동자들의 창조성과 지식을 필요로 하고 있고, 때로는 고도로 전문화된 노동기능을 필요로 하기도 하지만, 이런 것들이 고정적이고 안정된 직업정체성 속에 존재하기란 점점 더 어려워질 것 같다.

지금 우리는 이처럼 직업정체성이 파괴되는 가운데 2차 세계대전 이후 실현됐던 고임금-고소비의 타협이 종국적인 죽음을 맞고 일자리의 안정성도 종말을 고하는 모습을 목격하고 있는 것일까? 그게 아니라면 혹시 지금 우리는 자본주의의 발전과정 속에서 또 한번의 변전을 겪고 있는 것일까? 우리는 조직화된 노동이 보호주의와 인종주의에 밀려 붕괴하는 모습을 보게 될까? 아니면 새로운 도전에 대응하는 노동자들의 창의성과 능력이 국가별로 쳐진 전선을 가로질러 새로운 형태로 노동의 조직화가 이루어질 것인가? 미래에 "당신은 무슨 일을 하고 있느냐?"는 질문을 받게 될 때 우리는 어떻게 대답하게 될까? ▧

마틴 하트-랜즈버그[1]

신자유주의, 그 신화와 현실

'자유무역의 우월성'이라는 신화

북미자유무역협정(NAFTA)이나 세계무역기구(WTO)와 같은 국제협정들은 경제적 불안정을 증폭시키고 노동의 조건과 삶의 조건을 악화시키는 비용을 초래하면서 초국적 자본의 힘과 이윤을 증대시켜 왔다. 현실이 이러한데도 자유화, 규제완화, 민영화가 전례 없는 편익을 창출한다는 신자유주의의 주장이 워낙 자주 반복되다보니 노동하는 사람들도 다수가 이런 주장을 반박이 불가능한 진리로 받아들이고 있다. 이에 따라 WTO를 확장시키고 미주자유무역지대(FTAA)와 같은 새로운 협정을 수립하려고 애쓰는 미국 등 선진 자본주의 국가의 업계와 정치권 지도자들은 그런 자기들의 노

---

1. 마틴 하트-랜즈버그(Martin Hart-Landsberg)는 미국 루이스앤드클라크 대학의 경제학 교수로 미국 인디애나 주립대학 경제학 교수인 폴 버킷(Paul Burkett)과 공저한 《중국과 사회주의: 시장개혁과 계급투쟁(China and Socialism: Market Reforms and Class Struggle)》와 《개발, 위기, 그리고 계급투쟁: 일본과 동아시아에서 배우기(Development, Crisis, and Class Struggle: Learning from Japan and East Asia)》 등 여러 권의 저서를 냈다. 이 글의 원문은 〈먼슬리 리뷰〉 2006년 4월호에 실린 'Neoliberalism: Myths and Reality' 다. —편집자

력이 전 세계 사람들, 특히 가난한 사람들에게 보다 밝은 미래를 보장하는 데 필요하다고 주장한다.

예를 들어 WTO의 첫 사무총장이었던 레나토 루지에로는 WTO를 통한 자유화 노력이 "다음 세기(21세기)의 초반에 세계의 빈곤을 뿌리 뽑을 잠재력"을 지니고 있다면서 "이는 불과 몇십 년 전만 해도 유토피아적인 생각이었지만 이제는 현실적인 가능성이 됐다"고 선언했다.[2] 이와 비슷하게 국제경제연구소(IIE)의 선임연구원인 윌리엄 클라인도 2005년 12월 홍콩에서 WTO 각료회의가 열리기 직전에 쓴 글에서 "만약 세계의 모든 무역장벽이 다 제거된다면 앞으로 15년에 걸쳐 대략 5억 명이 빈곤에서 구제될 수 있다"며 "도하라운드라는 이름으로 현재 진행되고 있는 세계무역기구의 다자간 무역협상은 국제사회가 이런 이득을 달성할 수 있게 할 최선의 기회"라고 주장했다.[3]

따라서 우리가 신자유주의 세계화 프로젝트에 대해 효과적인 도전을 하기 위해서는 사상의 전투에서 이기기 위한 노력을 배가해야 한다. 그리고 사상의 전투에서 이기기 위해서는 무엇보다도 '신자유주의는 자본주의 동학이 낳는 경제사회적 결과를 과학적으로 조명해주는 인식 틀이 되기보다는 자본주의의 이해관계를 보이지 않게 가리는 덮개로 기능한다'는 사실을 드러내 보여야 한다. 아울러 국제체제로서의 자본주의가 제3세계와 선진 자본주의 국가 모두에서 노동계급의 이익을 증진하기보다 훼손하는 과정을 드러내 보일 필요가 있다.

FTAA와 같은 협정과 WTO를 지지하는 사람들은 그런 협정이나 기구가 효율성을 높이고 경제적 복리를 최대화하기 위해 자유무역을 촉진하려 한다고 주장한다. 그들이 이렇게 무역에 초점을 맞추어 이야기하는 태도는 보다 폭넓은 그들의 정치경제적 아젠다, 즉 기업의 이익획득 기회를 확대하고 강화하겠다는 그들의 아젠다를 보이지 않게 가려버린다. WTO에서는 이런 그들의 아젠다가 다양한 협정들을 통해 추구돼 왔는

---

2. 장하준, 《사다리 걷어차기(Kicking Away the Ladder: Development Strategy in Historical Perspective)》(2002)에서 인용.

3. William Cline, 'Doha Can Achieve Much More than Skeptics Expect', Finance and Development, March 2005, p. 22.

데, 그 협정들은 우리가 통상적으로 이해하는 무역과는 거의 관계가 없는 맥락에서 경제활동에 대한 공적인 규제를 제한하거나 실질적으로 가로막는 내용으로 돼 있다.

예컨대 '무역관련 지적재산권 협정(TRIPS)'은 국가가 특정한 제품(생명이 있는 유기체 포함)에 대해서는 특허를 부여하기를 거부할 권한을 제한하는 동시에 긴요한 의약품이 저렴한 가격으로 공급되도록 하기 위한 강제실시(compulsory licensing)의 권한을 포함해 이미 특허가 부여돼 있는 제품의 사용을 통제할 권한을 제한하고 있다. 이 협정은 또한 각국에 특허의 유효기간을 대폭 연장하라고 강요하고 있다. '무역관련 투자조치 협정(TRIMS)'은 각각의 국가가 국내에 진출하는 외국인직접투자(FDI)에 대해 노동을 포함한 국내산 투입재의 사용이나 기술이전을 의무화하는 등 이행의무(performance requirements)를 부과할 권한에도 제약을 가하고 있다. 현재 제안돼 있는 '서비스무역에 관한 일반협정(GATS) 확대안'은 각국에 대해 보건의료와 교육에서부터 공익서비스와 소매업에 이르기까지 모든 부문의 국내 서비스 시장을 죄다 해외의 서비스 공급업체들에 개방하고 그들의 활동에 대한 공적인 규제도 줄이라고 강요하는 내용을 담고 있다. 마찬가지로 현재 제안돼 있는 정부조달협정(GPA)은 각국 정부가 조달계약을 발주할 때 노동이나 환경과 관련된 관행과 같은 비경제적 기준을 적용할 권한을 부정하고 있다.

주류 언론매체가 이런 협정들에 대해 논의하는 일은 드물다. 이런 협정들을 논의하다보면 '사적 권력 대 공적 권력'의 문제가 곧바로 제기되기 때문에 그것들을 옹호하기가 쉽지 않기 때문이다. 바로 이 점 때문에 자본주의 세계화 프로젝트를 지지하는 사람들은 그 프로젝트를 떠받치는 제도화된 협정들을 '무역협정'이라고 부르면서 이른바 '자유무역의 장점'을 근거로 삼아 그런 협정들을 옹호하는 방식을 선호하는 것이다.

유감스럽게도, 그리고 부당하게도 그들의 이런 옹호논리는 노동하는 사람들, 특히 선진 자본주의 국가의 노동하는 사람들에게 매우 큰 영향력을 행사하고 있다. 이 때문에 자본주의 세계화를 주창하는 사람들은 이런 옹호논리를 토대로 한 보다 폭넓은 가설, 즉 모든 활동영역에서 시장에 의해 결정된 결과가 사회적으로 결정된 결과에 비해 더 낫다는 가설을 대중이 수용하도록 하는 게 비교적 쉽다고 느낀다. 따라서 우리로서는 자유무역이 우월하다는 신화에 대한 효과적이면서도 사람들이 쉽게 이해할 수 있는 비판의 논리를 개발하는 일이 긴요하다. 사실 이런 일은 일반적으로 생각되는 것보다 쉬운 과제다.

자유무역을 촉진하려는 주장들은 대개 비교우위 이론에 근거를 두고 있다. 비교우위 이론은 데이비드 리카도가 1821년에《경제학 및 과세의 원리》라는 저서에서 소개한 이론이다. 사람들은 흔히 이것이 나라마다 상이한 비교우위를 이미 갖고 있거나 새로 만들어낼 수 있으며 무역은 유익한 것일 수 있다는 자명한 사실을 주장한 이론으로만 잘못 생각하고 있다. 그러나 사실 이 이론은 매우 특수한 정책적 결론을 뒷받침한다. 그것은 어느 나라든 최선의 경제정책은 규제되지 않는 국제적 시장활동으로 하여금 자국의 비교우위와 국가적 생산형태를 결정하도록 허용하는 것이라는 결론이다.[4]

리카도는 두 개의 나라로 구성된 정태적 세계 모형을 이용해 자기의 비교우위 이론을 증명했다. 이 모형에서 리카도는 포르투갈이 영국에 비해 포도주의 생산에서도 옷의 생산에서도 더 효율적이지만, 두 제품을 비교하면 옷보다는 포도주의 생산에서 상대적으로 더 효율적이라고 가정했다. 리카도는 자신이 만들어낸 이런 세계에서는 포르투갈과 영국이라는 두 나라가 각각 자국이 생산의 효율성 면에서 상대적 우위, 즉 비교우위에 있는 제품을 생산하는 국제 노동분업을 이루면 두 나라 다 이익을 얻게 됨을 증명했다. 그렇게 되면 포도주와 옷이라는 두 가지 제품 모두에서 영국이 포르투갈보다 생산의 효율성이 낮다고 하더라도 자유무역의 논리가 포르투갈은 포도주의 생산에, 영국은 옷의 생산에 각각 집중하게 만들며, 그 결과는 무역이 두 나라 모두에 최대한의 편익을 가져다준다는 것이었다.

주류 경제학자들은 리카도 이론의 기본골격을 수용하는 동시에 그것을 토대로 보

---

4. 의미심장하게도 신자유주의 이론가들은 대부분 자유롭게 일어나는 대중운동은 자기의 이론적 주장 속에 포함시키지 않는다.

다 정교한 이론들을 개발해 왔다. 그중 가장 중요한 것은 헥셔-올린 이론, 요소가격 균등화 이론, 스톨퍼-새뮤얼슨 이론이다. 헥셔-올린 이론은 어느 한 나라의 비교우위는 그 나라의 부존자원에 의해 결정되기 때문에 자본이 부족한 제3세계 국가들은 노동집약적인 제품에 특화해야 한다고 주장한다. 요소가격 균등화 이론은 자유무역은 모든 요소의 가격이 전 세계적으로 동일해지기 전에는 집중적으로 사용되는 요소(제3세계에서는 비숙련 노동)의 가격을 상승시킨다고 주장한다. 그리고 스톨퍼-새뮤얼슨 이론은 희소한 요소(부유한 나라에서는 노동, 가난한 나라에서는 자본)의 소득이 자유무역에 의해 가장 큰 피해를 입는다고 주장한다. 이렇게 정교화된 이론들 가운데 그 어느 것도 리카도의 비교우위 이론이 내놓은 기본적인 결론에 도전하지 않는다. 오히려 이런 이론들은 제3세계의 노동자들이 자유무역의 최대 수혜자가 될 것이라는 주장에 추가적인 뒷받침을 제공할 뿐이다.

모든 이론이 다 그렇듯이 비교우위 이론과 그 결론도 여러 가지 가정들에 근거한 것이다. 그중 가장 중요한 것들은 다음과 같다.

- 기업들 사이에 완전경쟁이 존재한다.
- 모든 생산요소가 완전고용 상태에 있다.
- 노동과 자본은 국내에서는 완전히 자유롭게 이동하지만 다른 나라로는 이동하지 않는다.
- 어느 나라든 무역으로부터 얻은 이익은 그 나라 사람들에게 다 돌아가며 그 나라 안에서 다 지출된다.
- 어느 나라든 대외무역은 항상 균형상태에 있다.
- 시장가격은 생산된 제품의 실질비용 또는 사회적 비용을 정확하게 반영한다.

이 가정들은 단지 쓱 훑어보기만 해도 너무 많은 것들을 전제하고 있을 뿐 아니라 그 내용이 비현실적임을 알 수 있다. 그런데 이 가정들이 충족되지 않으면 자유시장

정책이 국제적으로 복리를 증진시킬 것이라는 비교우위 이론의 결론을 받아들일 근거가 없게 된다.

예를 들어 노동을 포함한 모든 생산요소가 완전고용 상태에 있다는 가정은 분명히 현실과 다르다. 이 이론에 내재돼 있는 구조조정 과정에도 문제가 있다. 구조조정 과정에서 자유무역에 의해 새로 늘어나는 수입으로 인해 일자리를 잃게 되는 노동자들이 그 나라 경제 안에서 확대되는 수출부문에서 새 일자리를 신속하게 찾을 것이라고 가정된다. 그러나 어떻게 그렇게 되는 것인지는 결코 설명되지 않는다. 현실에서는 노동자들이 새로 옮겨간 다른 일자리에서는 예전의 생산성을 발휘하지 못할 수 있으며, 이 점에서는 노동 이외의 다른 생산요소의 경우도 마찬가지다. 이런 문제점을 무시한다 하더라도 생산요소의 재배치가 충분히 신속하게 이루어지지 않는다면 새로 자유화된 경제는 실업의 증가를 겪게 되고, 이는 다시 총수요의 감소와 경기침체로 이어질 수 있다. 따라서 궁극적으로 모든 생산요소의 완전고용이 이루어진다고 하더라도 무역이 유도한 구조조정이 가져다준다는 이른바 효율성 이득보다 조정의 비용이 더 크게 될 가능성이 얼마든지 있다.

가격이 사회적 비용을 반영한다는 가정에도 문제가 있다. 많은 제품시장들이 독점업체들에 의해 지배되고 있고 많은 기업들이 정부로부터 적지 않은 보조금을 받고 있는 게 현실이다. 이 때문에 생산 및 가격의 결정이 정부의 영향을 받으며, 많은 생산활동이 상당한 규모의 마이너스 외부효과, 특히 환경상의 외부효과를 낳는다. 따라서 기존의 시장가격에 근거해 무역을 특화하는 것은 전반적으로 효율성이 낮은 국제 경제 활동 구조를 낳기 쉬우며, 이는 사회적 복리의 저하로 이어진다.

대외무역이 균형상태를 유지한다는 가정에 대해서도 문제 삼을 만한 이유가 있다. 이 가정은 또 다른 가정, 즉 환율의 변동이 무역불균형을 자동적이면서도 신속하게 시정한다는 가정에 의존한다. 그러나 환율은 투기적 금융활동에 의해 쉽게 영향을 받을 수 있으며, 실제로 그렇게 되면 환율이 무역의 균형을 회복시키기보다 오히려 깨뜨리는 방향으로 움직일 수 있다. 게다가 무역이 점점 더 초국적기업이 통제하는 생산 네트워크를 통해 이루어지게 되면서 환율의 변동이 소망스러운 생산형태를 창출해낼 가능성이 점점 더 낮아지고 있다. 환율의 변동이 어느 정도 짧은 기간 안에 필요한 무역의 조정을 이루어내지 못하면 총수요를 억지로 줄이는 것을 통해, 그리고 아마도 경기침체를 감수하는 것을 통해 수입을 줄이는 방법으로 무역의 균형을 회복시킬 수밖에 없게 된다.

국가 간에 자본이 고도의 이동성을 갖지 못한다는 가정에 대해서도 문제제기를 할 수 있다. 이 가정은 완전고용과 무역수지 균형을 비롯한 다른 가정들의 근거가 된다. 그러나 자본이 고도의 이동성을 갖고 있다면 자유시장과 자유무역 정책이 자본도피를 일으켜 탈산업화, 무역불균형, 실업, 경제위기로 이어질 것이다. 간단히 말해 비교우위 이론에서 유래하고 자유무역을 뒷받침하는 정책권고들은 일련의 매우 모호하고 의심스러운 가정들에 근거를 두고 있다.[5]

신자유주의를 떠받치는 모형과 통계

신자유주의 정책을 주장하는 사람들은 자기들의 주장을 떠받치기 위해 고도로 정교한 시뮬레이션 연구 결과들을 흔히 인용한다. 그러나 이런 연구들은 비교우위 이론의 가정들 가운데 다수를 그대로 근거로 삼는다는 점만으로도 심각한 결함을 안고 있다. 이런 연구들 가운데 가장 눈에 띄는 2개의 연구 내용을 살펴보면, 비교우위 이론의 가정들을 근거로 삼는다는 것이 연구결과의 신뢰성을 얼마나 저해하는지를 알 수 있다.

2001년에 드루실라 브라운, 앨런 디어도프, 로버트 스턴이 공동연구 결과를 '선택

---

5. 자유무역 이론의 밑바탕에 존재하는 이론적 약점에 대한 더 많은 논의는 다음 책들에서 볼 수 있다. Arthur MacEwan, Neo-Liberalism or Democracy: Economic Strategy, Markets, and Alternatives for the 21st Century, New York, Zed Press, 1999, chapter 2; Graham Dunkley, The Free Trade Adventure: The WTO, the Uruguay Round and Globalism?A Critique, New York, Zed Press, 2000, chapter 6; Anwar Shaikh, 'The Economic Mythology of Neoliberalism', in Alfredo Saad-Filho, ed., Neoliberalism: A Critical Reader, London, Pluto Press, 2005.

가능한 다자간 협상 및 지역적 협상들에 대한 CGE 모델 구축과 분석'이라는 제목으로 발표했다. 이 연구결과는 WTO의 후원 속에서 모든 무역장벽을 다 제거하면 세계 전체의 경제적 생산이 2005년까지 1.9조 달러만큼 증가할 것이라는 주장을 담고 있다.[6] 이 연구결과는 2001년 11월 카타르의 도하에서 WTO 협상이 시작되기 전에 언론 매체에 게재된 기사들을 통해 널리 전파됐다.

세계은행도 매년 자체적으로 수행하는 〈세계경제전망(Global Economic Prospects)〉 작업의 하나로 무역자유화가 가져다줄 것으로 기대되는 편익을 숫자로 계산해내는 시도를 했다. 2002년도 〈세계경제전망〉에서 세계은행은 이런 결론을 내렸다. "상품무역에 대한 장벽을 낮춤으로써 통합을 보다 신속하게 하는 것은 성장률을 높여 2005년부터 2015년까지 개발도상국들에 누적액 기준으로 대략 1조5천억 달러의 추가소득을 가져다줄 것이다. 개발도상국들의 서비스 자유화는 이보다 훨씬 더 큰 이득, 아마도 네 배까지의 이득을 가져다줄 것이다. 이번 연구결과는 개발도상국들 전체에 걸쳐 국민소득 중 노동자 분배 몫이 확대될 것이라는 점도 보여준다."[7]

브라운, 디어도프, 스턴의 공동연구와 세계은행의 연구는 숫자로 계산되는 '연산가능 일반균형(CGE; Computable General Equilibrium) 모형'에 근거한 것이며, 이 모형에서는 경제가 서로 연결된 여러 시장들의 집합으로 정의된다. 가격이 변하면(위의 두 연구에서는 관세의 변화로 인해 가격이 변하는 것으로 돼 있다) 국내 제품시장에서 균형 회복을 위한 조정이 이루어진다고 가정된다. 각국 경제도 무역을 통해 연결돼 있기 때문에 가격의 변화는 새로운 균형의 결과가 나타날 때까지 보다 복잡한 세계적인 조정도 일으키는 것으로 가정된다. 위의 두 연구를 수행한 연구자들은 바로 이런 모형작업을 토대로 무역자유화의 경제적 결과를 추정해보고자 했던 것이다.

이런 유형의 모형작업은 그렇게 간단하지 않다. 다양한 시장과 나라들에서 소비자

---

6. Drusilla Brown, Alan Deardoff, & Robert Stern, CGE Modeling and Analysis of Multilateral and Regional Negotiating Options, Discussion Paper 468, University of Michigan School of Public Policy Research Seminar in International Economics, 2001, http://www.fordschool.umich.edu/rsie/workingpapers/Papers451–475/r468.pdf.
7. The World Bank, Global Economic Prospects 2002, Washington D.C., World Bank, 2002, xiii.

와 생산자들이 보여주는 행태, 그리고 각 시장과 나라의 조정속도에 관한 구체적인 가정들이 설정돼야 한다. 국가 단위의 자세한 투입산출표도 작성돼 있어야 한다. 이 밖에도 아주 많은 것들이 더 필요하다. 예를 들어 브라운, 디어도프, 스턴은 자신들이 세운 모형이 반드시 해답을 내도록 하기 위해 각각의 무역자유화 시나리오에 대해 균형의 결과는 오직 하나만 존재한다고 가정했다. 이들은 또한 자본과 노동이라는 단 두 개의 투입요소만 존재하고, 이들 투입요소는 국가 간에는 이동성이 제한되지만 각 나라 안에서는 부문 간에 완전한 이동성을 갖는다는 가정도 설정했다. 게다가 이들은 모든 자원의 완전고용을 보장하기 위해 각각의 경제 안에서 총지출이 충분하게 이루어질 뿐 아니라 자동적으로 조정된다고 가정했다. 마지막으로 이들은 환율이 신축적으로 변동함으로써 관세의 변화가 무역수지에 변화를 일으키지 않게 하는 역할을 한다는 가정도 했다.

바꿔 말하면 브라운, 디어도프, 스턴은 일련의 가정들에 의해 애초부터 자유화가 실업, 자본도피, 무역불균형을 초래하거나 심화시킬 수 없게 돼 있는 모형을 만들어냈다. 이런 일련의 가정 덕분에 이 모형에서는 어느 나라에서든 무역규제를 폐지하면 시장의 힘이 어려움 없이 신속하게 그 나라의 자본과 노동으로 하여금 더 생산적으로 이용될 수 있는 곳으로 이동하도록 한다. 그리고 무역은 항상 균형상태를 유지하는 것으로 돼 있기 때문에 수입이 1달러만큼 늘어나면 구조조정 과정이 수출을 1달러만큼 늘린다. 피터 도먼은 이 연구에 대한 비평에서 이렇게 지적했다. "그러한 세계에서는 노동자들과 각국 정부가 확대되는 경제부문과 축소되는 경제부문 사이를 쉽게 넘나들 수 있는 한 걱정해야 할 일이 거의 없겠다."[8]

세계은행의 경제학자들도 연산가능 일반균형 모형을 사용한다. 이들은 2002년도 〈세계경제전망〉에서 "저축률, 투자율, 인구 증가율, 무역 증가율, 생산성 상승률과 같은 대체로 안정적인 변수들에 대한 최선의 추정에 근거해 개발도상국들의 발전가능

---

8. Peter Dorman, The Free Trade Magic Act, Briefing Paper, Washington, D.C., Economic Policy Institute, 2001, p. 2.

성에 관해 형성한 기본적 견해"를 전제한 상태에서 시뮬레이션 연구를 시작했다.[9] 여기서 '기본적 견해'는 1997년까지 일어난 세계 무역체제 상의 변화만을 반영하는 것이고, '최선의 추정'이라는 것이 2005년부터 2015년까지의 경제적 결과를 예측하는 데 이용되고 있다. 그 다음으로 세계은행의 경제학자들은 무역규제가 2005년부터 2010년까지 매년 6분의 1씩 제거되어 결과적으로 모두 다 제거되는 것으로 가정하고 있다.[10] 마지막으로 이들은 이런 자유화 시나리오로부터 추정해낸 결과를 기본 시나리오와 비교해서 자유화가 가져다줄 이득을 측정한다.

이런 모형작업의 노력도 몇 가지 중요하지만 비현실적인 가정들에 의존하고 있다. 그중 하나는 관세의 감축이 정부의 재정적자에 아무런 영향도 끼치지 않는다는 가정이다. 정부의 재정적자는 기본 시나리오에서 그려진 상태에서 전혀 달라지지 않는다는 것이다. 이런 가정은 각국 정부가 관세수입의 감소액 만큼의 세수를 다른 곳에서 얼마든지 자동적으로 새로 확보할 수 있다는 주장을 담고 있다. 또 다른 가정은 관세의 감축이 무역수지에 아무런 영향도 끼치지 않는다는 가정이다. 무역수지는 기본 시나리오에서 그려진 상태 그대로 유지된다는 것이다. 마지막 가정은 완전고용이다. 이런 가정들에 의해 애초부터 강력한 자유무역 편향성이 모형의 핵심에 내장되기 때문에 그 모형을 돌려 작업한 결과가 틀림없이 자유화에 친화적인 내용으로 나오게 되는 것이다.

이런 편향성이 있다는 사실만으로도 세계은행의 연구가 정책의 지침으로 유용하다는 주장을 부인하기에 충분하다. 그럼에도 이 연구의 결과는 두 가지 이유에서 여전히 검토해볼 만하다. 첫째, 무조건적으로 자유화를 지지하는 세계은행의 태도를 보고 사람들은 흔히 자유화의 편익이 클 것으로 생각하게 되지만, 세계은행이 추정한 자유화의 편익은 그렇게 크지 않다. 둘째, 2002년도 〈세계경제전망〉보다 나중에 이루어진 세계은행의 연구들은 자유화의 편익이 훨씬 더 작음을 보여준다. 2002년의 연구에서

---

9. World Bank, Global Economic Prospects 2002, Washington, D.C., World Bank Publications, 2001, p. 166.
10. 이렇게 제거되는 것으로 가정되는 무역규제에는 수입관세, 수출보조금, 국내 생산보조금이 포함된다.

세계은행은 "정태적 관점에서 측정할 때 상품무역 자유화가 이루어질 경우 2015년의 세계 소득은 기본 시나리오에 비해 3550억 달러만큼 더 클 것"이라는 결론을 내렸다.[11] 그리고 이런 편익 가운데 약 52%에 해당하는 1840억 달러는 제3세계 국가들에게 돌아가지만, 그중 1420억 달러의 이득은 농산물 무역의 자유화로부터 나올 것으로 예상됐다. 더욱 주목할 만한 것은, 이 1420억 달러 가운데 1140억 달러는 제3세계 국가들 자신의 농업부문을 자유화하는 데서 나올 것으로 추정됐다는 점이다.[12] 농업 부문에 비하면 제조업 분야의 무역 자유화가 가져다주는 이득은 상대적으로 작은 것으로 나타났다. 전 세계 제조업 분야에서 완전한 무역 자유화가 이루어진다 해도 그로부터 제3세계 국가들이 얻게 되는 이득은 440억 달러에 불과한 것으로 추정된 것이다.

이런 숫자들이 진지하게 받아들일 수 있는 것이라면, WTO 협정으로부터 제3세계가 얻게 될 이득은 거의 없는 게 틀림없다. 이런 세계은행의 연구에 대한 비평에서 마크 바이스브롯과 딘 베이커는 이렇게 지적했다. "농산물, 섬유직물, 기타 제조업 제품을 포함한 개발도상국들의 수출상품에 대한 부유한 나라들의 수입장벽이 모두 다 제거된다면, 그리고 이런 변화가 2015년까지 완전히 다 실현된다면 … 중저소득 국가들의 국내총생산(GDP)은 0.6%만큼 추가로 늘어날 것이다. 이는 곧 현재의 무역협정들 아래서는 2015년에 일인당 연간 500달러의 소득을 올리게 될 사하라 이남 아프리카 국가들이 그 대신 503달러의 소득을 올리게 될 것이라는 뜻이다."[13] 게다가 바이스브롯과 베이커도 지적했지만, 이런 미미한 이득보다 그 밖의 다른 WTO 협정들을 준수해야 하는 데서 초래되는 손실이 훨씬 더 클 것이다.

보다 최근에 세계은행이 추정한 결과를 보면, 자유화가 가져다줄 이득은 훨씬 더 작다. 2005년도 〈세계경제전망〉에서 세계은행은 "1997년과 2001년 사이에 상당한 정

---

11. World Bank, Global Economic Prospects 2002, p. 167.

12. 이런 결과는 대체로 세계은행 모형의 가정들을 반영하는 것이다. 제3세계 농업 부문은 비교적 높은 수준의 관세에 의해 보호되고 비효율적이라고 가정되기 때문에 그 자유화가 제3세계에 가장 커다란 이익을 가져다주는 것으로 나온다. 제3세계 농업 부문의 생산에 대한 이런 견해는 문화와 생태환경에 대한 고려들을 무시하는 것이다.

13. Mark Weisbrot & Dean Baker, The Relative Impact of Trade Liberalization on Developing Countries, Briefing Paper, Washington, D.C., Center for Economic and Policy Research, 2002, p. 1.

도로 이루어진 개혁들(예를 들어 우루과이라운드 협상 결과의 시행과 WTO 가입을 위한 중국의 변화 등)을 포착하고 특혜무역협정들의 효과를 더 잘 파악할 수 있게 해주는" 새로운 데이터들을 모델작업에 추가로 반영했다.[14] 그 결과 상품무역 자유화가 가져다줄 정태적 이득의 총액은 2600억 달러(2015년 기준, 기본 시나리오와의 차이)로 줄어들었고, 이 가운데 41%만이 제3세계에 돌아가는 것으로 나왔다.

노동하는 사람들은 그동안 자본주의 세계화로 인해 피해를 입어왔다. 그럼에도 자본주의 세계화에 도전하는 사람들은 별로 없다. 이는 그들이 자본주의 세계화를 지지하는 사람들의 '학문적' 주장들 앞에서 주눅이 들었기 때문이다. 그러나 우리가 앞에서 보았듯이 그런 주장들은 자본주의의 작동을 의도적으로 곡해하는 이론과 고도의 작위적 시뮬레이션에 근거한 것이어서 도전하거나 거부할 대상이 될 수 있으며, 실제로 그렇게 돼야 한다.

신자유주의의 현실은 어떠한가

1980년 이후의 신자유주의 시대는 성장의 둔화, 무역불균형의 확대, 사회적 조건의 악화라는 특징을 보여 왔다. 유엔 무역개발회의(UNCTAD)는 이렇게 보고했다. "1990년대를 1970년대와 비교해보면 중국을 제외한 개발도상국들 전체의 평균 성장률은 2%포인트 낮아졌고, 국내총생산(GDP) 대비 무역적자 비율은 평균적으로 거의 3%포인트 상승했다."[15]

모든 개발도상 지역들이 대체로 비슷한 양상을 보여 왔다. 1970년대와 1990년대를 비교하면 중남미의 경우는 평균 성장률이 3%포인트 낮아졌고, GDP 대비 무역적자 비율은 변화 없이 거의 같은 수준에 머물렀다. 사하라 이남 아프리카의 경우는 성장

---

14. World Bank, Global Economic Prospects 2005, Washington D.C., World Bank, 2005, p. 127.
15. UNCTAD, Trade and Development Report 1999, New York, United Nations, 1999, vi.

률이 떨어졌고, GDP 대비 무역적자 비율은 상승했다. 아시아 국가들은 1980년대에는 1970년대에 비해 더 빨리 성장하면서 무역수지 적자도 줄일 수 있었지만, 1990년대에는 성장률이 더 높아지지 않는 가운데 무역적자만 대폭 확대됐다.[16]

신자유주의 정책들이 제3세계의 경제발전에 미친 영향에 대한 마크 바이스브롯, 딘 베이커, 데이비드 로스닉의 연구도 비슷한 결론을 냈다. 이들은 "대중적인 믿음과는 반대로 지난 25년간(1980~2005년)에는 그 전의 20년간에 비해 대부분의 중저소득 국가들의 경제성장률이 크게 낮아졌고 사회적 지표들의 개선도 저조했다."[17]

국제 경제활동의 자유화를 지지하는 주류의 주장들에 밑바탕이 되는 주요 가정들을 받아들이기를 거부하는 사람들에게는 이런 결과가 놀라운 게 아니다. 대체적으로 보아 무역자유화는 많은 제3세계 국가들의 탈산업화를 촉진했고, 그럼으로써 제3세계 국가들의 수입 의존도를 상승시켰다. 또한 무역자유화는 제3세계 사람들이 사치재를 보다 저렴한 가격으로 보다 쉽게 구할 수 있게 함으로써 사치재의 수입을 증가시켰다. 그리고 마지막으로 무역자유화는 초국적 기업들로 하여금 생산시설을 제3세계로 옮기도록 유도함으로써 제3세계 국가들에서 생산되는 수출상품의 수입원료 집약도를 상승시켰다. 그런가 하면 제3세계 국가들의 수출대금 수입은 그렇게 빨리 늘어나지 못했다. 그 이유는 수입 증가를 상쇄해야 했기에 제3세계 국가들의 수출활동과 경쟁이 더욱 촉진됐고, 이런 흐름이 제3세계 국가들의 수출대금 수입 증가를 억제했기 때문이다. 이와 함께 대부분의 선진국들에서 성장세가 둔화되고 보호주의가 강화된 것도 제3세계 국가들의 수출 증대를 제약하는 요인으로 작용했다.

제3세계 국가들은 무역수지 적자와 경상수지 적자를 관리가 가능한 수준으로 통제하려는 노력의 일환으로 경제성장을 늦추고 수입을 줄이기 위한 긴축정책, 특히 사회적 프로그램에 대한 지출을 대폭 삭감하는 정책을 채택했고, 이런 긴축정책의 채택은

---

16. UNCTAD, Trade and Development Report 1999, vi.

17. Mark Weisbrot, Dean Baker, & David Rosnick, The Scorecard on Development: 25 Years of Diminished Progress, Washington, D.C., Center for Economic and Policy Research, 2005, p. 1.

흔히 IMF와 세계은행의 압력에 의해 이루어졌다. 제3세계 국가들은 무역수지 적자와 경상수지 적자를 메우는 데 필요한 외자를 유치하기 위해 자본시장에 대한 규제를 완화했고, 경제활동을 민영화했으며, 외국인 투자에 대한 규제체제를 약화시켰다. 이런 정책들은 노동하는 사람들과 국가적 발전 잠재력에는 파멸적인 것이었지만, 초국적 자본과 제3세계 국가의 수는 적지만 영향력이 큰 국내자본 부문의 이익에는 부응하는 것이었다. 이것이 바로 신자유주의의 현실이다.

현대 자본주의의 동태적 변화

'신자유주의'라는 용어는 여러 측면에서 현대 자본주의의 실태와 정책들의 본질을 포착하게 해주긴 하나 몇몇 중요한 측면에서 문제점도 있다. 이 용어는 특히 자본주의 체제 속에서 선택할 수 있는 다양한 정책들이 폭넓게 동시에 존재하며 신자유주의는 그런 선택 가능한 정책들 가운데 하나라는 생각을 갖게 한다는 문제점이 있다. 이 용어는 각 국가가 원한다면 신자유주의를 거부하고 1960년대와 1970년대에 여러 나라에서 채택됐던 것과 유사한 사회민주주의 정책이나 개입주의 정책을 채택해 시행할 수도 있다는 생각을 갖게 한다.

그러나 유감스럽게도 사정이 그렇게 간단하지 않다. 많은 제3세계 국가들의 입장에서는, 흔히 신자유주의와 동일시되는 경제활동의 자유화가 잘못된 정책선택의 결과라기보다 강요당한 구조적 대응의 결과다. 달리 말하자면, 제3세계에서 도전하고 극복해야 할 대상은 하나의 정책집합으로서의 신자유주의라기보다 동태적이고 착취적인 체제로서의 자본주의다.

주류 이론가들은 대개 국제무역, 금융, 투자를 각각 별개의 과정으로 본다. 그러나 사실 이들은 서로 연결돼 있다. 그리고 위에서 조명한 바 있지만, 더 높은 수익성을 지향하는 자본주의적 충동은 일반적으로 제3세계 국가들에 대해 광범한 영향을 초래하는 자유화와 규제완화에 나서도록 압박을 가하는 작용을 해 왔다. 이런 추동력은 그동안 제3세계에 대해서만 그렇다는 것은 아니지만, 특히 제3세계에 대해 중대한 결과들을 낳았다. 이 추동력은 무엇보다도 초국적 기업들이 국제적 생산 네트워크의 기존 기반과 추가로 확장된 네트워크를 통해 자기들의 목적을 보다 수월하게 달성할 수 있도록 도왔다. 그리고 그 결과로 제3세계의 산업활동에 대한 지배의 구조가 새로운 형태로 구축되면서, 노동하는 사람들이 사회적, 경제적, 정치적으로 필요로 하는 것들에 대해 점점 더 파괴적인 방식으로 국가 간 관계가 재편되고 통합돼 왔다.

1960년대와 1970년대에는 대부분의 제3세계 국가들이 국가가 지도하는 수입대체 공업화 전략을 추구했고, 무역적자를 은행융자로 메웠다. 이런 방식의 공업화 전략은 1980년대 초에 갑자기 중단됐다. 당시는 선진 자본주의 국가들, 특히 미국에서 경제가 불안정해지면서 금리가 오르고 세계적인 불황이 이어지던 시기였다. 또한 제3세계 국가들의 대외차입 비용이 치솟고 수출대금 수입이 급감하면서 제3세계에 '채무위기'가 일어났다. 제3세계의 부채상환이 의문시되자 은행들은 대출을 크게 줄였고, 그 결과 제3세계의 경제사회적 문제들이 더욱 더 심화되기에 이르렀다.

이런 문제들을 극복하기 위해 제3세계 국가들은 수출을 늘리고 국제자금 조달처를 확보하기 위한 새로운 방법을 찾아 나섰다. 이들은 수출 지향의 외국인 직접투자를 유치하는 것이 해답이라고 생각하게 됐다. 이에 따라 외국인 직접투자를 유치하기 위한 경쟁이 치열하게 전개됐다. 제3세계 국가들은 너도나도 자국의 투자제도를 변경했고, 그 대부분은 보다 자유화되고 규제완화가 이루어지고 '기업 친화적'인 환경을 만들어내기 위한 제도변경이었다. 초국적 기업들은 이런 변화에 호응했으며, 사실 제3세계의 이런 변화 중 상당 부분은 초국적 기업들 자신 또는 그들의 정부가 촉진시킨 것이기도 했다. 그 결과 1991년부터 1998년까지는 외국인 직접투자(FDI)가 제3세계의 순 자본유입액 중에서 34%로 가장 큰 비중을 차지하기에 이르렀다.[18]

새로이 개발된 기술들은 초국적 기업들이 생산과정을 여러 개로 쪼개어 지리적으로 분산 배치함으로써 많은 제품들의 생산비용을 낮추는 것을 가능하게 해주었다. 초국적 기업들은 이렇게 할 수 있는 제품 생산과정 중 노동집약적인 공정, 특히 부품이나 부분품을 생산하거나 조립하는 공정을 제3세계에 배치하기 위한 투자를 실시했다. 이런 일은 특히 전기전자, 의류, 그리고 광학적 도구와 같은 일부 첨단기술 제품 분야에서 많이 일어났다.

그 결과는 수직적으로 구조화된 다수의 생산 네트워크가 성립되고 확장되는 것으로 나타났으며, 그 가운데 많은 생산 네트워크가 다수의 나라들에 걸치는 형태였다. UNCTAD는 이렇게 지적했다. "다수의 경제협력개발기구(OECD) 국가들과 신흥시장 국가들의 투입산출표를 토대로 추정해본 결과, 수직적 생산 네트워크 안에서의 특화를 근거로 해서 이루어진 무역이 지난 25년 동안 40% 늘어나면서 전 세계 수출의 30%에 이르게 된 것으로 추정됐다." [19]

제3세계 국가들이 FDI를 유치하기 위해 치열한 경쟁을 벌였음에도 초국적 기업들은 투자를 오로지 소수의 몇 개 국가들에 집중시키는 경향을 보였다. 대체로 보아 미국 자본은 북미자유무역협정(NAFTA) 지역에, 일본 자본은 동아시아 지역에, 유럽 자본은 중부 유럽에 각각 투자를 집중했다. FDI 경쟁에서 진 국가들은 대개 무역 및 자본조달 상의 문제를 긴축으로 풀어나갈 수밖에 없었다. FDI 경쟁에서 승리한 국가들은 대체로 산업적 변환을 상대적으로 빨리 경험했다. 보다 구체적으로 말하자면, 이런 국가들은 제조업 제품, 특히 트랜지스터, 반도체, 컴퓨터나 사무용 기계의 부품, 통신 장비와 관련 부품, 전기기계와 같은 첨단기술 제품의 주된 수출국이 됐다.

이런 발전의 결과, 제3세계의 수출에서 제조업 제품의 수출이 차지하는 비중이 1970년대와 1980년대 초에는 20%였으나 1990년대 후반에는 70%로 크게 확대됐다.[20] 전 세계에서 수출되는 제조업 제품 중 제3세계 제품의 비중도 1965년에는 4.4%였으나 2003년에는 30.1%로 확대됐다.[21]

<hr>

18. UNCTAD, Trade and Development Report 2002, New York, United Nations, 2002, p. 103.
19. UNCTAD, Trade and Development Report 2002, p. 63.
20. UNCTAD, Trade and Development Report 2002, p. 51.

주류 경제학자들은 이런 제조업 제품 수출의 증가는 자유화의 편익을 증명하는 것이며, 따라서 WTO 식의 자유화 협정이 경제발전에 중요하다는 점을 입증하는 것이라고 주장한다. 그러나 이런 주장은 FDI와 제조업 제품의 수출을 경제발전과 동일시하는 오류를 저지르는 것이며, 초국적 자본축적의 동학을 심각하게 곡해하는 것이다. 실제로는 초국적 기업이 통제하는 생산 네트워크에 참여하는 것이 생활수준의 상승, 경제적 안정, 국가의 발전 전망을 뒷받침한다고 말하기 어렵다.

이에는 여러 가지 이유가 있다. 첫째, FDI를 유인하는 데 성공한 국가들은 대개 자국의 경제를 자유화하고 규제완화를 함으로써 그런 성공을 거둔 것이다. 그런 국가들에서는 일반적으로 수입품과 경쟁관계에 있는 국내 산업이 파괴되어 실업이 늘어나고 수입이 급속히 증가하며 산업공동화가 초래되는 결과가 나타났다. 둘째, 선진국 자본이 제3세계에 입지해 벌이는 활동은 기법이나 기술을 전수하거나 그 나라의 국내 산업 간 연관성을 강화시키는 경우가 드물다. 이는 곧 그런 활동들이 동태적이고 국가적으로 통합된 경제발전 과정을 촉진할 가능성이 거의 없음을 뜻한다. 게다가 그렇게 생산되는 수출품들은 고도로 수입 의존적이기 때문에 외화소득의 편익이 그리 크지 않은 수준으로 억제된다.

마지막으로 초국적 축적 과정은 제3세계의 성장을 해외수요에 점점 더 의존하게 만든다. 대부분의 경우 이런 생산 네트워크의 주된 최종시장은 미국이다. 이는 곧 제3세계의 성장이 점점 더 큰 규모의 무역적자를 지탱하는 미국의 능력에 갈수록 더 크게 의존하게 된다는 뜻이다. 그런데 이런 가정이 현실에서 충족되는지는 점점 더 불투명해지고 있다.

이와 같은 문제를 피해간 나라는 거의 없다. 예를 들어 UNCTAD는 1981년부터 1996년까지의 기간을 대상으로 '앞선 개발도상 7개국', 즉 홍콩, 말레이시아, 멕시코, 한국, 싱가포르, 대만, 터키의 경제실적을 연구했다. 이들은 제조업 수출에서 가장 성

---

21. UNCTAD, Trade and Development Report 2005, New York, United Nations, 2005, p. 131.

공적인 제3세계 국가들이다. 그러나 이들의 수출활동 중 많은 부분이 초국적 기업이 통제하는 생산 네트워크의 내부에 조직되어 있기 때문에 노동자들의 복지나 국가적 발전의 측면에서 실현되는 이득은 제한적이었다.

예를 들어 이들 7개국 전체의 제조업 부가가치 평균치는 조사대상 기간 내내 제조업 수출제품 전체의 가치보다 낮은 수준에 일관되게 머물렀을 뿐 아니라, 제조업 수출제품의 가치에 대비한 제조업 전체 부가가치의 비율도 1981년의 76%에서 1996년에는 55%로 떨어졌다. 그리고 이들 7개국의 GDP 대비 제조업 제품 수출의 비율이 급등했음에도 GDP 대비 제조업 부가가치의 비율은 전반적으로 제자리걸음을 했다.[22] 더욱이 7개국 전체를 하나로 묶어놓고 볼 때 1980년대 말까지는 제조업 제품 무역이 대체로 균형상태를 유지했지만, 그 뒤에는 제조업 제품의 수입이 수출보다 훨씬 빠르게 늘어났다. 멕시코의 경험은 이런 성장전략의 파산을 가장 잘 상징하는 사례일 것이다. UNCTAD의 보고서는 이렇게 지적했다. "1980년부터 1997년까지 전 세계 제조업 제품 수출에서 멕시코가 차지하는 비중은 10배로 늘어났지만 전 세계 제조업 부가가치에서 멕시코가 차지하는 비중은 3분의 1 이상 축소됐고, 경상 달러화 기준으로 전 세계 소득에서 멕시코가 차지하는 비중은 13% 가량 축소됐다."[23]

중국, 최근의 신자유주의 '성공 스토리'

자본주의가 경제발전을 가져다주지 못하는 것은 자본주의가 역동성을 결여하고 있기 때문이 아니다. 사실은 그 반대다. 자본주의의 역동성은 각국 내부와 국가 간에 새로운 생산관계 및 교환관계의 발달과 그 작동을 촉진함으로써 각국의 경제적 운명에 급격한 변동을 일으킨다. 그리고 그 과정에서 부단히 그 구성내용이 변화하지만 전체적

---

22. UNCTAD, Trade and Development Report 2002, p. 77.
23. UNCTAD, Trade and Development Report 2002, p. 80.

으로는 규모가 축소되는 '승자' 집단과 점점 더 커지는 '패자' 집단이 생겨나지만, 이 두 집단이 서로 어떤 연결관계를 갖는지는 자본주의의 역동성에 가려 보이지 않게 된다. 1997~98년의 동아시아 위기가 한국, 인도네시아, 태국, 말레이시아와 같은 주역급 국가들을 파탄시킨 데서 보듯이 동아시아마저도 자본주의의 역동성에 내재된 불안정성에 휘둘렸다. 대부분의 신자유주의자들은 재빠르게 이들 나라와 거리를 두었고, 이제는 새로운 챔피언인 중국을 열렬히 끌어안고 있다.[24]

사람들의 상식적인 인식에 따르면 중국은 세계 3위의 외국인 직접투자 유입국이자 제조업 제품 수출국이며, 세계에서 가장 빠른 속도로 성장하는 나라다. 이렇게 된 것은 대체로 중국 정부가 사기업과 국제 시장세력을 우대하는 것을 토대로 하는 성장전략을 채택한 덕분이라고들 한다. 이런 새로운 성장전략 덕분에 중국의 외국인 직접투자 순유입액이 1990년 35억 달러에서 2004년에는 606억 달러로 늘어났다는 것이다. 중국의 제조업 전체 매출 중 외국계 기업들이 차지하는 비중은 이제 3분의 1에 이른다. 이런 외국계 기업들이 중국의 전체 수출 중 55%를 생산하며, 중국이 수출하는 첨단기술 제품 중에서 이들 기업이 생산하는 제품의 비중은 훨씬 더 높다. 이런 추세의 결과로 중국의 GDP에 대비한 수출의 비율은 1990년 16%에서 2003년에는 36%로 꾸준히 상승했다.[25] 이는 곧 중국의 성장이 초국적 기업들에 의해 조직된 수출활동에 점점 더 많이 의존하게 됐다는 뜻이다.

외국인 직접투자가 중국의 수출 증가율을 보다 빠른 궤도로 끌어 올리고 국내 생산 능력을 상당히 확대시킨 것은 사실이다. 그러나 이와 동시에 위에서 살펴본 성장전략의 한계 중 많은 것들이 중국에서 가시적으로 나타났다. 예를 들어 외국계 기업이 지배하는 수출활동은 국가적으로 통합된 생산 및 기술의 공급 네트워크를 발달시키는 데 거의 기여하지 않았다.[26] 더욱이 중국에서 국가가 계획 및 지도의 능력을 점점 더

---

24. 신자유주의 성공 스토리로서의 중국의 부상에 대한 논의로는 Martin Hart-Landsberg & Paul Burkett, China and Socialism: Market Reform and Class Struggle, New York, Monthly Review, 2005, 특히 1장을 보라.
25. Martin Hart-Landsberg & Paul Burkett, 'China and the Dynamics of Transnational Accumulation: Causes and Consequences of Global Restructuring', Historical Materialism, 2006.

많이 잃어가는 동시에 중국의 자원이 해외 시장수요를 충족시키는 것을 목적으로 하는 외국계 생산 네트워크에 점점 더 긴밀하게 통합되어 가면서 중국의 자율적 발전 잠재력은 소실되고 있다.

중국의 성장은 상대적으로 비중은 작지만 절대숫자로는 규모가 상당히 큰 고소득층을 더욱 부유하게 만들었고, 이들은 종전보다 크게 확대된 소비의 기회를 누리고 있다. 그러나 이런 이득은 중국의 노동하는 사람들 대부분이 착취당하고 있다는 사실에 의해 거의 대부분 상쇄된다. 예를 들어 중국 국가가 취한 자유화 정책의 결과로 국유기업들이 1998년부터 2004년까지 해고한 노동자가 3천만 명이나 된다. 도시의 실업률이 두 자릿수에 이르기 때문에 국유기업에서 해고된 노동자들 가운데 적절한 새 일자리를 구할 수 있는 사람은 별로 없었다. 실제로 국유기업에서 해고된 노동자들 가운데 2180만 명 이상이 현재 정부의 '평균최저생계 수당'에 의존해 생존을 이어가고 있다. 2005년 6월 현재 이 수당은 대략 월 19달러 수준이며, 도시 노동자의 월평균 소득이 대략 165달러인 데 비하면 미미한 금액이다.[27]

외국계 기업의 지배 아래 이뤄지는 수출품 생산이 늘어나면서 새로운 고용기회들이 창출되긴 했지만, 이런 일자리의 대부분은 임금이 매우 낮다. 미국의 노동통계국을 위해 일하는 한 컨설턴트가 주장한 바에 따르면, 중국의 공장 노동자들은 부가급여를 포함해 시간당 평균 64센트를 번다.[28] 중국 수출품의 약 3분의 1을 생산하는 광둥 지역에서는 제조업 부문의 최저임금 기준이 지난 10년간 동결됐다. 게다가 이 부문에서 일하는 노동자들 중에서 저렴하고 살만한 주택, 보건서비스, 연금혜택, 교육기회가 주어지는 노동자들도 있긴 하겠지만 극히 소수에 지나지 않는다.[29]

중국의 경제적 변환은 중국 노동자들에게 커다란 비용을 부담시키면서 이루어진 것일 뿐 아니라, 동아시아를 포함한 다른 나라들에서 자본주의적 발전이 지닌 모순을

---

26. Hart-Landsberg & Burkett, 'China and the Dynamics of Transnational Accumulation'.
27. China Labor Bulletin, 'Subsistence Living for Millions of Former State Workers', September 7, 2005.
28. Edward Cody, 'Workers In China Shed Passivity, Spate of Walkouts Shakes Factories', Washington Post, November 27, 2004.

심화시키는 동시에 그것으로부터 이익을 얻어 왔다. 예를 들어 중국이 선진 자본주의 시장, 특히 미국 시장에 대한 수출에서 성공을 거둔 것은 다른 동아시아 국가의 생산자들을 그 시장에서 밀어내는 결과를 가져왔다. 어쩔 수 없이 그들은 중국에서 조업하는 수출 지향의 초국적 기업들이 사용하는 부품과 부분품을 생산하는 쪽으로 수출활동의 방향을 돌리고 있다. 이렇듯 동아시아의 모든 나라들이 하나의 지역적 축적체제 속으로 짜 넣어지고 있으며, 이 축적체제는 국경을 넘나들며 작용하면서 각국 내부의 활동과 자원이 구조적으로 국내 수요를 충족시키지 못 하게 되는 방향으로 움직이게 한다. 그 대신 각국의 국내 활동과 자원은 사회적 또는 환경적 결과에는 아랑곳하지 않고 거의 비용절감에만 관심을 갖는 초국적 기업들의 지휘 아래 동아시아 지역의 바깥에 존재하는 수출시장에 봉사하는 방향으로 조직화되고 있다.[30]

동아시아 위기 이후 이 지역 국가들의 성장속도가 종전보다 훨씬 느려졌다는 점, 그리고 이 지역 전체에 걸쳐 경쟁압력이 고조되면서 삶의 기준을 저하시키는 압력을 가하고 있다는 점은 이 지역 경제관계의 새로운 체제가 장기적으로 안정적 발전과정을 촉진할 능력을 갖고 있지 못하다는 점을 보여주는 강력한 증거다. 이와 동시에 중국의 폭발적인 수출 증가는 미국의 지탱불가능한 무역적자는 물론 일본과 미국 경제의 산업공동화 현상도 가속화시켜 왔다.

이런 축적과정에 의해 초래된 경제적, 정치적 불균형은 언젠가는 그 정도가 너무 커져서 교정이 일어나야 할 시점이 올 것이다. 자본주의적 경쟁의 논리가 도전받지 않고 계속 관철되는 한 각국 정부는 제3세계의 노동자들은 물론 선진 자본주의 국가의 노동자들의 삶의 조건도 악화시킬 가능성이 큰 정책들을 통해 조정과정을 관리해 나갈 것이라고 예상할 수 있다. 그리고 신자유주의 주창자들은 자신들의 다음 차례 성공 스토리를 발견해내는 수단으로 바로 이 조정과정을 수용할 것이고, 그 다음에는

---

29. 중국의 국가정책이 노동자들에게 끼친 파괴적인 사회적 영향과 그러한 국가정책에 대한 노동자들의 저항이 증대하는 현상에 대한 더 자세한 논의로는 Hart-Landsberg & Burkett, China and Socialism의 3장을 보라.
30. 이런 구조조정은 Hart-Landsberg & Burkett이 쓴 China and Socialism의 4장과 China and the Dynamics of Transnational Accumulation에서 자세히 검토됐다.

그렇게 발견해낸 성공 스토리의 경험을 시장의 힘이 우월함을 입증해주는 증거로 인용할 것이라고 예상할 수 있다.

우리의 과제

우리가 앞에서 보았듯이, 자유무역과 자유시장 정책이 노동하는 사람들에게 널리 이익이 되는 방식으로 경제적 활동과 관계들을 변환시킬 것임을 입증하겠다는 주장들은 자본주의의 실제 작동을 왜곡하는 이론과 시뮬레이션에 근거를 두고 있다. 현실에서는 갈수록 더 통합되고 국경을 넘나드는 자본축적 과정에 점점 더 많은 노동자들이 포섭되고 있다. 더 많은 부가 창출되고 있지만 그 과정에 관여된 모든 나라의 노동하는 사람들은 서로 싸우며 대치하게 되고, 삶의 조건과 노동조건, 그리고 실업 등의 고통을 동시에 비슷하게 겪게 된다.

노동하는 사람들과 그들의 공동체들은 이런 상황에 대해 균일하지는 않으나 전체적으로 보면 점점 더 커지는 저항에 가담하고 있다. 이 저항은 점점 더 효과적인 형태로 이루어지고 있기는 하나 아직은 대체로 방어적이고 정치적 초점이 제대로 맞춰져 있지 않다. 그 이유 중 하나는 신자유주의 이론이 사실은 자본가 계급에 의해 자본가 계급의 이익을 증진시키기 위한 이론으로 만들어진 것인데도 자본주의 세계화의 이데올로기적 덮개로서 강력한 효과를 계속 발휘한다는 데 있다. 또 하나의 이유는 현대 자본주의의 파괴적인 성격을 보이지 않게 가리는 경향이 있는 자본주의의 역동성에 있다.

그러므로 저항에 참여하는 사람들로서 우리는 삶을 재편성하는 축적과정의 성격을 노동하는 사람들이 더 잘 이해하게끔 돕는 방식으로 우리의 투쟁을 전개하는 노력을 기울여야 한다. 이런 방식으로 노력을 해나가면 우리가 직면한 문제들에 공통된 자본주의적 뿌리를 드러내 보일 수 있고, 근본적 사회변혁과 국제연대에 헌신하고 기여하는 운동을 구축하는 일이 얼마나 중요한지도 조명할 수 있다. MR

오늘날 중국 노동계급의 상황

로버트 웨일[1]

자본주의의 길에서 만난 갈등

이 글은 내가 2004년 여름에 중국 문제를 연구하는 알렉스 데이 등 2명의 학생과 함께 중국의 노동자, 농민, 조직가, 좌파 활동가 등과 가진 일련의 면담에 근거해 씌어진 것이다. 이 글은 오클랜드 연구소(Oakland Institute)의 특별보고서로 출간될 보다 긴 논문의 일부이기도 하다. 중국에서의 면담은 주로 베이징의 시내와 그 주변 지역, 북동쪽의 지린 성, 중국 중앙부에 있는 허난 성의 도시인 정저우(鄭州)와 카이펑(開封) 등지에서 이루어졌다.

---

1. 로버트 웨일(Robert Weil)은 노동, 인권, 국제연대, 환경 등 다양한 분야에서 사회운동을 해온 활동가다. 미국의 캘리포니아 대학에서 사회학 분야의 주제에 관한 강의도 하고 있다. 저서로 《적색 고양이, 백색 고양이: 중국과 '시장사회주의의 모순'(Red Cat, White Cat: China and the Contradictions of 'Market Socialism')》이 있다. 이 글의 원문은 〈먼슬리 리뷰〉 2006년 6월호에 실린 'Conditions of the Working Classes in China' 다. ─편집자

갈수록 양극화되는 중국사회

그 과정에서 우리가 듣게 된 것들은 마오쩌둥이 죽은 뒤 30년간 일어난 거대한 변화가 초래한 결과를 극명하게 부각시켜준다. 그런 변화로 인해 마오쩌둥의 지도 아래 실행됐던 혁명적 사회주의 정책들이 폐지되고 중국이 '자본주의의 길'로 복귀함에 따라 노동계급의 지위가 점점 더 취약해졌다. 세계에서 가장 평등한 사회 중 하나였던 이 나라에서 지금은 양극화가 급속히 확산되고 있다. 이에 따라 최상층에는 부가 축적되고 있지만, 밑바닥에서는 점점 더 많은 노동자와 농민들이 하루하루 더 악화되는 삶의 여건에 시달리고 있다.

이런 현상을 예증해주듯 〈포천〉의 2006년도 억만장자[2] 명단에 중국 본토에서 7명, 홍콩에서 1명이 포함됐다. 미국 등 다른 나라의 억만장자들에 비하면 재산규모가 작긴 하지만, 이들은 중국 자본주의의 본격적인 등장을 대변한다. 당이나 국가의 당국과 기존 기업의 간부들을 새로이 생겨나는 민간 기업인들과 연결시켜주는 부패의 만연이 막 발흥하고 있는 자본가계급을 더욱 더 부유하게 하는 동맹의 거미줄 망을 만들어내고 있다. 반면에 노동계급은 지난 반세기 넘게 보지 못했던 방식으로 착취당하고 있다.

우리가 면담한 노동자들은 중국경제의 기둥이었던 국유기업에서 일하다가 쫓겨난 수천만 명에 속하는 사람들이었다. 그들은 실직과 동시에 국유기업 직장의 구성요소였던 주거, 교육, 보건, 연금을 비롯한 사회적 보장을 사실상 모두 상실했다. 그들이 다니던 국유기업들은 사적 투자자에게 아예 매각되거나 기존의 관리자 또는 국가나 당의 당국에 의해 부분적으로 민영화됨으로써 이윤추구 기업으로 전환됐고, 그 과정에서 부패가 일상화됐다.

우리가 만난 농민들은 농촌 공동체의 해체가 강요되고 각 가정이 마을과의 계약에

---

2. 10억 달러 이상의 재산 소유자. ―편집자

따라 받은 농지를 경작해 생계를 해결하는 방식의 '농가단위 책임제' 가 도입된 것이 초래한 장기적 파급영향에 대응하기 위해 씨름하고 있었다. 이런 중국의 농촌정책은 나라가 세계시장에 개방되고, 지방 관리들이 농촌 주민들에게 적절한 보상도 해주지 않으면서 토지를 개발업자들에게 매각하고, 농촌 지역의 환경이 마구 파괴되는 변화와 결합되면서 수억 명의 농민들로부터 그동안 그들이 누려온 집단적인 사회적 지원을 박탈했고, 그들로 하여금 스스로 생계를 유지해나갈 방법을 찾아 나서도록 했다. 이런 농민들 가운데 1억 명 이상이 대대적으로 도시로 이주했고, 도시에 가서는 건설공사장 또는 새로 생겨난 수출품 제조공장에 취직하거나 가장 기본적인 인권조차 무시되는 매우 더럽고 위험한 공장들에서 일자리를 찾았다. 이런 이주노동자들[3] 가운데 다수는 도시 지역에 반영구적으로 정착하게 됐고, 그러는 과정에서 나이가 들고 건강이 나빠지면서 삶의 여건이 급속하게 악화됐다.

중국의 노동계급은 삶의 여건이 악화되는 동시에 과거 사회주의 혁명의 시기에 해당하는 수십 년간의 투쟁과 희생으로 획득했던 권리들이 상실되는 상황에 직면해 수동적인 태도만 취하지는 않았다. 계급갈등과 사회적 동요가 지난 수십 년간 볼 수 없었던 정도로 증대됐다. 오늘날 중국에서는 노동자, 농민, 이주노동자들이 세계의 다른 어느 곳에서보다 큰 규모의 시위에 나서고 있으며, 그 규모가 종종 수만 명에 이르고 격렬한 충돌이 빚어지기도 한다. 정부의 공안부장도 '대중적 사건, 즉 시위와 소요' 의 발생건수가 10년 전에는 1만 건이었는데 2003년에 5만8천 건, 2004년에는 7만4천 건으로 증가했다는 통계수치를 발표한 바 있다.[4] 사회적 불안 증대의 위협은 당과 국가의 최고위 지도자들에게 심각한 도전이 되고 있으며, 그들이 더 큰 동요를 막기 위한 노력을 기울이는 과정에서 이미 정책의 변화가 나타나고 있다.

전문직과 관리자들로 구성된 이른바 신중산계급과 빠른 속도로 늘어나는 대학졸업자들 가운데 다수가 지난 수십 년간 이어진 경제호황의 기간에 번영을 누렸지만, 이제

---

3. 민궁(民工)으로 불리는 농촌 출신의 도시 떠돌이 노동자들을 가리킴. ―편집자
4. 〈뉴욕타임스〉 2005년 8월 24일치.

는 이들마저도 분열되고 있다. 마오쩌둥의 시절에는 대학원까지 사실상 무상으로 받을 수 있었던 교육도 이제는 점점 더 많은 비용을 부담해야 받을 수 있게 됐고, 그 비용이 노동계급으로서는 감당하기 어려운 수준에 이르고 있다. 최근에는 대학을 졸업한 사람들이 일자리를 구하는 것도 점점 더 어려워지고 있다. 사는 형편이 좀 나은 사람들도 시장의 압박에 의해 타격을 입고 있다.

경제개발이 가져다주었던 이득, 그중에서도 특히 소비재와 식품의 공급 확대 및 사회적 신분이동 기회와 직업상의 기회 증대라는 이득도 계급분화가 확산되고 삶의 불안정성이 높아짐에 따라 훼손되고 있다. 그 결과 중국은 쉽게 해소될 수 없는 계급갈등과 정치적 불확실성이 첨예화하는 시기에 접어들고 있다. 노동계급이 나아가는 앞길은 매우 험난할 것이고, 좌파의 부활은 대단히 유의미한 현상이긴 하지만 아직은 아주 초기의 단계에 머물러 있다. 이 글은 중국의 이런 복잡한 상황과 앞으로 가능한 변화의 전망을 탐구해보기 위한 것이다. 나는 이 글에서 대개의 경우 특정한 개인이나 조직의 이름은 밝히지 않으려 하는데, 이는 그들을 보호하기 위한 것이다.

갈등과 단합

중국에서는 지금 도시노동자, 떠돌이 이주노동자, 농민뿐 아니라 다수의 신중산계급까지도 삶의 여건이 서로 비슷해지는 현상이 나타나고 있다. 적어도 표면상으로는 삶의 여건이 이렇게 수렴되는 현상은 자본주의 시장을 지향하는 개혁과 세계 경제세력들에 대한 나라의 개방이 진행되는 가운데 그들을 착취하는 자들에 대항하는 투쟁이 폭넓게 통합되는 데 토대가 되어줄 것처럼 보인다. 그러나 미국을 비롯한 전 세계 다른 곳들의 유사한 상황에서와 마찬가지로 중국에서도 노동계급의 단합이 실현되기란 이론적으로 생각하는 만큼 쉽지가 않다.

오래된 편견들, 특히 중국 도시인들 중 다수가 농민들을 낮추어보게 하는 편견은 쉽게 사그라지지 않고 있다. 오히려 이런 편견은 농촌 지역으로부터 도시로의 대대적인 이주가 불러일으킨 새로운 형태의 경쟁에 의해, 그리고 각각의 집단이 다른 집단들과 맞서도록 하는 분할통치의 입증된 수법을 구사하는 권력자들의 조작에 의해 증폭돼왔다.

한 예로 "베이징의 노동자들은 이주노동자들이 일자리를 빼앗아간다고 느끼고 있느냐"는 질문에 한 활동가는 우리에게 이렇게 말했다. "그렇다. 특히 해고된 노동자들 사이에 그렇게 느끼는 이들이 많다." 베이징의 노동자들 가운데 다수는 농촌 출신 이주노동자들을 멸시한다. 태풍이 지나간 뒤 거리청소를 하던 도시 노동자들 중에 "이런 일은 민궁들에게나 시켜야 할 일이야. 그들은 고향에서는 돈 구경도 못했을 거야"라고 말하는 사람도 있었다.

이주노동자들에 대해 형성돼 있는 이런 이미지를 확인해주려는 듯 〈뉴욕타임스〉 2006년 4월 3일치는 상하이 시의 쓰레기 하치장에서 넝마주이 일을 하는 이주노동자들에 대해 보도했다. 그들 가운데 한 명은 큰딸의 중학교 등록금 1만 위안(1250달러)과 작은딸의 초등학교 교육비 1000위안(125달러)을 벌기 위해 그곳에서 일하고 있었다. 그러나 베이징의 노동자들이 이주노동자들에 대해 갖는 감정은 그들만의 것이 아니라 상호적인 것이다. 이주노동자들은 그들대로 "이런 일은 해고당한 노동자들에게나 걸맞다"라는 식으로 비슷한 말을 한다.

이주노동자인지 여부 외에 어느 인종과 민족에 속하느냐도 문제가 되는 미국에서는 너무도 익숙한 현상이지만, 이주노동자들이 체불된 임금을 지급받고 그들에게 합당한 권리를 인정받도록 도와주려는 정부의 시도가 다른 노동자들의 눈에 특혜적 지원으로 보이기도 한다. 대중매체는 "도시 무산계급은 외자계 기업에만 취직하려 한다"거나 "이주노동자들은 아주 적은 임금만 받고도 얼마든지 일하려고 함으로써 해고된 노동자들도 자기들처럼 행동하도록 압박해 그들을 화나게 한다"는 내용의 보도를 해 노동자들 사이의 분열을 자극하고 촉진하는 역할을 하고 있다. 이런 조작을 부추기는 근본 원인은 도시와 농촌 간 소득격차의 확대다. 중국의 도농 간 소득격차는 현재 3.3 대 1로 "세계에서 도농 간 소득격차가 가장 큰 나라들 가운데 하나인 미국보다도 격차가 더 크다"고 〈뉴욕타임스〉 2006년 4월 12일치는 보도했다.

"내가 지금 자네를 물어뜯지 않으면…"

2001년에 큰 충돌이 일어난 정저우 지역의 송전장비 공장에서 노동자들이 겪은 일은 바로 이런 노동자들 사이의 분열이 어느 정도로 심한지를 잘 보여준다. 이 공장을 운영하던 기업이 매각되고 해체되는 과정에서 경찰이 항의시위를 벌이던 노동자들을 밤에 체포해갔을 뿐 아니라 도둑처럼 공장에 들어와 기계장비들을 뜯어내어 갖고 가기도 했다. 게다가 경찰은 기계장비를 운반하기 위해 일당 50위안에 농민들을 고용해 투입했다.

　이로 인해 일어난 갈등이 오랫동안 계속됐다. 공장의 기계장비를 뜯어서 들어내는 일에도 농민들이 고용됐다. 이렇게 농민들이 투입된 것은 부분적으로는 시 당국에서 구린 일을 하는 데 경찰을 동원하면 대중이 공공연히 반발하기 때문에 그런 상황을 피하려는 목적도 있는 조치였다. 고용된 농민들은 철모를 쓰고 기계장비를 들어내는 일을 했고, 지급받은 무기로 노동자들을 두들겨 패기도 했다. 농민 용역깡패 500여 명이 30대의 트럭에 나뉘어 타고 공장에 투입됐다. 이는 정저우 시 전역에서 벌어지고 있는 사태의 한 사례에 불과하다.

　공장 안에 있던 노동자들이 누군가가 울린 벨 소리를 듣고 모두 쏟아져 나왔고, 농민들과 노동자들 사이에 4시간이나 싸움이 계속됐다고 한 활동가가 말해주었다. 2001년 7월 24일에 벌어진 일이었다. 이날 싸움에서는 노동자들이 이겼다. 다른 여러 공장에서 일하는 노동자들이 이 공장 노동자들을 돕기 위해 달려온 덕분이었다. 이렇게 집결한 노동자들의 수는 모두 4만 명에 이르렀다. 그 과정에서 8명의 노동자가 체포되고 재물손괴 혐의로 기소됐지만 다행히 법률의 도움을 받게 되어 이번에도 자본가들이 졌다. 한 노동자가 우리에게 개혁 이전의 시대에 노동자들이 보장받았던 권리들을 설명해주면서 말한 "우리의 법, 마오의 법"이 적용됐던 것이다. 이 노동자는 "너무나 많은 노동자들이 모였기 때문에 정부가 두려웠던 것"이라고 말하기도 했다.

인민의 행동이 보여준 규모가 당국으로 하여금 잠시 머뭇거리게 했지만, 자본가들의 압력에 따라 당국은 다시 노동자들을 체포하기 시작했다. 이번에는 법원을 우회하기 위해서인 듯 일반경찰이 아닌 공안경찰이 나서서 노동자들을 체포해 갔다. 그러는 동안에도 노동자들과 농민들 사이의 싸움이 열흘 간 계속됐다. 당국은 노동자들을 공장에서 몰아내는 데 농민들을 동원했고, 공장 안에 있던 모든 것들을 곧바로 팔아치웠으며, 5600명의 노동자를 해고했다. 그런 다음에 당국은 노동자들의 집을 포함해 모든 건물을 파괴했고, 공장 터는 사적인 토지개발업자에게 넘겨주어 그곳에 상점과 고급주택을 짓도록 했다. 이제 일자리도 집도 없어진 탓에 노동자들 모두 싸움을 계속하기를 두려워했다. 때때로 경찰이 경찰복을 벗고 스스로 폭력배가 되어 소유자계급, 즉 자본가를 보호해주는 역할을 했고, 그 과정에서 칼을 휘두르기도 했다. 한 도기공장에서는 한 무리의 폭력배가 노동자 지도자 한 명을 때려 죽였다. 당국은 그들의 행동을 수수방관했고, 그 뒤에 이어진 항의도 묵살했다.

이런 식으로 경찰은 물론 그 밖의 다른 정부기관들도 국유기업에서 일하는 노동자들을 직접 공격하거나 억압했을 뿐만 아니라 노동계급의 여러 부분들로 하여금 서로 적대하게 만들기도 했다. 단합이 필요함에도 불구하고 이런 경험들로 인해 기존의 편견과 분열을 극복하기가 매우 어려워졌다. 전기장비 회사에서 일한다는 한 노동자 활동가는 이렇게 말했다. "노동자와 농민은 한 가족이 돼야 한다. 우리는 저들과는 싸워야 하지만, 우리끼리는 같이 일해야 한다." 노동자, 농민과 반대편에 서있는 사람들은 그들의 단기적인 이익에 따라 행동한다. 공장 현장에 투입된 경찰의 책임자조차 자기가 한 행동을 사실은 하고 싶지 않았지만 그런 행동을 하도록 압력을 받아 어쩔 수 없었다고 말했다. 한 노동자가 그에게 "당신은 개와 같다"고 말하자 그는 "그렇다. 하지만 내가 지금 자네를 물어뜯지 않으면 저들이 내 가죽을 벗길 것"이라고 대답했다.

국유기업의 공장들이 사유화된 개발단지로 변하는 추세가 이런 분열을 갈수록 증폭시키고 있다. 사유화된 개발단지에 새로운 공장들이 들어서기도 하지만 그런 공장은 대부분 필요한 인력을 농촌에서 구하고 있고, 그렇게 고용한 노동자들에게 주거시설이나 기타 편익을 전혀 제공하지 않으며, 임금도 매우 낮은 수준으로만 지급하고 있다. 게다가 한 노동자가 말했듯이 미국에서와 달리 중국에서는 국유기업에서 해고된 노동자들은 서비스 직종의 일자리도 구할 수 없다. 왜냐하면 그런 일자리에는 더 적은 임금만 줘도 되고 통제하기도 쉬운 농민들이 고용되기 때문이다. 이런 여건으로 인해 노동계급의 여러 부분들이 서로 같이 일하려는 마음을 갖고 있어도 실제로는 그렇게 하지 못하면서 서로에 대해 분노하고 적대할 수밖에 없다.

이같은 분열과 갈등에도 불구하고, 여러 부류의 도시 노동자들 사이에 보다 폭넓고 더 높은 수준의 단합을 도모하고, 더 나아가 농촌에 남아있는 농민이든 도시로 이주한 농민이든 모든 농민과 도시 노동자들 사이에 보다 긴밀한 연대관계를 구축하기 위한 노력이 확산되고 있다. 정저우 시의 종이공장, 직물공장, 송전장비공장 주위에서 일어난 시위들과 1997년에 이 도시에서 1만3천 명의 택시운전사들이 벌인 파업은 많은 기업과 부문들에서 수많은 노동자들이 지역사회 주민들과 더불어 사유화(私有化)와 직장에서 누리던 편익의 상실과 실직, 세금과 공과금의 인상에 반대하거나 항의하는 대열에 가담하고 있음을 보여준다.

그러나 중국 전역에 걸쳐 이보다 더 보편적인 양상은 각각의 개별 공장 단위에서 노동자들이 고용주인 관리자들이나 그들과 결탁한 정부관리들에 맞서고 있는 것이다. 이렇게 대치하는 과정에서 노동자들은 철길에 드러눕고, 고속도로의 차량통행을 막고, 관청을 에워싸거나 점거하고, 시민들을 위해 일상적으로 해야 하는 업무를 중단하는 등의 행동에 나서고 있고, 그 결말은 흔히 노동자들에게 소액의 돈이 더 지급되는 것이 되곤 한다. 이렇게 지급되는 돈은 노동자들이 생계유지를 계속해 나가는 데 충분한 정도는 결코 아니지만, 노동자들이 절박한 생활고에서 벗어나기 위해 당장 필요한 것들을 구할 수 있게 해주는 정도는 된다.

상대적으로 고립된 형태인 이런 투쟁은 사유화, 실업, 그리고 그동안 누렸던 사회적 서비스와 생활보장의 상실을 비롯한 전반적인 여건 악화를 멈추게 하기에는 역부족이다. 따라서 이런 한계를 넘어서기 위한 시도의 하나로 정저우 안에 있는 여러 기업들의 노동자가 서로 연대하기 시작했다. 국유기업들 대부분이 문을 닫으면서 10만 명의 실업자가 생긴 카이펑에서도 노동자들이 성공적인 투쟁을 위해 더욱 폭넓은 연대가 필요하다는 의견을 밝히고 있다. 그러나 카이펑에서 이미 실직한 다수와 아직 해고되지 않은 소수를 포함해 여러 공장의 노동자들이 기업별 대표자 모임을 갖고 공동으로 시위를 조직하는 등 실제로 단합하는 움직임을 보이기 시작한 것은 아주 최근의 일이다. 우리와 대화를 나눈 카이펑의 활동가들은 2006년 후반기에 시 전역의 모든 공장 노동자들이 참여하는 대규모 시위를 벌일 준비를 하고 있다고 말했다.

다시 행동에 나서는 중국 노동자들

그러나 그러한 단합된 행동이 실현될 수 있을지는 불확실하다. 도시 무산계급 내부에는 아직도 경제적 분열과 세대 간 분열, 심지어는 정치적 분열도 아직 많이 남아있다. 이 때문에 도시 무산계급 중 일부는 '개혁정책'과 정부에 대해 좀 더 지지하는 입장인 반면, 다른 한편으로는 사회주의의 관점을 고수하는 이들도 있다.

우리가 가 본 정저우 시내의 노동계급 거주지역 한가운데 있는 공원조차도 좌파의 구역과 우파의 구역으로 물리적인 구분이 돼있었다. 이 공원 중 일부 구역은 특히 낮 시간대에 우파인 노동자나 퇴직자들에 의해 장악돼있지만, 그 밖의 다른 구역에서는 특히 밤 시간대에 좌파인 노동자나 퇴직자들을 압도적으로 많이 볼 수 있다. 휴식을 취하기 위해 매일 이 공원에 오는 많은 사람들 가운데 몇몇과 잠시 이야기를 나누면서 우리가 관찰해보니 이곳의 토론은 얼마든지 가열될 수 있고, 심지어는 은근히 위협적인 분위기가 연출되기도 한다.

이주노동자가 일종의 중간자적인 역할을 하는 가운데 노동자와 농민이 단합하게 될 것인가를 예상해보는 경우에도 비슷한 말을 할 수 있다. 노동자와 농민이 서로 단합하고자 하는 뜻은 있지만, 삶의 여건과 정부의 처우에서 노동자와 농민 사이에 격차가 있다는 현실이 그러한 높은 수준의 단합을 방해하고 있는 것이다.

그동안 개혁정책의 영향으로 부의 역전이 부분적으로 일어나기도 했다. 도시에서든 농촌에서든 우리와 이야기를 나눈 사람들은 오늘날 중국에서 일부 농민들은 대다수 도시 노동자들보다 실제로 더 잘 살며, 이는 마오쩌둥이 지도하던 사회주의 시기의 상황과는 극명하게 대조되는 현상이라고 말했다.

대부분의 농민들은 여전히 가난하고 생존을 위해 애써야 한다. 중국에서는 지금도 빈곤한 농촌의 가정들이 가장 가난하다. 하지만 그들은 적어도 식량을 재배할 한 뙈기의 땅은 갖고 있다. 농촌에서 도시로 이주한 가난한 떠돌이 노동자들도 도시에서 더 살아나가기가 너무 힘들어지면 고향으로 되돌아갈 수 있다. 그러나 비숙련 도시 노동자들은, 특히 그중에서도 해고당한 노동자들은 진정으로 더 잃을 게 없다. 그들은 고전적인 프롤레타리아의 처지로 전락해 생산수단에 접근할 길을 모두 차단당하고 외부로부터 그 어떤 종류의 지원도 받지 못하는 채 말 그대로 굶주림 속에 방치돼있다. 그들 중에 행여 병든 부모라도 있거나 등록금을 내고 학교에 보내야 할 아이라도 있는 경우에는 상황이 아주 절박할 수 있다. 도시 노동자들 중에서는 남들이 갖지 못한 기술을 갖고 있거나 어떤 종류이든 조그만 사업이라도 시작할 수 있는 사람들만이 자기 땅을 갖고 있는 농민들과 어느 정도 비슷한 여건에 있다고 말할 수 있다.

그 결과 노동자와 농민이라는 두 계급이 실제로 단합된 행동을 하기가 어렵다. 종종 도시와 주변 농촌에서 거의 동시에 항의의 행동과 시위가 일어나곤 한다. 우리가 정저우와 카이펑을 방문했던 짧은 기간에도 이 두 도시의 내부와 외곽에서 그러한 시위가 동시에 벌어졌다는 이야기를 들었다. 그때 카이펑의 한 공장에서 20명의 노동자들이 체포됐는데, 바로 그날 인접한 농촌 지역의 농민들은 땅이 도로용지로 수용당하는 과정에서 기만을 당했다는 이유로 항의시위를 벌이고 있었다. 이런 농민들의 행동에 대해 한 노동자는 "그들이 봉기해서 나쁜 짓을 하고 있다"고 말했다. 농민들은 항의시위를 하는 과정에서 관청 건물을 훼손했고, 고속도로를 차단하기도 했다. 그러나 거의 동시에 일어난 두 사건은 서로 아무런 연관성도 갖고 있지 않았고, 노동자와 농민들이 한 자리에서 공동으로 항의시위를 벌이지도 않았다.

게다가 이 두 계급의 시위에 대한 국가의 대응에도 차이가 있다. 도시 노동자들은 지역 당국에 의해 특별히 강력한 탄압을 당한다. 도시 노동자의 투쟁은 대중의 눈에 더 잘 뜨이는데다가 도시에 있는 권력의 소재지를 뒤흔들 수 있고, 따라서 기업의 사유화와 새로운 자본가계급의 형성을 내용으로 하는 개혁정책의 심장부에 직접적인 위협이 되기 때문이다. 한 노동자는 자기와 같은 사람들은 매우 분노하고 있다면서 "서로 단합해서 '항거'에 나서야 할 필요가 있지만, 중국은 미국과 달라서 자기가 처한 상황에 대해 입도 뻥긋하지 못하게 돼있다"고 말했다. 그는 그렇지만 자기와 같은 사람들은 "아무것도 가진 게 없기 때문에 죽는 것도 두려워하지 않는다"면서 "그렇기에 투쟁을 계속해나갈 것"이라고 말했다.

중국 곳곳에서 노동자의 대규모 행동이 늘어나고 있다. 이런 행동은 때로는 지역적인 승리를 거두기도 하지만, 주모자들이 체포되고 투옥되는 것으로 끝나는 경우가 많다. 적어도 서류상으로는 농촌의 삶의 여건을 개선한다는 것이 현재 중국 정부의 공식 정책이다. 하지만 농민이 벌이는 시위는 대체로 대중의 눈에 잘 띄지 않는다. 2005년 12월에 발전소 부지로 수용된 땅에 대한 보상을 충분히 받지 못한 데 대해 항의하고 나섰다가 20여 명의 마을사람이 사망한 광둥 성 둥저우 지역의 농민시위와 같이 대중의 시선을 끌 만큼 대규모로 일어나지 않는 한 농민의 시위가 노동자의 시위보다 오히려 더 잔혹한 탄압을 당할 수도 있다.

이런 분열과 장벽에도 불구하고 도시와 농촌의 노동계급이 서로 연대할 방법을 곧 찾아낼 수 있을 것이라고 생각하는 이들도 있다. 왜냐하면 농민들의 분노가 점점 더 커지고 있고, 삶의 여건이라는 측면에서 농민들이 도시 노동자들과 비슷해지고 있으며, 이주노동자들도 나이가 들면서 점점 더 생활형편이 악화되고 있기 때문이다. 노동계급의 전체적인 조직화를 돕고 있는 활동가들이 노동자와 농민을 단합시키기 위한 운동을 확산시키려 하고 있다. 하지만 이런 운동은 이제 겨우 노동계급의 각 부분 사이의 골을 메우기 시작했을 뿐이며, 앞으로 길고 험난한 과정을 거쳐야 할 것이다.

좌파의 부활

중국에서 전개된 사회주의 투쟁 과정에서 깊이 있는 경험을 했고 마르크스주의, 레닌주의, 마오쩌둥 사상에 대한 지식을 갖추고 있는 사람들이 지금 중국의 농민, 이주노동자, 도시 노동계급 속에 존재한다는 점이 높은 수준의 단합이 실현될 가능성을 높이는 요소로 작용하고 있다. 이러한 역사적 유산은 오늘날 중국에서 좌파가 부활하는데 기본적으로 중요한 역할을 하고 있다.

예전에 정저우에서 홍위병으로 활동했던 한 사람의 표현을 빌리자면, 혁명의 사회주의와 현실의 자본주의를 명확하게 구분해 전개하는 투쟁인 '두 가지 노선의 투쟁'에 대한 이해에 기반을 둔 행동은 이제 지식인들보다는 주로 노동계급 자체에서 나오고 있다. 그것은 특히 반부패 운동의 형태를 띤다. 반부패 행동은 금전적 불법행위나 뇌물수수에 대해 반대하는 것도 물론 포함하지만 이런 좁은 의미에만 그치지는 않는다. 그것은 국가와 당의 관료, 관리자, 기업가의 동맹이 생산수단을 신흥 자본가의 사적 재산으로 완전히 전환시킴으로써 혁명의 시대에 노동자와 농민이 성취한 사회주의의 이득을 역전시키지 못하도록 막는, 더 폭넓은 시도로서의 반부패 운동이다.

혁명의 이론, 정신, 실천은 활동가들의 노력에 의해 생생하게 살아 있으며, 이런 현상은 정저우를 포함해 1920년대 초까지 거슬러 올라가는 공산주의 운동의 중심 지역들에서 특히 두드러진다. 정저우 시 중심가에는 1971년에 세워진 쌍둥이 불탑 형태의 기념탑이 있다. 이 기념탑은 1923년에 베이징과 한커우 간 철도의 노동자들이 공산주의자들의 지도 아래 벌인 총파업이 이 지역 군벌에 의해 야만적으로 진압되는 과정에서 살해된 100여 명의 노동자들을 기리기 위해 세워진 것이다. 이 지역에서는 마오 시대의 유산이 오늘날에도 생생하게 살아 있을 뿐 아니라 노동자들의 의식 수준도 매우 높으며, 이런 점들이 두 가지 노선의 투쟁으로 이어지고 있다.

우리가 이 도시의 노동자들과 토론하는 과정에서 저절로 부각된 것은 그들이 일해 온 공장에서 스스로 갖게 된 권리의식이었다. 국유기업에서 노동자들이 갖는 사회적 소유 및 참여의 권리에 어떤 한계가 있든 간에, 그리고 그러한 권리는 덩샤오핑 식의 개혁정책이 초래하는 권리박탈에 대처할 수 있게 해주는 안전장치로서는 미흡함이 이미 확인되긴 했지만, 노동자들은 자기들이 일해 온 공장에 대해 어떤 근본적인 의미에서 '우리의 것'이라는 강한 의식을 갖고 있는 게 분명하다. 누군가가 설명해주었듯이 송전장비 공장은 '노동자들의 땀으로' 지어졌으며, 노동자들은 그 공장이 자본가에 의해 탈취되고 사유화되는 것을 원하지 않는다. 그 공장은 국가 전체의 것이며, 노동계급 모두가 집단적으로 이룬 경제적 축적의 일부라는 것이다.

마오가 지도자로 있던 시절에는 노동자들도 공장에 대해 어느 정도의 통제권을 갖고 있었다. 노동자들은 공장에서 "의견을 제시할 수 있었고, 제시한 의견은 경청됐다"는 것이다. 이런 상황은 문화혁명의 시기에 최고조에 이르렀다. "그 당시에는 그들 자신이 지도자였다. 노동계급은 스스로를 대표했다." 그러나 지금은 아무도 노동자들의 말에 귀를 기울이지 않는다. 노동자들은 아무런 권한도 갖고 있지 못하다. 한평생의 노동으로 쌓아올린 집단적 재산을 사실상 도둑맞고 과거에 누렸던 참여권을 박탈당한 결과로 노동자들이 갖게 된 권리상실감의 표출이 이어지고 있다.

정저우의 한 노동자는 노동자들이 처한 상황에 대한 이런 이해를 보다 이론적인 맥락 속에 위치시켰다. 그는 '관료적 자본'의 현 체제가 지닌 문제는 근본적으로 경제적인 것이 아니라 정치적인 것이라고 했다. 이런 분석은 마치 레닌의 〈무엇을 할 것인가〉라는 논문으로부터 곧바로 도출된 것 같아 보인다. 그것은 "표면적으로는 경제적인 것처럼 보이지만, 사실은 자본주의와 사회주의 사이의 갈등"이며 주로 정치의 문제라는 것이다. 이 노동자는 이렇게 말을 이었다. "중국은 사회주의를 전혀 경험해보지 못한 미국과 다르다. 나이든 노동자들은 역사적인 맥락을 이해한다. 그들 대부분이 마오의 시대와 문화혁명을 거쳤다. 그들은 마오쩌둥 사상을 경험했고, 그들의 세대는 중국을 '마오의 길'로 복귀시킬 수 있기를 원한다. 그 길은 사회주의의 경로를 보호하기 위한 국제적 투쟁의 일부다."

이 노동자는 중국 노동계급의 투쟁에 대해, 그리고 사회주의의 길로 복귀하는 것이 그들에게 왜 중요한지에 대해 서방에서 더 깊이 이해하기를 바란다고 말했다. 그것은 기나긴 투쟁이다. 그는 중국의 노동자들이 서서히 사회주의의 길로 돌아가게 되기를 바라고 있다. 그럴 경우 노동자들이 결국은 승리하게 될 것이라는 얘기였다. 그러나 그는 현재 벌어지고 있는 운동이 곧 보다 높은 수준에 도달하지 못한다면 젊은 층 노동자들은 그것을 단지 '더 나은 생활여건'을 위한 경제적인 투쟁으로만 보게 될 것이라고 경고했다. 이런 젊은 층 노동자들의 분위기는 반사회주의 개혁의 시기가 남긴 유산이며, "부자가 되는 것은 영광스러운 일"이라는 말을 포함한 덩샤오핑 어록의 영향에 따른 것이다. 바로 그런 것들이 젊은 층 노동자들의 사고력을 파괴하고 있다. "그들 대부분은 서로 만나 이런 것들을 토론하는 것조차 두려워하고 있다"는 것이다. 우리는 이 노동자가 드러낸 느낌과 같은 종류의 느낌을 드러내는 나이든 노동자들의 발언을 여러 번 들었다.

여전히 사회주의를 위한 투쟁에 헌신하고 있는 사람들이 혁명의 유산을 계속 살려나가고 그것을 새로운 세대에게 이전하기 위해 자기들의 의식과 경험을 전수하는 다른 방법들, 다시 말해 단지 정치경제적인 형태만이 아닌 문화적인 형태의 방법들을 찾고자 하는 것도 부분적으로는 바로 이런 이유 때문이다.

우리가 찾아갔던 정저우 시내의 노동계급 거주지역 한가운데 있는 공원의 한 모퉁이에서는 매일 밤 노동자들과 그 가족들이 모여 옛 혁명가요를 부르고 있었다. 우리가 그곳에 가본 주말 저녁에는 늙은 은퇴자에서부터 10대 후반, 심지어는 어린 아이까지 모두 100여 명이 모였다. 그들은 역동적인 몸놀림을 하는 지휘자가 이끄는 음악가들의 연주에 맞춰 아주 활기찬 노래들을 불렀다. 다른 주말에는 그곳에 "몇 배는 더 많은” 사람들이 모이며, 어떤 때는 1천여 명이 모이기도 한다는 이야기도 들었다. 우리를 그 공원으로 데려가준 노동자들 가운데 한 명은 이렇게 말했다. “이처럼 노래를 부르는 것의 정치적 의미는 공산당, 즉 변질된 지금의 공산당에 대한 우리의 반대를 보여주고, 마오를 내세워 그런 공산당에 대항하며 우리의 의식을 높이는 것이다.”

이와 똑같은 역사적 정신이 도시에서 벌어지는 실천적 투쟁에도 깃들여 있다. 이 지역에서 사유화에 대한 저항의 ‘모델’로 남아있는 2000년의 종이공장 파업 당시에 노동자들은 관리자들을 몰아내고, 공장을 접수하고, 장비의 반출을 막고, 노동자들에 의한 관리체제를 수립하는 과정에서 ‘문화혁명’의 방식을 이용했다고 한 활동가는 말했다. 많은 우여곡절을 거친 뒤에도 이 공장의 일부는 여전히 노동자들의 수중에 남아있다. 하지만 그들은 시장경제 속에서 살아남고 공장을 경제적으로 훼손하려는 관리들의 기도를 극복하느라 어려움을 겪고 있다.

투옥된 그들의 지도자가 설명한 바에 따르면, 이 공장 노동자들이 이런 형태의 투쟁방법을 선택한 것은 “파리코뮌의 원칙은 영원할 것이기 때문”이었다. 전기장비 공장에서 전개된 투쟁에서도 이와 비슷한 좌파의 역사적 관점이 보인다. 이 공장 노동자들은 “노동자들은 생산하며 살아가기를 원한다”는 슬로건도 내걸었지만, “마오쩌둥 사상을 지속적으로 받들자”라고 쓰인 깃발도 내걸었다. 노동자들은 이보다 훨씬 더 명시적으로 정치적인 형태의 행동에 나서기도 한다.

노동자들이 종이공장을 접수한 바로 그 해에 마오의 사망일[5]을 기념하는 행사가 시작됐다. 2001년에 열린 이 행사에는 수만 명의 노동자들이 참여했고, 1만여 명의 경찰이 그들을 에워쌌으며, 대규모 파업과 충돌이 벌어졌다. 마오가 태어난 날과 사망한 날에는 이 도시에 마지막으로 남은 마오의 동상이 서 있는 작은 광장은 노동자들의 출입이 금지된다. 그럼에도 노동자들은 이 광장으로 가서 경찰과 대치한다.

바로 이 광장에서 2004년 9월 9일에 노동자 활동가인 장정야오가 공산당과 정부가

---

5. 9월 9일. ─편집자

노동자계급의 이익을 저버리고 광범위한 부패에 가담하고 있다고 비난하는 내용의 전단을 뿌렸다. 이 전단에는 중국이 자본주의로 치닫는 것을 비난하고 마오가 나아갔던 '사회주의의 길'로 돌아가자고 호소하는 내용도 들어있었다. 이 전단을 작성한 장정야오와 장루취엔은 그들의 집을 급습한 경찰에 의해 체포됐다. 이는 중국에서 곧 유명한 사건이 됐고, 2004년 12월에 이 두 사람에 대한 비공개 재판이 열렸을 때 중국 전역에서 많은 좌파 사람들이 정저우를 찾아와 법정 밖에서 항의시위를 벌였다. 두 사람은 재판에서 각각 3년 징역형을 선고받았다. 이 두 사람 외에 전단의 작성과 인쇄를 도왔다는 이유로 경찰에 의해 괴롭힘을 당한 게리잉 및 왕장칭 등 모두 4명의 노동자 활동가들은 그 후 '정저우 4인'으로 불리게 된다.

중국의 후진타오 국가주석과 원자바오 총리에게 이들의 석방을 호소하는 내용의 탄원서가 전달됐다. 이 탄원서에는 200명 이상이 서명했으며, 그 가운데 절반 정도는 중국 국내에 거주하는 사람들이었다. 이는 특히 서명한 사람들이 직면할 수 있는 잠재적 위험을 고려할 때 좌파 노동자들에 대한 전례 없는 지지의 표출이었고, 중국 내 지식인 및 활동가들과 해외에 있는 그들의 국제적 동료들을 단결시키는 계기가 됐다. 이 탄원서에 대해 중국 정부는 직접적인 반응을 보이지 않았다. 하지만 나중에 장루취엔은 감옥에서 풀려났다. 그가 석방된 표면적 이유는 '건강상의 문제 때문'이었으나, 일부 활동가들은 적어도 부분적으로는 탄원서와 더불어 정저우 4인 사건에 관한 많은 정보와 분석을 좌파 웹사이트에 게시하는 등의 연대활동이 불러일으킨 압력이 작용한 결과로 그가 석방된 것이라고 믿고 있다.

정저우 4인 사건은 중국의 노동자들이 당과 국가가 부과하는 새로운 여건들을 수동적으로 받아들이기를 거부하고 있음을 보여주는 동시에 일반 노동자들 사이에 좌파의 이념과 행동주의가 끈질기게 유지되고 있으며, 중국 국내는 물론 해외에서도 이들에 대한 지지가 확대되고 있음을 보여준다.

그러나 이 사건은 중국 좌파가 새로이 힘을 얻고 있음을 드러내주는 데 그치지 않고 중국 좌파의 분열도 드러내준다. 정저우 4인에 관한 탄원서 서명 운동은 주로 젊은 층 좌파가 인터넷을 통해 탄원서 내용을 회람시키는 등의 방식으로 주도했고, 그러는 과정에서 이들 젊은 층 좌파는 좌파의 선배나 스승들 가운데 적어도 처음에는 주저하는 태도를 보였던 이들을 비판했다. 이들 젊은 세대에게는 정확하게 올바른 노선을 취하는 것보다는 공개적으로 좌파의 태도를 취하는 노동자들과 연대하는 것이 더 중요했다. 그러나 나이든 세대의 좌파 사람들 사이에서는 이념과 정책에 관한 과거의 분열과 갈등이 공동의 행동을 향한 단합을 가로막곤 했다. 이들의 경우에는 현재의 새로운 여건들에 맞서기 위해 역사적인 갈등을 제쳐놓는다는 것이 상대적으로 더 어려웠다.

이와 같은 태도의 차이는 중국의 좌파에 세 개의 주요 그룹이 있다는, 널리 인정되는 분석과 상응한다. 여기서 세 개의 주요 그룹이란 ① 주로 당과 국가의 조직 속에서 경력을 쌓아오면서 많은 경우 처음에는 덩샤오핑의 개혁정책을 적어도 부분적으로는 받아들였으나 그 뒤 그 개혁정책이 지닌 자본주의적 성격이 점점 더 분명해지자 그에 대한 반대로 입장을 바꾼 '옛 좌파' ② 마오의 지도 아래 중국 사회주의의 혁명적 시대에 추진됐던 정강정책을 꾸준히 지지해왔고, 주로 노동자와 농민들에 대중적 기반을 두고 있는 '마오주의자' ③ 1960년대 서구의 신좌파와 비슷하게 주로 대학과 새로 생겨난 비정부기구(NGO)들에 활동중심을 두면서 넓은 범위의 마르크스주의는 물론이고 더 넓게는 사회학적이거나 사회민주주의적인 경향에도 문호를 개방하고 있지만, 흔히 옛 좌파보다는 마오의 지지자들과 보조를 같이 하기를 더 좋아하는 '새 좌파'를 가리킨다.

그러나 이 세 그룹 사이의 구분선은 고정적이지도 상호배타적이지도 않다. 옛 좌파는 정부의 안과 밖에 걸쳐 사회 전반에서 발견되지만, 마오주의자들 중 다수와 새 좌파 중 일부는 당과 국가의 내부에도 존재한다. 서구의 좌파 분류범주 가운데 비슷한 것이 있다고 해서 그것과 중국의 좌파 분류범주를 과도하게 빗대어서는 안 되며, 특히 '새 좌파'의 경우가 그러하다. 왜냐하면 위와 같이 세 가지로 분류된 중국의 좌파 그룹은 각각 중국에서의 투쟁역사를 반영하는 고유의 중국적 특징을 갖고 있기 때문이다.

매년 최고위 지도자들이 모여 국가전략을 논의하는 장소인 해변도시 베이다이허(北戴河)에서 2001년에 극히 보기 드문 회의가 열렸다. 네 가지 서로 다른 정치적 성향의 그룹들이 한데 모인 이 회의는 정저우 시의 홍위병 지도자였고, 개혁정책이 시작된 뒤에는 여러 해 동안 투옥돼 있다가 풀려난 한 활동가가 조직한 것이었다. 이 회의에 모인 사람들은 개혁정책 전부에 대해 반대해야 하는가에 대해서는 서로 간의 의견차이를 인정하기로 했지만, 덩샤오핑이 추진한 자본주의의 복원에 대해서는 너무 많이 나갔다고 한 목소리로 비판했다.

보다 최근에는 몇몇 유명한 연구소, 대학, 정부기관의 고위급 인사들이 참여한 가운데 중국의 현재 상황에 대한 마르크스주의적 분석을 발전시키기 위한 포럼이 열렸다. 이 포럼의 개막사는 베이징대학 총장이 했고, 참석자들은 이 포럼이 일회성 행사가 아닌 정기적인 모임이 되기를 바랐다. 고참 당원으로서 이 회의를 배후에서 조직하는 일을 맡아 한 사람에 따르면, 적어도 고위급의 누군가가 지원하지 않았다면 이같은 회의는 열릴 수 없었을 것이다. 정저우에서는 이와 유사한 포럼이 지난 10여 년간 계속 열렸다. 좌파와 '자유주의자들'[6]이 이끄는 정저우의 이 포럼에는 서로 다른 견해를 가진 사람들이 폭넓게 참여한다. 이 회의 참여자들의 공통분모는 중국사회와 정부정책이 지금 나아가는 방향은 지속가능하지 않다는 생각을 강하게 갖고 있다는 점이다.

이처럼 배경과 접근방법이 서로 다름에도 불구하고 대체로 보아 옛 좌파, 마오주의자, 새 좌파 등 세 가지 좌파의 범주 모두에 포함될 수 있는 사람들도 많다. 이런 이들은 당과 국가의 기간조직 및 관련기관의 안에도 있고 밖에도 있다. 이들의 사상도 그렇지만 이들이 여는 다양한 포럼과 회의들도 서로 겹치고 상호침투하면서 영향을 주고받고 있으며, 이념을 공유할 수 없는 사람들까지도 끌어당기고 있다. 새로 생겨난 비정부기구들에는 강력한 좌파적 성향을 바탕으로 실질적인 문제들을 해결하기 위해 활동하는 이들이 있다. 이들은 빈궁한 농촌마을에 학교를 지어주는 일이나 사회가 보

---

6. 오늘날 중국에서 '자유주의자'로 불리는 사람들 중에는 서구의 자유주의자보다 더 급진적인 사람도 흔히 포함된다.

다 더 많이 노동자와 농민에 의해 운영되도록 하는 일 등을 한다.

이와 같은 좌파의 부활은 노동계급의 대중적 투쟁력이 강화됨에 따라 중국이 사회적 위기에 대한 대응을 더 이상 회피할 수 없게 된 상황을 반영하는 것이다. 또한 현재의 정책에 근본적인 변화가 없는 한 중국의 사회적 위기는 점점 더 위협적인 것이 될 수밖에 없는 현실도 좌파의 부활을 뒷받침하고 있다. 이런 좌파의 부활은 오늘 당장에는 가능성이 높아 보이지 않지만 마오 시대의 혁명적 사회주의가 다시 살아날 가능성을 열고 있다.

좌파가 이런 새로운 가능성을 만들어내고 있음을 보여준 두드러진 사례 중 하나로, 2004년 10월 한 무리의 '원로당원, 기간당원, 군부인사, 지식인' 들이 후진타오 국가주석에게 보낸 편지를 들 수 있다. '현재의 정치지형에 대한 우리의 관점과 의견' 이라는 제목의 이 편지는 정저우 4인의 전단에 비해 그 어조가 겸손하고 개혁정책이 이룬 경제적 성과에 대해서도 어느 정도 긍정적인 평가를 했지만, 다룬 주제가 정저우 4인의 전단과 매우 비슷했고, 교정조치를 취해 '자본주의의 길' 에서 벗어나 사회주의의 길로 돌아가기를 요구하면서 현재의 상황에 대해 비판을 가한 점에서 정저우 4인의 전단과 같은 정도로 투쟁적이었다.

이 두 개의 문건 사이에 직접적인 관계가 있는지 여부는 불분명하다. 그러나 어쨌든 중국 내 좌파는 정저우 4인을 지지하는 서명을 받는 작업을 계속했고, 새 좌파 중 일부는 정저우 4인이 내건 대의명분을 적극 받아들이면서 그들을 비롯한 마오주의자 활동가들을 옹호해주었다. 그리고 이런 새 좌파의 행동은 옛 좌파들로 하여금 후 주석 앞으로 보낸 편지에 쓴 내용과 같은, 그들이 오래 전부터 품어온 비판을 공개적으로 제기할 수 있도록 운신공간을 넓혀주었다. 초기 혁명투쟁에 참여했던 원로당원들이 당과 국가의 현 정책에 대해 이처럼 기꺼이 공개적으로 비판하고 나선 것은 새로이 형성되고 있는 분위기를 가늠할 수 있게 해준다.

1999년에만 해도 나이든 세대의 중국 내 좌파 사람들과 토론하다 보면 개혁정책의 분위기 속에서 그들이 얼마나 스스로를 억제해야 한다고 느끼는지를 분명히 알 수 있었다. 그러나 이제는 그런 예전의 지도자들은 물론 그들과 비슷한 지위에 있는 사람들도 자기 의견을 보다 공개적으로 말하기가 '자유로워졌다'고 생각하고 있는 게 분명하다. 이에 따라 이제는 과거가 현재에 가르침을 준다는 것과 좌파 중 어느 한 부분의 행동이 다른 부분들에 영향을 준다는 것이 단지 이론에서만 그런 것이 아니라 실제로도 그런 상황이다.

좌파의 새로운 모색

마오 시대의 사회주의적 조직형태들은 그동안 시장경제의 새로운 여건에 맞추기 위해 어쩔 수 없이 수정되긴 했으나, 그렇게 수정된 형태로나마 오늘날에도 여전히 유지되고 있는 사례들이 있다. 이런 사례들은 그 수가 적지만 영향력은 아주 클 수 있다.

예컨대 현재 중국의 전체 농촌마을 가운데 대략 1%는 인민공사 시절의 집단화된 형태를 완전히 포기한 적이 전혀 없다. 이런 농촌마을이 구체적으로 몇 개나 되는가는 누가 셈하느냐와 어떤 기준을 적용하느냐에 따라 다르겠지만, 대체로 수천 개는 될 것으로 보인다. 덩의 개혁정책을 받아들여 실행했던 농촌마을 가운데 일부는 다시 집단화된 생산체제로 돌아갔고, 그렇게 함으로써 농촌경제의 대안을 탐색하는 다른 마을들에 모델이 되고 있다.

사회주의 시대의 목표와 방법들을 유지하고 있는 농촌마을 가운데서 가장 눈에 띄는 사례는 허난 성의 정저우에서 차로 1시간가량 가야 하는 곳에 있는 '마오주의 마을'인 난세춘(南街村)이다. 이 마을은 15~20년 전에 재집단화에 착수했으며, 그 뒤로는 모든 주민을 위한 일종의 코뮌(인민공사)으로 기능하고 있다. 이에 따라 이 마을은 기본적으로 모든 주민들에게 주거, 보건, 교육 서비스를 무상으로 제공하고 있으며, 젊은이들에게는 대학 학비도 지급하고 있다.

이 마을은 숙련노동자들이 받는 임금보다 더 많은 보수를 관리들에게 지급하지 않는 등 사회주의 시절의 평등주의 관행을 그대로 유지하고 있다. 또한 이 마을은 여전히 마오의 정치적 목표들을 실현하는 데 전념하고 있으며, 마오의 사진과 마오가 한 말이 마르크스, 엥겔스, 레닌, 스탈린을 비롯한 다른 혁명지도자들의 사진이나 그림과 함께 마을 전체에 눈에 띄게 내걸려 있다. 이 마을의 각 가정은 밝고 통풍이 잘 되는 아파트 한 채씩을 제공받으며, 이런 아파트를 포함한 다층 주택단지들이 깨끗하게 정돈된 가로수길, 산책로, 정원들에 에워싸여 있다. 이 마을에는 근사하게 지어진 학교와 아동보육시설도 있다. 이런 마을 모습은 부자들이 모여 사는 도시의 신흥 주거지역을 제외하고는 중국에서 사실상 이곳에서만 볼 수 있으며, 이 마을과 인접한 외곽지역의 보다 전형적인 중국 농촌의 환경과 극명하게 대조된다.

그러나 이와 같은 성공에도 불구하고 난제춘의 실천은 많은 모순을 안고 있다. 예를 들어 이 마을은 재정의 많은 부분을 외국인투자자에 의존하고 있고, 이제는 자본주의 경제에 완전히 통합된 향진기업(鄕鎭企業)[7]에서 필요로 하는 노동력을 주로 외곽 주변지역의 농민들로 충원하며, 이렇게 고용된 농민들은 살 만은 하지만 그다지 편안하지는 않은 합숙소에서 거주하고 있다. 우리가 난제춘을 방문할 때 동행해준 두 사람을 포함한 정저우의 활동가들에 따르면, 최근 난제춘은 심각한 재정상의 어려움에 봉착해 있으며, 그 주된 이유는 익숙하지 않은 새로운 영역으로 생산을 확장한 데 있다고 한다. 그러나 이런 한계는 난제춘이 자본주의의 바다에 의해 둘러싸여 있고 생존을 위해 시장경제 속에서 경쟁을 해야 하는 상황 속에 있다는 점에서 불가피하다.

이런 한계에도 불구하고 난제춘은 중국 농촌을 위한 대안의 길을 찾을 수 있다고 여전히 믿는 사람들에게 관심의 초점이 되고 있다. 난제춘이 어떻게 집단화된 생산과 분배를 계속 실천할 수 있었는가를 연구할 목적으로 중국 각지에서 파견된 사람들이 매일같이 이곳에 찾아오고 있다. 농민이나 노동자들을 가득 채운 버스도 종종 이곳에 온다. 허난 성 당국도 난제춘에 대해 호의적인 태도로 보호해주는 조치를 취하고 있

다. 좌파의 당 원로들도 2004년에 후진타오에게 보낸 공개편지에서 난제춘을 가리켜 오늘날 농촌지역에서 추구할 수 있는 하나의 모델이라고 했다. 그러나 난제춘과 달리 마오 시대의 유산이 그렇게 뚜렷하게 남아 있지 않은 곳에서도 마오 시대의 경험과 개념들이 부단히 현재의 상황을 대조하고 분석하는 기준이 되고 있다.

2004년 여름에 두드러지게 나타난 변화의 흐름은 농가단위 책임제 방식의 영농이 글로벌 시장에 직면해 겪고 있는 고립과 불안정성을 완화해보려는 노력의 하나로 농업 합작사(合作社, 협동조합)을 지향하는 새로운 운동이었다. 농업 합작사는 예를 들어 비료를 집단적으로 구매하고 수확한 농작물의 판매가격을 협상할 때 보다 유리한 입지를 확보하는 것을 통해 시장에서 어느 정도 '규모의 경제' 를 달성하는 것과 구성원들에게 금융지원과 안전망을 제공하는 것을 주된 목표로 삼고 있다. 이러한 노력은 비록 모든 농민이 처한 지금의 상황이 지닌 절박한 측면들을 모두 해소할 수는 없다 하더라도 '빠져 죽지 않으려면 계속 헤엄치라' 는 식이었던 개혁시기의 개인주의 정책으로부터의 의미 있는 이탈임은 분명하다. 또한 이런 노력은 비록 인민공사 체제로의 복귀를 의미하는 것이 아니고 기껏해야 '반(半) 재집단화' 정도의 성격을 지닌 것이긴 하지만, 혁명 이전의 초기 합작사 운동의 경험뿐 아니라 농민들이 익숙하게 잘 아는 마오 시대의 개념들을 계속 참고하며 전개되고 있다는 점에서 주목된다.

이런 점에 비추어 보면, 우리가 지린 성 동북부 지역의 쓰핑(四平) 근처에 있는 한 합작사를 방문했을 때 만난 합작사 대표나 그 합작사에 소속된 젊은이와 같은 사람들을 만나게 된 것도 특이할 게 없다. 그 합작사의 대표는 농촌과 도시의 여러 계급들과 오늘날 그들이 각각 처해 있는 환경에 대해 매우 자세한 비교분석을 해주었고, 젊은 합작사 소속원은 사회주의의 관점에서 나라가 처한 상황을 국내적으로뿐만 아니라 세계의 다른 나라들과도 관련시켜가며 깊이 있게 설명했다. 중국의 노동계급은 노동과 착취의 실제 세계에 관해 도시의 지식인들에게 가르쳐줄 것을 많이 갖고 있을 뿐 아니라, 바로 그렇기 때문에 사회주의를 실천하는 데에도 보다 능숙하다. 또한 노동계급은 교육을 더 많이 받은 젊은 좌파 지식인보다 마르크스주의, 레닌주의, 마오쩌둥 사상의 기본을 이해하고 응용하는 능력이 오히려 더 잘 개발돼 있는 경우도 드물지 않다.

신중산계급의 형성과 변화

사회의 급속한 양극화는 신중산계급을 그들의 구체적인 직업이나 지위와 관계없이 노동자와 농민이 직면해있는 것과 비슷한 상황으로 이동시키고 있다. 이런 변화는 신중산계급과 노동자, 농민이 하나로 단합할 토대를 구축해주는 동시에 좌파가 부활할 대중적 근거가 형성되도록 돕는다. 자본주의 체제에서는 소외집단들이 점점 더 폭넓게 생겨난다. 오늘날에는 국유기업에서 일하던 공산당 기간당원들조차도 자기가 소속된 국유기업을 사적 투자자들에게 매각하는 작업을 거들고 나서는 그 기업에서 내쫓기고 있다. 국유기업을 사들여 새로 소유주가 된 자본가들은 그들을 기업 안에 그대로 놔두지 않고 쫓아낸다. 이런 현상을 가리켜 한 노동자는 "방금 건넌 다리를 불태우는 격"이라고 표현했다. 기업에서 쫓겨난 사람들 가운데 다수는 실업자가 되고서야 비로소 '시장경제로의 이행'이 진정으로 의미하는 것이 무엇인지를 이해하게 되고, 그래서 "그들의 의식이 고양된다"는 것이다.

자기 삶의 여건 변화로부터 사회에 대해 이처럼 새로운 이해를 하게 된 사람들을 중국에서 흔히 볼 수 있다. 우리가 베이징에서 대화를 나눈 한 진보적 학자처럼 처음에는 덩샤오핑의 개혁정책을 받아들였지만 지금은 마오쩌둥으로 되돌아가고, 더 나아가 문화혁명까지 재검토하고 있다는 사람들의 이야기를 우리는 여러 차례 들었다. 그중 일부는 "대중으로부터 배워서" 그렇게 됐다고 했다. 예전에는 농촌 지역의 아주 보수적인 학생이었던 한 유명한 사람의 경우가 바로 그랬다. 그가 '전향'하게 된 것은 농민들을 만났을 때 마오에 대한 비판은 한 마디도 듣지 못한 반면 덩에 대한 비판은 많이 듣게 된 것이 그로 하여금 과거에 대한 자기의 태도를 재검토하게 했기 때문이라는 것이다.

이런 식의 재평가는 일부 사람들의 개인적인 경험에 그치는 게 아니라 그 이상의 깊은 뿌리를 갖고 있다. 개혁의 시대가 시작된 뒤에 '중국적 특징을 가진, 시장경제로의 이행과 사유화'를 정당화하기 위해 국가와 당의 선전가들이 개진한 논리에서부터 학계와 비정부기구들에서 주로 발견되는 서구식 자유주의 개념에 이르기까지 다양한 이념적 경향들이 생겨나면서 인기를 모으기도 했다. 하지만 엘리트 지식인들 가운데 일부를 포함한 많은 사람들이 보기에, 그동안의 이런 다양한 이념적 경향들은 오늘날 중국에서 실제로 벌어지는 상황들을 제대로 설명해주지 못한다는 점이 갈수록 분명해지고 있다.

한 홍위병 출신자와 한 젊은 지식인 활동가는 각각 우리와 가진 별도의 대화에서 똑같이 "다른 모든 것을 시도해보았으니"라면서, 애초에는 개혁정책을 선호했지만 이제는 현실에서 벌어지고 있는 것들을 이해해보려고 애쓰는 사람들은 "현재의 문제를 제대로 다루려면 두 가지 노선의 투쟁과 문화혁명으로 복귀해야 한다"고 말했다. 다른 방법들을 다 시도해보았지만 그 어떤 방법도 현재의 문제에 대한 설명을 해주지 못했다는 것이다.

불과 몇 년 전만 해도 중국 사회가 직면한 문제들은 구체적이었고 그래서 비교적 쉽게, 예를 들어 '반부패 운동' 같은 것을 통해 교정될 수 있을 것처럼 보였지만, 오늘날에는 중국 사회의 문제들이 체제적인 성격을 갖고 있어 쉽게 다루기 어렵다는 인식이 점점 더 확산되고 있다. 이제는 중국 사회가 직면한 문제들을 교정하기 위해서는 훨씬 더 근본적인 변혁이 요구되지만, 자본주의와 글로벌 시장은 그런 변혁을 이루어낼 능력을 갖고 있지 못하며 국가와 당도 지금과 같은 상태로는 그런 변혁을 이루어낼 수 없을 것이라는 이야기가 오가고 있다.

그 결과 문화혁명의 시기에 자본주의의 길에 대해 마오가 전개한 비판이 오늘날의 현실에 들어맞는 것처럼 여겨지고 있다. 왜냐하면 마오가 그의 말년에 전개한 비판에 들어있는 사상은 현재의 체제에 대해 그 점증하는 모순들의 뿌리를 건드리는 철저한 분석을 계속해서 제공해주며, 그런 모순들을 단지 경감시키는 차원에 머물지 않고 보다 깊은 해법을 제시해주기 때문이다. 이에 따라 지식인들 사이에서 그동안 온존돼온 많은 금기들이 무너지기 시작했다.

문화혁명은 대부분의 학자들과 엘리트 계층의 사람들에게 대체로 아직 혐오의 대상으로 남아있다. 문화혁명에 대한 긍정적인 태도를 조금이라도 내비친다면 그것은 동료들로부터 고립되고 경력을 망치는 원인이 될 수 있다는 말을 우리는 들은 바 있다. 그러나 그런 문화혁명조차도 토론과 재검토의 주제로 다시 떠오르고 있다. 나름대로 역사 연구를 수행하면서 오랫동안 무시돼온 사료를 발굴하고, 문화혁명의 시기에 활동했던 사람들을 인터뷰하고, 새로 발견된 사실들을 웹에 게시하고, 그 밖의 다른 방법으로도 문화혁명 당시의 사건들에 대한 당의 공식 입장에 도전하고 있는 젊은층 좌파 사람들 사이에 특히 이런 분위기가 뚜렷하다.

학생과 노동자의 관계

좌파가 부활하면서 '노동계급의 투쟁' 과 연대의 폭을 넓혀나가고 있음을 보여주는 매우 의미 있는 징조가 여럿 발견된다. 1999년에 우리는 마르크스주의를 연구하는 한 작은 모임에 참여하고 있는 베이징의 대학생들과 만나 대화를 나눈 적이 있다. 이들은 흔히 중국의 MIT로 불리는 칭화대학 학생들이었고, 이들이 참여하는 모임은 최근에 특히 일류대학들에서 생겨난 비슷한 모임들 가운데 하나였다.

그때 나는 모임이 효과적이려면 대학 교정을 벗어나 노동계급과 연대하는 길을 찾아야 할 것이라고 말해주었다. 1989년의 톈안먼 학생운동은 초기에 그런 연대를 하지 못했다. 그래서 적어도 베이징에서는 노동자들이 나중에야 대거 운동에 가담했다가 살인적인 폭력과 탄압을 집중적으로 받았고, 결국 그러한 폭력과 탄압으로 인해 운동이 종료됐으며, 학생들과 노동계급 사이의 골은 근본적으로 메워지지 못했다.

중국 북동쪽 지역에 있는 창춘에서도 보다 작은 규모이긴 하나 비슷한 일이 벌어졌다. 이 도시에 있는 자동차회사인 '제일기차집단공사'의 넓은 공장에서 일하는 노동자들이 대학 교정을 뛰쳐나온 학생들과 결합하기를 거부했고, 이로 인해 학생들은 매우 가혹한 탄압을 받았다. 이런 뼈저린 경험은 학생들로 하여금 노동계급과 격리된 자기들의 상태에 대해 재평가하도록 했다.

톈안먼 운동의 경우 결국에는 중국의 역사에서 흔히 벌어지곤 했던 대로, 베이징 근처에 주둔하고 있는 군부대가 출동하기를 꺼려하자 베이징 외곽의 농촌에서 동원된 농민군이 운동을 진압하는 데 투입됐다. 톈안먼 운동 당시의 경험이 준 교훈은 지금의 젊은 학생들 세대의 좌파에게 영향을 끼치고 있다. 이런 측면에서 볼 때 2004년 여름에 관찰된 변화는 매우 극적이었다. 오늘날 상당수의 학생 활동가들이 대학 교정을 떠나 노동계급과 접촉하고, 노동계급의 생활여건을 연구하고, 그들에게 법률적이거나 물질적으로 지원해준 뒤 공장이나 농장에서 일어난 일들에 관한 소식을 갖고 교정으로 돌아가곤 한다.

문화혁명 당시 홍위병이었고 지금도 정저우에서 핵심적인 좌파 조직가로 활동하고 있는 한 사람은 학생과 노동자 사이의 관계에 큰 변화가 일어난 경위를 설명해주었다. 그에 따르면 이미 2000년부터 중국의 최고 고등교육기관인 베이징대학의 마르크스주의 연구모임 소속 학생들이 베이징 안에 있는 공장을 방문하기 시작했다. 칭화대학 학생단체 소속 학생들도 2001년부터 지금까지 매년 공장을 방문해왔다. 2004년에는 베이징에 있는 또 다른 대학의 학생 80명이 정저우를 찾아왔다. 국가당국은 이런 종류의 접촉이 늘어나는 것에 대해 두려움을 느껴 저지하려는 시도를 하고 있다. 문화혁명 때는 나라의 여기저기를 돌아보고 싶어 하는 학생들에게 열차를 공짜로 타게 해주는 등 여러 가지 격려조치를 취했던 것과 대조적으로 오늘날의 정부는 그런 흐름을 차단하려고 할 뿐 아니라 심지어는 학생 대표들에게 열차표를 판매하기를 거부하거나 그들이 정저우에서 하차하지 못하게 막기도 한다. 그러나 정부가 이런 태도를 취하고 있어도 정저우를 방문하는 학생들의 발길은 계속 이어지고 있다.

정저우에 도착한 학생들은 공장을 방문한다. 정저우의 투쟁이 초기단계였을 때에는 일부 학생들이 공장 안에서 지내면서 공장폐쇄를 막는 데 도움을 주는 노력을 기울이기도 했다. 이런 운동은 정저우에서 시작된 뒤 북동쪽으로 확산됐고, 그 밖의 다른 지역으로도 퍼져나갔으며, 농촌지역으로도 번지고 있다. 농촌지역으로 가는 학생들도 농민들에게 필요한 자료를 가져다주고, 농민들과의 연락망을 구축하고, 법률적 지원을 해주는 등 비슷한 활동을 벌이고 있고, 그러는 과정에서 전반적으로 많은 농민 활동가들이 갖는 고립감을 깨뜨리는 역할을 하고 있다.

오늘날 베이징대학을 비롯한 많은 대학들에 바로 이런 목적을 달성하기 위한 '농민의 아들들'이라는 이름의 조직이 결성돼있으며, 이름과 달리 이 조직에는 '농민의 딸들'도 많이 참여하고 있다. 우리가 1999년에 한 좌파 활동가를 만났을 때 그는 노동계급의 여건에 대해 직접 조사하고 다른 사람들에게도 그렇게 하도록 권하는 일을 거의 혼자서 하고 있었다. 그러나 그는 2004년에는 스스로 동기부여된 학생들이 적극적으로 나서주어 자기와 같은 선도적 활동가가 더 이상 필요 없게 됐다고 말했다. 이제는 학생들이 주도력을 발휘하고 있다는 것이다.

이런 운동은 대학생 사회 자체의 구성과 여건의 변화에 의해 추동되기도 하고 더욱 촉진되기도 한다. 1999년 이후 대학 입학생 수가 세 배로 늘어나면서 대학생이 되는 노동계급의 자녀들이 늘어났지만, 그들 중 다수는 재학 중 교육비를 마련하고 졸업 후 일자리를 구하는 데 점점 더 큰 어려움을 겪고 있다.

그 결과로 많은 대학생과 노동자, 농민들 사이에 공감과 단합의 사회적 토대가 확장되고 있다. 개혁정책 초기에는 문화혁명에 대한 반작용으로 덩샤오핑이 홍(紅)보다 전(專)을 강조하면서 대학 입학에 보다 배제적인 자격조건을 부과하도록 했다. 오늘날에는 그때에 비해 중국의 대학들이 특권층의 영역이라는 성격이 줄어들고 좀더 대중적인 성격을 갖게 됐다. 그 결과로 지금 중국에서는 좌파 학생들이 공장이나 농장에서 힘겹게 일하며 살아가는 사람들과 엘리트 지식인들을 연결시켜주고 있다.

이제는 대학생이 공장이나 농장의 노동자와 친척관계인 경우가 보다 많아졌으며, 그렇지 않은 대학생이라도 노동자계급에 속하는 경우가 많다. 따라서 어떤 측면에서 중국의 현 단계는 마르크스주의 학생들이 레닌의 지도 아래 노동자들과 연대하기 위해 공장구역으로 달려갔던 러시아혁명 초기 시절과 매우 닮았다. 물론 당시의 러시아와 지금의 중국은 같지 않다. 당시의 러시아와 달리 지금의 중국 대학생들 가운데 다수는 노동자나 농민 집안 출신이다. 지금 중국의 젊은 층 좌파는 노동계급과의 새로운 관계 형성을 어떻게 해야 할 것인가를 놓고 씨름하고 있긴 하지만, 마오의 지도 아래 쌓은 50년간의 혁명적 사회주의 경험을 배후에 갖고 새로운 활동을 모색하고 있다.

좌파의 토양과 현실

마오 시절의 개념, 정책, 관계들을 그때와 매우 달라진 오늘날의 상황에 아무런 변경도 가하지 않고 그대로 적용할 수는 없고, 또 그렇게 해서도 안 된다. 그러나 그러한 개념, 정책, 관계들은 자본주의적 개혁정책과 세계적인 시장경제화가 추진되는 현 단계에서 좌파가 노동계급이 처한 여건에 대항하는 과정에서 의지하고 활용할 수 있는 혁명적 사상과 실천의 거대한 저수지로 여전히 남아있다. 새롭다고는 할 수 없으나 좌파의 사상이 노동자와 농민들 사이에 이미 깊숙이 자리 잡고 있는 것이다.

그러나 이런 경향들을 과장하는 것은 중대한 오류가 될 수 있다. 하나의 세력으로 파악되는 중국 좌파는 아직 소규모이고 주변적인 상태이며, 노동계급과 마찬가지로 다수의 그룹과 분파들로 분열돼있다. 전 세계의 모든 좌파와 마찬가지로 중국의 좌파도 그들이 이전에 알고 있었던 세계가 붕괴하는 현실에 직면해야 했고, 그들 자신을 조직화하고 노동계급으로 하여금 행동에 나서도록 하는 데 중심 기반으로 삼을 만한 공통의 개념들도 갖고 있지 않은 상태에서 앞으로 나아가기 위해 새로운 길을 찾아내는 노력을 기울이고 있다. 오늘날 중국에서는 대체로 보아 노동자와 농민들이 스스로 주도력을 발휘하며 때로는 힘겨운 투쟁에 직접 나서고 있다. 이런 투쟁을 들여다보면 좌파가 지도하는 경우가 종종 발견되지만, 좌파가 전체적으로 좀더 큰 규모로 조직화된 운동에 나서는 경우는 그동안 거의 없었다.

자유주의적 개혁론과 사회민주주의적 개념을 비롯해 새로이 경합하고 있는 여러 이념들은 좌파에게도 하나의 도전이 되고 있다. 미국에서의 상황이 그대로 되풀이되는 듯 오늘날 중국에서는 '계급'이라는 단어 자체가 예전보다 덜 사용되고 있고, 그 대신 '시장에서 취약한 위치에 있는 사회적 집단'이라는 뜻의 '사회약세군체(社會弱勢群體)'라는 말이 사용되고 있다. 착취라는 개념이 겉으로 덜 드러나는 방향으로 용어가 변한 셈이다. 도시의 전문직 종사자들이 어떤 정치적 성향을 갖고 있든 간에 그들 중 다수가 보여주는 삶의 양식도 이런 경향을 더욱 강화시키고 있다. 중국에서 스스로 좌파라고 생각하는 이들을 포함한 일부 지식인들은 요즘 도시에서 꽤 많은 돈을 벌고 있으며, 삶의 여건에서 점점 더 자신들과 멀어지는 노동계급과는 실천적 연결관계를 대체로 잃어버리고 있다.

뒤를 돌아보기도 하면서 앞으로

중국에서는 공개적으로 어떤 입장을 밝히고 나서려고 하거나 자기 생각을 행동으로 옮기려고 하는 사람들에게 폭넓게 탄압이 가해지고 있다. 물론 이런 탄압이 반드시 좌파에 집중되거나 우파에 집중되고 있지는 않다. 정부가 대응조치를 취하느냐 여부를 가르는 관건은 국가에서 수용할 수 있는 틀 밖으로 얼마나 멀리 나갔느냐에 있다.

심지어는 개혁정책을 지지하고 농민들을 독립적인 '시민'으로 바꾸기 위해서는 토지의 사유화가 필요하다고 주장하던 한 이주노동자 조직가도 '인권' 신장을 위한 회의를 베이징에서 열려고 했다는 이유로 감금당했다. 조직화된 방식으로 일당지배를 종식시키려는 그 어떤 공개적인 시도도 넘어서는 안 될 선을 넘는 것이며, 공적인 활동의 모든 영역에서 국가의 지배를 훼손하는 것으로 보이는 것은 모두 그 구체적인 정치적 내용이 무엇인가에 상관없이 곧바로 문제가 된다.

이런 억압에도 불구하고 좌파는 급속히 확대되는 노동계급의 투쟁에 보다 조직화된 형태를 부여할 수 있는 잠재력을 갖고 있기에 당국에는 특별한 위협으로 느껴진다. 이런 점에서 당국이 취한 상징적인 조치는 '중국 노동자들의 웹사이트와 토론 목록(China Workers' Website and Discussion Lists)'이라는 이름의 웹사이트를 폐쇄시킨 것이었다. 유사한 다른 토론모임들과 달리 이 웹사이트는 "오늘날 중국에서 사회주의를 방어하기 위해 싸우고 있는 노동자와 농민들이 자신들의 투쟁에 관해 서로 이야기를 나눌 수 있도록 설계된 중국 최초의 웹사이트"였다.

이 사이트에서는 노동자계급에 속하는 지식인을 포함한 모든 지식인들이 "노동자와 관련된 쟁점들에 관한 노동자들과의 토론에 참여"할 수 있었다.[8] 인터넷을 통한 이런 연결은 당과 국가의 지도자들에게 각별한 위협이 되는 것이었다. 왜냐하면 이 웹사이트의 베이징 지역 편집진의 일원이었던 사람이 설명했듯이 "정부는 지금 사회주의를 실천하고 있지 않기 때문"이다. 그는 바로 이런 인식을 바탕으로 "노동자들이 마오주의 시대의 공산당과 지금의 당을 달리 본다"고 말했다. 노동계급의 입장에서는 하고 싶은 말을 공개적으로 해서 다른 사람들이 그 말을 듣도록 하는 것이 매우 중요하다. "이 웹사이트는 자본주의가 제공하지 못하는 종류의 민주주의를 노동자가 갖도록 해주는 것이니 사회주의적 민주주의가 실현하기를 원할 만한 것"이었다고 위 사람은 말했다. 그러나 당국은 노동계급에 속하는 회원들로서는 감당할 수 없는 고액의 등록비를 부과하는 방식으로 이 웹사이트를 폐쇄했다.

노동자와 농민들 및 넓은 범위의 지식인들 사이에서, 그리고 신중산계급 안에도 경제체제와 정치체제가 보다 투명해져야 하며, 각자가 자신에게 영향을 미치는 의사결정에 더 많이 참여할 권리가 보장돼야 한다고 요구하는 목소리가 매우 폭넓게 존재한다. 미국식의 '선거제 민주주의'는 중국에서 아직 폭넓은 호소력을 발휘하지 못하고 있을지도 모르지만, 많은 사람들이 민주적 권리에 관한 이야기 자체는 그야말로 공개

---

8. Stephen Philion, 'An Interview with Yan Yuanzhang', MRZine, http://mrzine.monthlyreview.org/philion130306.html.

적으로 하고 있다. 어떤 이들에게는 언론의 자유가, 또 어떤 이들에게는 야당의 존재가 실현돼야 할 주된 과제다. 지금 많은 노동자들이 "일당 체제가 제대로 돌아가지 않고 있다"는 말을 하고 있다. 당 안에서도 공개적인 토론의 공간을 더 넓히는 방안을 찾기 위한 논의가 일어나고 있고, 새로 생겨나는 시민사회의 비정부기구들이 여성인권과 환경을 비롯한 광범한 쟁점들을 다루고 있다.

이처럼 중국에는 민주주의를 지향하는 정서가 폭넓게 퍼져 있으며, 정부도 단순히 억압하는 것만으로는 이에 대처할 수 없음을 알고 있다. 그래서 정부는 변화를 점진적으로 도입하는 것을 통해 이런 도전에 대응해보려고 노력하고 있다. 그러나 이 분야에서 정부가 취하고 있는 공식적인 개혁정책은 겉으로는 민주화인 것처럼 보이지만 노동계급은 그런 정책에 냉소를 보내고 있다. 예를 들어 향진정부[9] 구성에 선거제가 도입됐지만; 그것은 대체로 위에서 당이 지명한 사람을 승인해주는 절차에 지나지 않기 때문이다.

다른 많은 영역들에서와 마찬가지로 민주화의 영역에서도 사회주의 시기의 기억들, 특히 문화혁명 시기에 노동자와 농민들이 공장과 농장의 운영에는 물론이고 더 나아가 대학과 지방정부의 운영에도 참여했던 경험의 기억이 지금도 여전히 하나의 비교기준으로 작용하고 있다. 그 기준은 그러한 정치적 권리들이 모두 박탈된 지금의 상황과 극명하게 대조된다. 한 노동자는 이렇게 말했다. "지금까지 정부가 실행해 온 민주화 개혁조치들은 마오의 혁명을 뒤집어 놓았고, 노동자들의 삶도 뒤집어 놓았다. 그런 개혁조치들은 노동계급에 대한 보복과 응징의 한 형태다."

따라서 중국에서 수용될 수 있는 정치적 개혁의 방법은 노동자와 농민에 의한 통제라는 좌파의 개념을 현재 전 세계에 걸쳐 진보적 의제의 하나로 떠오른 참여적 민주주의에 결합시키는 길을 찾아내는 것이라고 할 수 있다. 이런 방향의 탐구는 이미 시작됐다. 2004년에 좌파 혁명원로들이 후진타오 국가주석에게 보낸 편지에서 주로 제기

---

9. '향진'은 중국의 말단 지방행정 단위. —편집자

한 요구 중 하나는 권력의 남용을 제어하는 하나의 방법으로 밑으로부터의 대중투쟁을 다시 활성화시키고, 민주적 체제의 한 부분으로서 노동계급에게 당과 국가의 기능에서 직접적인 역할을 수행할 수 있게 하는 조치를 취하라는 것이었다.

그러나 통일된 운동을 구축해 그러한 혁명적 변화를 이루어내는 것을 가로막는 거대한 장애물이 오늘날 세계의 다른 곳들과 마찬가지로 중국에도 존재한다. 과거의 유산에도 불구하고 나이든 노동자와 농민들은 이른 시일 안에 사회주의를 향한 투쟁의 새로운 단계에 이르지 못할 경우 혁명의 시대에 대한 기억이 사라질 것이고, 젊은 세대는 부자가 되고 소비문화에 편입되려고 하는 것 외에는 아무것도 알지 못하고 아무것도 추구하지 않게 될 것이라고 우려하고 있다. 실제로 그렇게 된다면, 궁극적으로 근본적인 변화의 필요성에 직면하게 될 경우 처음부터 다시 시작해야 하는 처지가 될 것이라는 얘기다.

농촌정책 변경과 그 의미

그러나 중국인들은 '전에 가보았고 해보았다'는 강점을 갖고 있다. 때로는 전망이 요원해 보이기도 하지만 여전히 중국은 새로운 사회주의 혁명으로 가는 급행노선에 오르게 될 가능성이 남아 있고, 만약 실제로 그렇게 된다면 다시 한 번 중국이 세계를 뒤흔들 것이다. 물론 이런 가능성은 가까운 미래에 중국에서 일어날 변화에 대해 생각해볼 수 있는 다수의 가능한 시나리오들 가운데 하나일 뿐이다. 중국 계급구조의 복잡성과 양극화가 중국 사회를 서로 모순된 여러 방향으로 동시에 끌어당기고 있어, 폭넓은 범위에 걸쳐 다양한 결과가 가능한 게 지금 중국의 상황이다.

이런 점은 노동계급의 여건과 새로운 도전과제들에 대한 당과 국가의 대응에서 최근 보이는 변화에서 분명히 확인된다. 농촌에서 더 이상의 소요를 막기 위한 노력의 하나로 후진타오와 원자바오 등 중국의 두 최고지도자는 농촌정책에 일련의 변경을 가했고, 이런 정책변경은 대단히 극적인 효과를 낳았다. 새로 도입된 농촌정책 중에는 그동안 농민들로 하여금 항의시위에 나서게 하는 주된 원인이자 대부분 불법적인 것이었던 지역적 공과금의 대부분과 농업세의 폐지도 들어 있다. 또한 정부는 소규모 도시와 농촌마을에 있는 공장들에 대한 투자를 포함해 농촌지역에 대한 투자, 특히 농촌지역의 교육, 보건, 환경을 위한 투자를 늘린다는 계획도 갖고 있다.

이런 조정정책들은 농산품에 대해 보다 유리한 가격을 설정한 조치와 더불어 많은 농민 가정들에 가해지던 경제적 압박을 상당히 경감시키고 있다. '사회주의 신농촌'이라는 말도, 비록 그 의미가 아직은 분명하지 않으며 이미 도입된 농촌정책에다가 보다 좌파적으로 들리는 이름을 붙이려는 시도일 뿐일지도 모르지만 여하튼 공적으로 사용되고 있다. 개혁정책의 틀 안에서의 개혁조치로서 그동안 발표된 것들이 과연 어느 정도의 깊이를 가진 것인지는 앞으로 더 두고 봐야 확인될 수 있을 것이다. 중국의 지배구조에 내재된 특징이기도 하지만 중앙정부의 정책이 지방에서는 제대로 실행되지 않았던 과거의 경험, 그리고 종종 부패한 관리들이 농촌지역의 땅을 개발업자에게 팔아치우는 행위가 여러 지역에서 줄어들지 않고 여전히 계속되고 있는 현실을 고려하면 더욱 그렇다.

그러나 농촌정책 변경이 가져온 충격효과 한 가지는 이미 분명히 확인되고 있다. 불과 3~4년 전의 상황과 분명히 달라진 것은 해안지역의 수출단지들이 노동력 부족을 점점 더 많이 겪고 있다는 점이다. 이는 이주노동자들이 대규모로 고향 농촌마을로, 아니면 고향과 가까운 내륙도시로 돌아가고 있는 현상과 무관하지 않다. 이런 새로운 움직임은 부분적으로는 고향 농촌마을이나 고향 인근 도시의 나아진 생활여건을 이용하려는 것이기도 하지만, 해안지역의 공장에서 당해 온 가혹한 착취를 거부하는 태도가 늘어났기 때문이기도 하다. 이런 역이주(逆移住)는 이주노동자들의 고조된 의식, 저항, 조직화를 반영하는 것이다. 이주노동자들 가운데 다수는 이제 단련된 경력 노동자이며, 보다 어렸을 때 자기를 유혹했던 해안지역 도시의 여건을 더 이상 수용하지 않으려 한다. 공장에서 선호되지만 가장 심한 착취적 여건 속에서 일하게 되는 나이 어린 노동자들, 그중에서도 특히 가난한 농가의 젊은 여성들이 해안지역 공장지대로 이주하던 흐름도 역시 고갈되기 시작했다.

이런 변화는 수출산업으로 하여금 충분한 규모의 노동력을 계속 유인하기 위해 임금과 기타 부가지급의 인상에 나서도록 강요하는 긍정적인 효과도 내고 있지만, 다른 한편으로는 수출산업이 베트남, 인도, 방글라데시와 같이 노동비용이 더 저렴한 나라들로 공장을 이전하는 '바닥으로의 경쟁'을 시작하는 조짐도 벌써부터 나타나고 있다.

중국이 세계 자본주의 시장과 점점 더 긴밀하게 연결되고 있는 가운데 그 세계 자본주의 시장이 어떤 성격을 갖고 있는지를 고려하면, 중국 안에서 시도되는 모든 조치는 추가적인 모순을 불러일으키게 돼 있다. 이런 점에서 볼 때 중국의 현 체제를 교정해줄 단순한 해법은 존재하지 않는다. 중국의 국내시장이 커지고 있다 하더라도 국제 경쟁력이 심각하게 약화되고 그 결과로 경제성장 속도가 떨어진다면 문제가 심각해진다. 중국의 지도자들이 크게 두려워하는 이런 상황이 실제로 벌어진다면, 후진타오와 원자바오가 '사회적 평등'을 새로이 강조하면서 시도하고 있는 정책수정을 계속 밀고나갈 여력이 빠르게 잠식될 뿐 아니라 대규모 혼란이 초래될 위험도 있다.

자본주의적 시장경제로의 이행은 이런 모순을 해결할 수 없다는 사실이 좌파에게 지속적으로 새로운 힘을 주는 원천이 되고 있다. 이렇게 해서 좌파의 영향력이 점점 더 증대하고 있음을 보여주는 한 가지 눈에 띄는 사례가 2006년 3월에 발생했다.

"아마도 10년 만에 처음인 것 같은데, 공산당이 운영하는 입법기관인 전국인민대표대회(전인대)가 중국의 지속적인 고속 경제성장으로 인해 이미 오래 전에 매장됐다고 많은 사람들이 생각했던 사회주의와 자본주의에 관한 이념논쟁에 휘말렸다. 이 논쟁으로 인해 중국 정부는 형식적인 절차만 거치면 당연히 통과될 것으로 기대했던 재산권 보호 법안을 유보할 수밖에 없었고, 규모는 작지만 목소리가 큰 사회주의 성향의 학자나 정책자문자 집단의 영향력이 다시 강화되고 있다는 사실이 부각됐다. 예전의 좌파와 비슷한 태도를 보이는 이들 지식인은 소득격차가 확대되고 사회불안이 고조되고 있음을 지적하면서 국가가 사적인 부의 축적과 시장 주도의 경제개발을 무분별하게 추구하는 데 대해 문제제기를 했다. 이런 공격을 과거 시대로의 후퇴라고 일축한 사람들은 현저한 빈부격차, 만연한 부패, 노동자 인권 침해, 토지 수용 등으로 인해 중국의 현실이 그 공식적 이데올로기로부터 매우 멀어졌음을 사람들이 매일같이 재확인하고 있는 상황 속에서 사회주의 사상이 지속적으로 발휘하는 호소력을 과소평가한 것으로 보인다."(〈뉴욕타임스〉 2006년 3월 12일치)

재산권 보호 법안은 장기적으로는 어떤 형태로든 통과될 가능성이 높지만, "교육과 보건 분야에서 시장의 역할 확대를 허용하자"는 제안이나 보다 과격하게 토지의 사유화를 요구하는 주장에는 일단 제동이 걸렸다. 최고위 지도층도 적어도 겉으로 만이라도 사회주의 쪽으로 다시 방향을 전환할 수밖에 없다고 느끼게 된 것 같다. 그동안 정부와 당이 자본주의적 정책을 구사해 왔지만 사회주의는 여전히 중국 정부와 당의 이론적 기반이다. 〈뉴욕타임스〉는 다음과 같이 보도했다.

"후 주석은 2002년에 권좌에 오른 이래 마르크스주의를 칭송하고 마오를 찬양하는가 하면 중국의 공식 이데올로기인데도 종종 무시돼 온 사회주의 이념을 지금의 시대현실에 보다 적합성이 있는 것으로 만들기 위한 연구에 재정지원을 하는 등의 행동을 통해 좌파로서의 자신의 신뢰도를 높이는 노력을 기울여 왔다."

당과 정부의 새로운 시도

당의 부패가 깊이 뿌리 내렸다고 많은 사람들이 생각하게 되면서 기울어가는 당의 정통성을 복구하려는 노력의 일환으로 마오 시대의 방법들이 부활되기도 했다.

"마치 조직 내 혼란과 대중적 이미지의 실추를 걱정하는 거대 기업처럼 중국 공산당은 지금 스스로를 효율적이고 현대적인 기능적 조직체로 탈바꿈시키려는 노력을 기울이고 있다. 그러나 그렇게 하기 위한 방법으로 중국 공산당은 자신의 옛 정치적 수단, 다시 말해 학습모임들을 갖춘 마오주의 식의 이데올로기 캠페인을 선택했다. 최근 14개월 이상에 걸쳐 중국 공산당의 7천만 당원들은 마오쩌둥과 덩샤오핑의 연설문은 물론이고 1만7000여 자로 씌어진, 읽어내기 어려운 논문과도 같은 당헌도 읽으라는 명령을 받아 그렇게 했다. 아울러 당원이 의무적으로 참석하게 돼 있는 당의 회의에서는 기간당원이 자기 자신은 물론 다른 사람들도 비판하는 절차가 설정됐다."(〈뉴욕타임스〉 2006년 3월 9일치)

이런 캠페인은 일부 사람들에게는 개혁의 노력으로 진지하게 받아들여졌으나 그 밖의 사람들에게는 냉소의 대상이 됐다. 어쨌든 이런 캠페인은 그 직접적인 영향보다는 당이 원래의 혁명적 목표들로부터는 물론이고 마오가 요구한 "인민에게 봉사"하는 역할로부터도 얼마나 멀리 벗어났는가를 인정한 결과라는 의미를 지닌다는 점에서 더 중요하다. 후진타오와 원자바오가 사회주의 혁명을 부활시키거나, 당과 국가가 지난 30여 년 동안 몰입해 왔고 이제는 각종 경제적 흐름들과 긴밀하게 얽히게 된 자본주의의 길로부터 당과 국가를 근본적으로 벗어나게 할 것이라고 기대하는 사람들은 혹시 있다 하더라도 극소수에 지나지 않을 것이다.

그러나 중국에서 사회주의의 개념들을 확산시키는 홍보가 공식적으로 펼쳐지고 마오에 대한 연구가 다시 확산되는 것은 점점 더 가까이 다가오는 위기에 대응하는 과정에서 좌파가 더욱 분명히 부활할 수 있도록 보다 넓은 공간을 열어주고 있다. 중국의 좌파가 전 세계 좌파 세력의 투쟁에 대해 더 많은 정보를 얻고 그런 투쟁들과 보다 더 긴밀한 관계를 가지려는 움직임도 있다. 이런 움직임은 전 세계에 걸쳐 진행되는 논의와 격리되어 고립된 방향으로 나아가던 중국 좌파의 그간 추세와 다른 것이다. 외부와의 연결을 제한하려는 중국 정부의 시도에도 불구하고 전 세계적으로 새롭게 급속히 확장되는 통신망과 조직망을 통해 외부와의 연결이 진전되고 있다.

노동계급의 삶의 여건 악화는 노동계급을 보다 급진적이고 투쟁적인 방향으로 급속히 몰아가고 있다. 노동자와 농민뿐만 아니라 다수의 지식인들, 보다 넓게는 신중산계급의 일부도 지구적 자본주의는 자신들이 처한 상황에 대한 해답을 갖고 있지 못하다고 느끼고 있으며, 자신들이 마오의 지도 아래 건설했던 혁명적 사회주의가 오늘날 앞으로 나아갈 대안의 길의 윤곽 정도는 보여줄 수 있다는 점을 점점 더 깊게 이해하고 있다. 중국의 공장과 농장에서 노동자와 농민들이 새로운 형태의 자본주의적 착취에 저항하고 있을 뿐 아니라, 그들은 '대안의 길'에 대한 기억을 아직 갖고 있다. 그리고 개혁정책 이전의 사회주의 시대에 영위했던 삶의 경험으로부터 그들은 지구적 자본주의의 통제되지 않는 광란에 대응해 실행 가능한 대안의 길이 존재함을 이미 알고 있다.

그러나 그런 역사적 유산에도 불구하고 단순히 과거로 돌아가는 것은 어떤 형태로도 가능하지 않으며 바람직하지도 않다. 그동안 워낙 많은 변화가 있었고, 너무 많은 요정들이 갇혀 있던 병에서 빠져나왔기에 그 요정들을 모두 병 속에 다시 집어넣을 수는 없게 됐다. 과거의 실패와 오류는 그 성공이나 승리와 함께 모두 재검토돼야 하고, 세계의 다른 곳들에서와 마찬가지로 중국에서도 첫 번째 사회주의 시대가 드러냈던 한계를 넘어서기 위한 새로운 길이 찾아져야 한다. 이를 위한 투쟁이 앞으로의 시기에 어느 방향으로 나아가게 될 것인지를 예측하기란 쉽지 않다. 그러나 중국의 노동계급은 앞으로 나아가는 과정에서 뒤를 돌아보기도 할 것이며, 그러면서 그들은 새로운 사회주의로 나아가는 그들 나름의 길을 찾아낼 것이다. 그 길은 그들이 수행했던 과거의 투쟁과 오늘날의 세계적인 운동을 결합시킬 것이고, 다시 한 번 혁명적 변혁을 가져올 것이다. ᴹᴿ

여성과 계급:
지난 40년간 무슨 일이 일어났나?

스테파니 루스, 마크 브레너[1]

여성은 여전히 저임금, 비정규직

40년 전 여름에 한 무리의 여성과 남성들이 모여 전미여성기구(NOW; National Organization for Woman)를 결성했다. 전미여성기구는 교육과 법적 소송을 통한 성평등 쟁취를 소임으로 삼았다. 여성의 권리를 주장하며 투쟁하는 기존 단체들이 여럿 있었지만 전미여성기구는 곧 가장 널리 알려지면서 가장 거대한 단체 중 하나로 부상했다.

오늘날 전미여성기구는 미국 전역에서 50만 명이 넘는 회원과 500여 개의 지부를 거느리고 있다. 전미여성기구가 설립됐을 때는 유급노동시장에 진입하는 여성들이

---

1. 스테파니 루스(Stephanie Luce)는 미국 매사추세츠-애머스트 대학의 노동자센터 강사이며 저서로 《생활급을 위한 싸움(Fighting for a Living Wage)》이 있다. 마크 브레너(Mark Brenner)는 미국 미시건 주에 본부를 두고 있는 노동운동 전문잡지 〈레이버 노츠(Labor Notes)〉의 공동운영자다. 이 글의 원문은 〈먼슬리 리뷰〉 2006년 7~8월호에 실린 'Women and Class: What Has Happened in Forty Years?' 다. —편집자

증가하던 시기였다. 전미여성기구에 대한 비판도 많다. 전미여성기구가 인종이나 계급 문제에 신경 쓰지 않는다고 비판하는 사람들도 있고, 남녀평등을 위한 헌법 수정안의 통과 같은 일에 매진하는 등 자유주의적 페미니즘의 법률전략에 너무 치중한다고 비판하는 사람들도 있다.

'여성노조연대(Coalition of Labor Union Women)', '나인 투 파이브(9to5)', '노동하는 여성의 전국기구(National Organization of Working Women)', '콤바히강 공동체(Combahee River Collective)' 등 노동계급 여성과 유색인종 여성을 대표하는 여러 다른 단체들도 성장했다. 이들은 무수히 많은 다른 단체들과 함께 1960년대와 1970년대에 여성운동을 확립하는 데 기여했다.

여성을 직접 조직화하거나 여성을 위한 법률 개정을 위해 이들이 기울인 노력이 여성운동의 성공에 얼마만큼 직접적인 영향을 미쳤는지를 꼭 집어 말하기는 쉽지 않지만, 1960년대부터 1980년대까지 노동하는 여성들의 지위에 큰 변화가 있었던 것은 분명하다. 성별을 보고 고용하거나 성별에 따라 급료에 차별을 두는 법적 장벽이 제거됐다.

1970년 전후에는 성에 따른 직업 구분이 금세기 들어 최초로 무너지기 시작했다.[2] 1964년에는 남성이 시급 1달러를 받을 때 여성은 59센트를 받았지만 2004년에는 여성의 시급이 77센트로 오르면서 성별 임금격차가 줄어들었다.[3] 학사학위를 가진 노동인력 중 여성의 비율은 1970년 11.2%에서 2004년 32.6%로 높아져, 여성의 고학력자 중 가율이 남성의 두 배에 이르렀다.[4] 하지만 어떤 것들은 그다지 변하지 않았다. 여성은 여전히 가사노동과 아동양육을 비롯한 여러 가지 종류의 보살핌 노동을 수행하는 책

---

2. Irene Padavic, 'Patterns of Labor Force Participation and Sex Segregation', conference paper, 3rd Annual Invitational Journalism-Work/Family Conference, Boston University and Brandeis University, Community, Families & Work Program, May 20~21, 2004.
3. 이것은 풀타임 노동자들에 대한 통계다. Stephen J. Rose & Heidi I. Hartmann, Still a Man's Labor Market: The Long-Term Earnings Gap, Washington D.C., Institute for Women's Policy Research, 2004, http://www.iwpr.org/pdf/C355.pdf.
4. 이 글에서 별도로 출처를 밝히지 않은 통계숫자는 모두 노동통계국(Bureau of Labor Statistics)의 자료와 《인구현황 조사(Current Populaton Survey)》, 《여성노동력 통계 2005(Women in the Labor Force Databook 2005)》에서 가져온 것이다. http://www.bls.gov/cps/wlf-table9-2005.pdf를 참조하라.

임을 지고 있다. 그리고 남성보다는 여성이 빈곤한 생활을 하게 될 가능성이 높다.

1990년대에는 남녀 간 직업적 차별이 개선되던 부문에서조차 그 개선의 지체 또는 반전이 시작되는 양상이 나타났다. 1990년대에는 백인여성과 흑인여성 사이에 직업적 차별이 확대됐고, 고졸 이하의 학력을 가진 여성과 그 이상의 고등교육을 받은 여성 사이에 임금 불평등이 커지기 시작했다. 이때 젊은 백인여성과 흑인여성 사이의 고용격차가 처음으로 나타나기 시작했다.

이런 추세를 무엇으로 설명해야 하나? 이런 추세 중 일부는 서비스 부문의 확대 및 제조업 부문 공장의 해외이전 같은 경제적 변화로 설명될 수 있겠지만, 그 대부분은 이 시기의 사회운동의 영향으로 설명된다고 우리는 본다. 1960년대와 1970년대의 여성운동은 시민권 운동과 함께 노동계급 내의 일부 집단에 의미심장하고 실질적인 성과를 가져다줄 기틀을 마련했다. 이런 운동이 텅 빈 공간에서 이루어진 것은 아니었다. 운동을 하는 이들은 자기들의 요구를 어떻게 구체화해 제시할 것인지를 놓고 내적 불화를 겪었다. 그리고 역습과 역류에도 대처해야만 했다.

이로써 얻은 것이 많은 여성들도 있지만, 그 밖의 다른 여성들은 아무것도 얻지 못하는 상황이 전개됐다. 1950년대의 여성들과 1960년대의 여성들 사이에도 차이가 존재했지만, 오늘날 여성들 사이에 존재하는 차이에 비하면 당시의 여성들 사이에 차이보다 공통점이 더 많았다고 볼 수 있다.

여성운동이 시작된 지 40년이 지난 지금에는 일부 여성들이 그동안 획득한 것들이 여성노동자들 사이에 더 큰 계급격차를 야기하고 있다. 이런 상황이 우리로 하여금 오늘날 여러 계급을 아우르는 여성운동을 형성하는 것이 가능한 일인지를 검토하게 했다.

노동하는 여성들이 오늘날 처해 있는 조건들을 이해하고 새로운 여성운동의 가능성을 살펴보기 위해서는 지난 40년 동안 진정으로 변한 것은 무엇이며, 그러한 변화는 어떤 결과를 가져왔는지를 이해할 필요가 있다.

오늘날 많은 사람들이 알고 있는 사실이지만, 지난 40년 동안 일어난 가장 큰 변화

중 하나는 노동시장 전체에서 여성의 참여가 상당히 증가했으며 특히 결혼한 여성과 어린 자녀를 둔 여성의 노동시장 참여 확대는 주목할 만하다는 것이다.

미국 노동통계국(BLS)에 따르면 1950년에는 유급노동시장에 참여하고 있는 여성이 전체 여성 인구의 3분의 1에 불과했지만 2004년에는 이 비율이 약 60%에 이른다. 같은 기간에 결혼한 여성의 노동시장 참여율은 24%에서 61%로 상승했다.[5] 1975년에는 6세 미만의 자녀를 둔 여성의 39%가 노동인구였지만, 2004년에는 이 비율이 62%로 올라갔다.[6]

1950년부터 1990년 사이에 주요 변화들이 일어났고, 그 후에는 여성의 노동시장 참여가 큰 변화 없이 안정적인 양상을 보였다. 1990년대 후반과 2000년대 초반에는 결혼해 어린 아이를 둔 백인여성의 노동시장 참여율이 약간 하락했지만, 이런 현상의 일차적 원인은 경기후퇴와 일자리 찾기의 어려움 때문이었던 것으로 보인다.[7]

역사학자들은 이런 추세가 인종에 따라 현저한 차이를 보인다는 사실을 바로 지적해낼 것이다. 흑인여성은 백인여성보다 노동시장 참여율이 항상 높았다. 아이를 돌보기 위해 인생의 일부를 할애하는 경향을 보이는 백인여성에 비해 흑인여성이 평생 더 많은 시간을 노동하기 때문이다. 하지만 노동시장 참여율이 상승해 온 일반적인 추세는 백인여성과 흑인여성 모두에 적용된다. 안타깝게도 우리는 아시아 여성이나 라틴계 여성의 노동시장 참여율을 알게 해주는 당시의 적절한 자료는 확보하지 못했다.

노동시장 참여율의 상승과 더불어 특정 직업들에서 성별 구성비가 두드러진 변화를 보였다. 2004년 현재 여성은 관리직과 전문직 및 관련 직업군에서 절반을 차지하고 있으며, 이들 직업군에서 상대적 및 절대적으로 여성의 진출이 가장 두드러졌다.[8]

이런 변화로 혜택을 입은 여성들은 누구인가? 학계나 정책수립자들은 학사학위를

5. http://www.bls.gov/cps/wlf-table4-2005.pdf.
6. http://www.bls.gov/cps/wlf-table5-2005.pdf.
7. Heather Boushey, 'Are Mothers Really Leaving the Workplace?', issue brief, Council on Contemporary Families and the Center for Economic and Policy Research, March 28, 2006.
8. http://www.bls.gov/cps/wlf-intro-2005.pdf.

가진 여성들이 받는 사회보장 혜택에 주목해 왔다. 여성들 가운데 학사학위를 가진 집단이 막대한 이득을 얻어 왔다는 것은 틀림없다. 학사학위를 가진 여성들은 1973년에 평균적으로 시간당 15.45달러(2003년 달러화 가치 기준)를 받은 데 비해 2003년에는 시간당 20.19달러를 받아 임금이 31%나 올랐다.[9] 이는 같은 기간에 학사학위를 가진 남성의 임금 증가율 17%보다 훨씬 높고, 학사 이상의 학위를 가진 여성들의 평균 시급이 24% 증가한 사실과도 비교된다.

학사학위를 가진 여성들은 대부분 경제적으로 독립했고, 경제적 독립은 결혼시점을 늦추거나 결혼 자체를 피할 수 있게 해주었다. 여성들은 예전에는 진출할 수 없었던 직업들에 진출해 경력상의 지위와 권위를 획득할 수 있게 됐다. 에릭 올린 라이트(Erik Olin Wright)와 레이철 드와이어(Rachel Dwyer)의 연구는 새로 창출된 일자리를 통해 누가 얼마나 이익을 보았는가를 설명하는 데 있어서 1960년대에는 성이 가장 중요한 요인이었지만 1990년대에는 인종이 더 중요한 요인으로 자리 잡았음을 보여주었다.[10]

성공 스토리에 가려진 여성의 삶

교육을 많이 받은 백인 여성노동자들의 상향이동은 지난 40년간 일어난 주목할 만한 변화 중 하나이며 그동안 고학력 여성들이 획득한 것들을 폄하해서는 안 된다는 것은 분명하다. 하지만 그들의 성공에 대한 일반적인 묘사에서는 여전히 중요한 이야기가 빠져 있다.

그것은 첫째, 많은 여성들에게 적용되는 '유리천장(glass ceiling, 승진상한선)' 같은

---

9. Economic Policy Institute, http://www.epinet.org/content.cfm/datazone_dznational.
10. Erik Olin Wright & Rachel Dwyer, 'The American Jobs Machine: Is the New Economy Creating Good Jobs?', Boston Review 25, December/January 2000~01, pp. 21~26.

커다란 장벽이 여전히 존재하며, 그 외에도 여러 가지 종류의 차별이 노동시장에 여전히 남아 있다는 것이다. 그리고 일과 가정 모두에서 잘 해내려고 노력하는 전문직 여성의 경우에는 이런 측면에서 별로 변한 것이 없는 직업세계에서 불이익을 받는다. 둘째, 성공한 전문직 여성들의 이야기에서는 계급과 인종이라는 핵심적 요소가 생략된다. 노동하는 여성들 대다수는 여전히 저임금의 비정규직이다. 그들의 직업은 내세울 만한 것도 아니고 안정적이지도 않으며 사회보장 혜택도 없다.

2005년 현재 전체 여성노동자를 대상으로 조사한 시급의 중위값(median)은 12.5달러였다. 두 명의 자녀를 혼자 키우는 어머니가 전일제 일자리를 가졌을 경우 그 가정의 소득은 연방정부에서 정한 3인가정 빈곤선의 160% 정도가 된다. 전체 흑인여성의 60%, 전체 라틴계 여성의 67%가 이 액수에 못 미치는 시급만 받는다.

대학생 중에서 여성이 다수를 차지한다고 하지만 여성 전체로 보았을 때는 소수에 불과하다. 2004년 현재 25세에서 64세 사이의 여성 중 23%만이 학사학위를 가지고 있다. 이 연령대의 흑인여성의 경우 학사 이상 학위를 가진 여성은 14%, 히스패닉계 여성의 경우는 이 비율이 9%에 불과하다.

학력의 차이는 직업 관련 통계수치가 인종별로 다른 이유를 설명해준다. 2004년에 전체 백인여성의 39%와 전체 아시아 여성의 44%가 관리직과 전문직 및 관련 직종에 종사하고 있는 것으로 나타난 반면, 흑인여성과 히스패닉계 여성의 경우 이 비율이 각각 31%와 22%에 지나지 않는다. 전문직과 관리직에 종사하는 여성의 수는 전체적으로 늘어나는 추세이지만, 여전히 인종별로 큰 차이가 있다.

성별 임금격차는 차츰 좁혀지고 있다. 하지만 이는 여성의 평균임금이 증가했기 때문이 아니다. 사실 최근 몇 년간 여성의 소득증가율은 인플레이션도 따라잡지 못하고 있는 실정이다. 그러므로 남녀 간 소득격차가 꾸준히 좁혀지는 이유는 남성의 임금하락이 여성의 임금하락보다 빠르게 진행되고 있기 때문으로 봐야 한다. 또한 일부 집단의 여성들이 평균 이상의 임금을 받을 수 있게 됐지만, 아이를 양육하는 기간 동안 소득이 상당히 줄어드는 경향은 여전하다.

여성정책연구소(Institute for Women's Policy Research)가 수행한 연구에 따르면 26세에서 59세 사이의 여성이 15년간 벌어들인 소득은 1999년의 달러화 가치 기준으로 27만3592달러인 데 비해 같은 연령대의 남성이 같은 기간에 벌어들인 소득은 72만 2693달러에 이르는 것으로 나타났다. 그동안 남녀 간 시급 비율은 77%까지 높아졌지만 평생의 임금을 비교해보면 성별 격차가 아직 상당히 크며, 위 여성정책연구소의 연구사례에서는 이 비율이 38%에 불과하다.

최근 성별 임금 비율이 젊은 노동자들의 경우 84%에 이르는 등 남녀 간 차이가 더욱 줄어들고 있지만, 이것이 세대 간의 변화를 의미하는 것인지 아니면 세대와 무관한 생애주기에 따른 소득변화의 양상을 나타내는 것인지는 분명하지 않다.

아이를 기르고 가정을 돌보는 일에 대한 일차적인 책임은 여전히 여성이 지고 있다. 비록 남성 1인이 가장인 가정의 수가 증가해 왔고 아버지가 아이를 돌보는 경우도 전반적으로 많이 늘어났지만 아버지와 어머니가 각각 아이를 기르는 데 할애하는 평균 시간에는 여전히 큰 차이가 있다. 젊은 아버지들 가운데 다수가 아이를 돌보기 위해 직장을 떠나고 있다는 일반적인 인식과 달리 3세 미만의 자녀를 둔 아버지들 가운데 직장을 다니는 사람의 비중은 95%에 이르며 이는 다른 어느 집단보다도 높은 수치다.

심지어 부모 모두가 가정 밖의 일터에서 일하면서 아버지가 아이를 돌보는 일을 분담하는 경우에도 어머니는 필요하면 빠져나와 아이를 데리러 학교로 가거나 아이가 아플 때 휴가를 낼 수 있도록 근무시간이 신축적인 일자리를 선택하는 경향이 있다. 노동통계국에 따르면 어린 자녀를 둔 여성 노동자는 배우자보다 아이를 돌보는 일에 하루에 두 배 이상의 시간을 할애한다. 남편이 떠맡는 가사 일이 약간 더 많아지긴 했지만 평균적으로 볼 때 남편들이 수행하는 가사 일의 양은 여진히 아내들이 수행하는 가사 일의 절반 수준이다.[11]

유급노동시장에 참여하는 여성들이 갈수록 더 많아지면서 가사노동에서 남성이 담

---

11. Bureau of Labor Statistics, Time Use Survey.

당하는 몫도 증가해 왔다. 하지만 가사 일 부담에서 남성과 여성 사이의 차이가 줄어든 일차적인 이유는 여성이 가사 일에 할애할 수 있는 시간이 전체적으로 줄어든 데 있다. 오늘날 보다 많은 회사들이 육아휴가를 주지만, 자료를 통해 확인해보면 육아휴가를 사용하는 노동자는 경제적인 불이익을 받는다는 사실을 알 수 있다. 특히 전문직 여성에게서 두드러지게 나타나는 이런 현상은 전문직에 종사하는 부부가 다른 여성이 제공하는 도우미 서비스에 가사 일을 맡기는 경우가 늘어난 이유 중 하나일 것이다.

여성이 남성보다 빈곤에 빠질 가능성이 높다는 경향도 여전히 변하지 않고 존속하고 있다. 이 세 번째 경향은 여성의 낮은 임금과 주로 여성에게 돌아가는 아이 돌보기라는 무거운 책임과 관련이 있다. 이와 관련해 많은 학자들이 연방정부가 정한 빈곤선이 너무 낮은 수준이며 오늘날의 생활비를 정확하게 반영하지 못한다고 확신하고 있다는 사실을 짚고 넘어갈 필요가 있다. 여성의 3분의 1은 연방정부에서 정한 빈곤선의 200% 이하의 소득으로 생활하고 있다. 여성이 가장인 가정의 빈곤율은 과거 몇십 년에 걸쳐 감소해 왔지만, 아직도 그 수치는 모든 인종집단에서 전체 가정의 빈곤율에 비해 두 배에 이른다.

게다가 2001년 이후 여성이 가장인 가정 중 빈곤한 생활을 하는 가정의 비율이 높아져 왔다. 오늘날에는 백인여성이 가장인 가정들 중에서는 20% 이상, 그 밖의 각 인종별로 여성이 가장인 가정들 중에서는 약 3분의 1이 빈곤한 생활을 하고 있다. 흑인과 히스패닉인 여성이 가장인 가정들 중에서는 약 40%가 기본적으로 필요한 것들조차 충족시켜 주지 못하는 소득으로 생활하고 있다.

무엇이 여성을 빈곤에 붙들어 두는가? 노동시장에서 여성이 받는 낮은 임금이 하나의 중요한 이유다. 주로 여성이 일하는 직업의 평균임금은 아주 낮고, 바버라 에렌라이히(Barbara Ehrenreich)가 저서 《빈곤의 경제(Nickel and Dime)》에서 지적했듯이 적어도 너무 적다. 그러나 임금이 더 높은 직업을 가지려고 노력하는 여성이 학사학위가 필요 없는 직업을 구하려고 하는 경우에는 실질적인 장벽에 부닥친다.

가령 여성이 전통적인 여성의 직업이 아닌 다른 직업을 가질 수 있도록 도와주는 프로그램이 여럿 존재함에도 불구하고 임금수준이 보다 높은 건설이나 제조업 분야에 종사하는 여성은 여전히 소수에 불과하다. 여성이 이런 분야의 직업을 갖게 되더라도 일터에서 괴롭힘을 당하거나 고립되기 일쑤이며, 결국 대부분은 그 직업을 떠나기로 결심하게 된다.

직업상의 남녀 차별은 제조업이나 건설업에만 있는 것이 아니다. 스티븐 로즈(Stephen Rose)와 하이디 하트먼(Heidi Hartmann)의 연구에 따르면 남성과 여성으로 서열화된 직업군을 보면 낮은 임금을 받는 직군에는 여전히 여성들이 주로 포진하고 있다. 오늘날 대부분의 종사자가 여성노동자인 직업의 종류는 1940년대와 크게 다르지 않다. 그것은 간호사, 간호조무사, 타자수, 비서 같은 일들이다.[12]

이렌 패더빅(Irene Padavic)과 바버라 레스킨(Barbara Reskin)의 연구도 여성이 1970년대와 1980년대에는 직업상의 차별대우를 변화시키면서 진일보했지만 1990년대에는 이런 측면에서 정체됐다고 지적한다. 인종 간의 직업상 차별 또는 직업 간 구분도 1960년대부터 1980년대까지는 해소되며 통합되는 것이 추세였지만, 이런 추세도 1990년대에 역전됐다.

일부 직업들에서는 여전히 성별에 따른 심한 차별이 존재하며, 이런 직업군의 남녀 간 임금격차는 다른 직업들에 비해 여전히 크다. 가령 2004년에 주로 남성의 직업인 수위의 평균 시급은 10달러였지만, 수위와 비슷한 수준의 훈련과 기술이 요구되는 청소원이나 가정부의 시급은 8.67달러에 그쳤다. 기계정비사와 간호조무사도 서로 비슷한 수준의 훈련을 받지만, 2004년의 시급을 보면 기계정비사는 16.64달러였던 데 비해 간호조무사는 10.53달러였다.[13]

어떤 것은 극적으로 변한 반면에 어떤 것은 변함없이 그대로 남아있는 이유를 무엇으로 설명할 수 있을까? 누가 수혜자이고 누가 비수혜자인지를 면밀히 조사하는 것이 이 질문에 대한 해답을 찾는 데 도움이 될 수 있다. 가령 최근에 가장 많은 혜택을 입

---

12. Irene Padavic & Barbara Reskin, Women and Men at Work, 2nd ed., Thousand Oaks, CA, Pine Forge Press, 2002.
13. National Occupational Employment and Wage Estimates.

은 여성들은 전문직이나 관리직에 종사하게 된 이들이다.

그러나 조해너 브레너(Johanna Brenner)가 지적한 바대로 전문직이나 관리직에 진출한 여성들이 성공하게 된 것은 노동시장에서 평등한 권리를 보장받기 위한 투쟁과 같은 '개별화된 해법' 덕분이었다.[14] 여성들은 여성에 대한 대학이나 전문학교의 입학 문호 확대를 요구해 왔고, 노동시장에 대한 보다 넓은 접근권을 확보하기 위한 투쟁에서 법적 수단을 동원하거나 소송을 활용해 왔다. 그동안 이들의 성공은 남녀 간 임금 격차를 줄이는 데 기여했고, 직업상의 남녀 간 구분 및 차별의 철폐에도 부분적으로 기여했다. 그러나 이런 식의 개별화된 해법의 혜택은 대부분 백인여성이나 이미 그러한 해법을 이용할 능력이 있는 여성들에게만 돌아갔다.

여성 문제에서 인종과 계급도 중요한 요소임을 우리는 통계수치를 통해 알 수 있다. 이런 지적은 참신하지는 않겠지만 여전히 중요하다. 왜냐하면 여성들 사이에 나타나는 최근의 추세는 인종 간 격차가 벌어지고 있음을 보여주기 때문이다. 그 증거로는 1990년대에 백인여성과 흑인여성 사이에 나타난 직업상 차별의 증가와 최근에 젊은 백인여성과 젊은 흑인여성 사이에 나타난 고용률의 차이를 들 수 있다.[15] 여성이 유급노동시장에 진입해도 대부분의 경우 계급의 변화를 이루지는 못한다. 미국의 계급 이동성은 여전히 낮은 수준에 머물고 있기 때문이다. 게다가 최근의 연구는 계급 이동성이 점점 낮아져 왔음을 보여준다.

자녀가 있다는 것 또한 문제가 된다. 자녀를 둔 여성들 모두가 노동시장에서 열악한 처지에 있는 것은 아니지만, 빈곤가정의 75%가 18세 미만의 자녀를 둔 가정이라는 사실을 염두에 두어야 한다.[16] 그리고 자녀가 있는가 없는가는 여성이 노동시장에 얼마나 잘 진입할 수 있을 것인지를 알려주는 예고지표로 여전히 활용된다. 남편이나 보조부모(second parent)가 있을 경우에는 자녀의 유무와 여성의 노동시장 참여 사이

---

14. Johanna Brenner, Women and the Politics of Class, New York, Monthly Review Press, 2000.
15. Lori L. Reid & Irene Padavic, 'Employment Exits and the Race Gap in Young Women's Employment', Social Science Quarterly 86, December 2005, pp. 1242~60.
16. http://www.census.gov/hhes/www/poverty/histpov/hstpov4.html.

의 관련성이 낮아지지만, 그런 경우에도 아이를 기르는 일차적인 책임은 여전히 여성에게 돌아간다.

그러나 이러한 요소들만으로는 앞에서 논의한 여성 관련 추세들을 다 설명하기에 부족하다. 앞에서 논의한 추세들이 노동계급의 여성이나 유색인종 여성이 엘리트 여성이나 백인 여성에 비해 권력이나 개인적 자원을 적게 가졌기 때문이라거나 자녀를 두었기 때문에 비용이 많이 들거나 임금을 많이 받는 일자리를 구하기 어렵기 때문이라고만 설명할 수는 없다는 것이다.

조직화 또한 중요한 요소로 꼽을 수 있다. 노동계급 여성을 포함해 모든 여성들은 자기들이 갖고 있는 힘을 발휘하기 위한 개별적인 시도도 해왔고 집합적인 시도도 해왔다. 그리고 여성들의 힘이 행사되는 구체적인 방식은 권력이나 자원이 분배되는 방식이나 사회적 재생산이 조직되는 방식에 의존했다.

권리를 어떤 방식으로 주장하는지에 따라 투쟁의 결과는 달라질 수 있다. 넬슨 리히텐슈타인(Nelson Lichtenstein)은 미국 노동운동은 2차 세계대전 이후에 노동계급을 포괄적이고 집합적으로 조직하는 데 실패했다고 주장한다.[17] 미국 노동운동은 예컨대 보편적 보건의료 체계를 수립하기 위해 투쟁하기보다는 개별 기업별로 보건의료 보장을 얻어내거나, 모든 노동자들을 위해 노동조건이나 고용기회를 개선하기 위한 투쟁을 하기보다 노조 조합원의 이익을 앞세우는 투쟁을 했다는 것이다. 그 결과 노동자들 대부분은 노조운동의 바깥으로 밀려났고, 노조는 보건의료 체계나 퇴직 후 생활보장과 같은 핵심적인 문제를 해결하는 데 실패했다.

2차 세계대전 직후 전개된 미국 노동운동 과정에서 주변화된 집단은 특히 여성과 유색인종이었다. 그들은 작업장에서 발생하는 문제를 해결하기 위해 뭔가 새로운 방법을 찾아야 했다. 인종이나 성별 등에 따른 고용차별을 금지하고 동일 노동을 수행하는 남성과 여성에 대해 동일 임금을 지급하도록 의무화하는 내용의 기념비적인 법

---

17. Nelson Lichtenstein, State of the Union: A Century of American Labor, Princeton, NJ, Princeton University Press, 2003.

안의 통과를 추구한 1960년대의 시민권 운동은 그러한 대안 모색의 한 가지 표현이었다. 그러나 이런 시민권 운동에 의해 확보된 권리는 입법적 승리의 결과였기에 그 행사는 기본적으로 개별적인 소송을 통해 이루어졌다. 이런 점은 오늘날의 여성단체들이 채택하고 있는 관점에 영향을 주었다.

이런 식의 접근법이 그동안 상당한 성공을 거두었기 때문에 여성단체들은 노동계급 여성을 위한 개별화된 전략을 꾸준히 강조한다. 이런 여성단체들은 직업상의 차별에 맞서기 위해서는 숙련된 기술이 필요한 직종에 여성이 취업할 수 있도록 해줄 직업교육이 필요하다고 주장하고, 남녀 간 임금격차를 줄이기 위해서는 여성의 대학진학을 지원하는 프로그램을 늘릴 것을 요구하거나 남녀 간에 동일한 임금 지급을 의무화하는 법의 제정을 요구한다.

이런 식의 개별화된 해결책도 물론 중요하다. 하지만 노동계급 여성과 유색인종 여성은 현실적으로 이런 방법을 이용하기가 상당히 어렵다. 물론 '베티 듀크스 대 월마트 사건'[18]을 비롯해 노동계급 여성의 권익을 보호하고 증진하기 위한 소송사건이 다수 있었다.

하지만 이런 소송은 문제해결에 여러 해가 걸릴 수 있는데, 노동계급 여성들 대부분은 이런 소송에 나설 시간도 없거니와 소송을 진행하는 데 요구되는 자원도 갖고 있지 않다. 노동계급 여성들로서는 법적인 방법을 비롯한 개별화된 해결책을 활용할 수 없다. 게다가 노조를 비롯한 노동자들의 집단행동 수단도 위축돼 가는 상황이다. 이로 인해 자신들을 위한 규모 있는 조직을 갖고 있지 못한 노동계급 여성들은 대부분 방치된 상태에 놓여 있다.

물론 모든 단체들이 개별화된 해결책에 초점을 맞추는 것은 아니다. 임금과 일자리의 질을 향상시키기 위한 집합적 접근방식의 하나인 노조결성의 혜택을 입은 노동계급 여성들도 있다. 미국에는 여성을 조직화하는 노조들이 오래 전부터 존재해 왔지만, 노

---

18. Betty Dukes v. Wal-Mart. 월마트의 여성 직원인 베티 듀크스가 사측의 성차별적 인사정책으로 피해를 입었다고 주장하며 2000년에 제기한 소송으로, 월마트의 전현직 여성 직원 등 160만 명을 원고로 하는 집단소송으로 발전했다. —편집자

조들의 그런 노력이 극적으로 확대되며 성과를 거둔 것은 최근 몇십 년 사이의 일이다.

가령 교사나 간호사로 일하는 여성들은 노조를 결성하는 것을 통해 임금 상승과 사회보장 혜택의 개선을 이루었다. 1973년에 설립되어 지금은 미국 본토의 50개 주 모두에 회원을 거느리고 있는 '나인 투 파이브(9to5)' 같은 노동계급 여성단체는 1991년의 시민권리법을 비롯해 육아휴가 및 의료휴가법, 국가보건안전법, 주별 생활임금조례 등의 통과를 촉진하기 위해 조직됐다.

여성은 어디에서 힘을 찾아내야 하나

이같은 집단행동을 하게 되는 경우에는 조직화를 하는 과정에서 힘의 원천을 찾아내는 과제에 직면하게 된다. 스티브 젠킨스(Steve Jenkins)는 '노동자센터 운동(workers center movement)'의 역동성을 분석하면서 노동자들이 활용할 수 있는 두 가지 힘의 원천을 제시하고 그 특징을 구분해 설명했다. 첫 번째는 '사회적 힘'이다. 이는 생산이나 회사운영을 방해하고 중단시킬 수 있는 능력을 가리킨다. 두 번째는 '지지 유도력'이다. 이는 자신이 필요로 하는 것을 얻기 위해 변호사, 로비스트, 유권자를 비롯한 여러 지지자들을 확보해내는 능력을 가리킨다.[19]

여성노동자들은 이 두 가지 힘을 어느 정도나 갖고 있는가? 과거 몇십 년간 직업시장에서 비교적 훌륭하게 적응한 여성들은 희소한 기술을 습득할 수 있었던 여성들이다. 특히 학사학위나 그 이상의 학력을 갖고 관리직이나 전문직으로 진출한 여성들이 이에 해당한다. 이런 여성들은 보다 나은 직업에 진출하고 보다 높은 임금을 받기 위해 개인적인 능력을 발휘하거나 때로는 집합적 협상력에도 의존할 수 있었다.

그런가 하면 임금과 노동조건을 향상시키기 위해 각자의 기능과 교육수준을 노조

---

19. Steve Jenkins, 'Organizing, Advocacy and Member Power: A Critical Reflection', Working USA, Fall 2002, pp. 56~73.

를 통한 집단행동에 결합시킨 여성노동자들도 있다. 여성이 많이 종사하는 19개 직업을 목록화한 아래 표를 보면 이런 부류의 여성노동자들이 어떤 이들인지를 확인할 수 있다. 전체 여성노동자 중 43%가 이 표에 열거된 19개 직업에 종사한다. 공인간호사와 초중학교 교사는 주급이 각각 930달러와 813달러로 전체 여성노동자의 평균 주급 585달러에 비해 상당히 높고, 이들의 노조조직률 또한 높은 것으로 나타난다.

그러나 더 많은 교육을 받고 희소한 기능을 습득하거나 노조원이 되는 것만으로 노

2005년 여성직업 상위 19개 (천 명, %)

	여성 노동자 전체	남녀 노동자 전체	여성의 비율	여성의 주급 증위값	남녀 전체 노조조직률
전체	65,762	141,730	46.4	$585	12.5
비서, 행정, 보조	3,405	3,499	97.3	559	7.4
계산원	2,334	3,075	75.9	322	6.2
공인간호사	2,230	2,416	92.3	930	16.6
초중학교 교사	2,150	2,616	82.2	813	52.5
소매 판매원	1,686	3,248	51.9	401	1.2
간호 및 가사보조원	1,685	1,900	88.7	385	12.2
소매 판매원 관리자	1,462	3,523	41.5	525	4.0
음식점 종업원	1,384	1,927	71.8	332	1.7
경리 및 회계 사무원	1,329	1,456	91.3	551	4.7
안내 서비스	1,271	1,376	92.4	463	3.8
보육	1,260	1,329	94.8	330	5.0
고객서비스 센터	1,259	1,833	68.7	505	7.7
가정부 · 가정청소부	1,237	1,382	89.5	328	6.2
사무원 관리자	1,115	1,598	69.8	656	7.3
회계 및 감리	1,042	1,683	61.9	784	5.0
보조교사	861	947	90.9	398	32.8
일반사무원	815	965	84.5	509	7.5
요리사	777	1,838	42.3	314	4.6
보육원 및 유치원 교사	702	719	97.7	520	18.9

동시장에서의 성공이 보장되지는 않는다. 가령 보조교사나 보육원 및 유치원 교사들의 노조조직률은 평균보다 높은 편이지만 이들의 주급은 전체 평균보다 낮다. 이런 현상을 설명해주는 것 중 하나는 보살핌 관련 직업에 종사하는 일에 어려움이 많이 따른다는 점이다.

여성노동자들의 지위가 여러 측면에서 변화가 없는 주된 이유는 성별 노동분업의 유지에 있다. 이것이 바로 낸시 폴버(Nancy Folbre)가 저서 《보이지 않는 마음(The Invisible Heart)》에서 주장한 바다.

폴버에 따르면 성별 노동분업으로 인해 보살핌 노동은 노동시장에서 늘 저평가된다. 유급노동시장으로 진입하는 여성이 많아지면서 보살핌 노동이 점점 더 시장의 손에 맡겨졌지만, 여전히 여성이 계속 맡아 하는 무급노동이 시장의 보살핌 노동 부족분을 상당부분 보완하고 있다. 폴버의 추정에 따르면 미국의 여성들이 무급으로 수행하는 보살핌 노동은 시장에서 구매되는 모든 상품과 서비스의 가치에 비교해 30%에서 60% 사이의 어딘가에 해당한다.

폴버는 또한 보살핌 노동에 종사하는 여성들은 노조를 조직하더라도 결국에는 보살핌 부문이 아닌 다른 비슷한 직종에서 받을 수 있는 급여보다 낮은 급여에 머물게 된다고 주장한다. 보살핌 분야에서는 여성노동자들이 노조를 결성하게 되더라도 업무의 특성 자체가 보살핌을 제공하는 것이기 때문에 파업을 비롯해 쟁의행위라는 수단을 활용하기 어렵기 때문이라는 것이다.

그러나 특히 중요한 것은 세 번째 부류의 여성노동자들이다. 이들은 개인적 역량도 모자라고 노조도 결성하고 있지 않다. 이들은 또 교육수준이 높지 않고, 전통적으로 여성이 종사해 온 직업 이외의 다른 직업을 구할 능력도 갖고 있지 않다. 이들이 구할 수 있는 직업은 계산원, 할인점 직원, 식당종업원 등이며, 주로 사회적 힘이 따르지 않는 직종들이다.

이런 직업에 종사하는 노동자는 언제든지 쉽게 다른 노동자로 대체될 수 있는 인력으로 취급되며, 이런 분야는 노조조직률도 낮다. 주로 여성이 근무하는 직업들의 노조

조직률은 평균적인 노조조직률에 못 미친다. 이 때문에 대부분의 여성노동자들은 개인화된 차원의 해결책도 택할 수 없고, 노조결성 같은 집합적 노력의 혜택도 받을 수 없다.

더 나아가 개인화된 차원의 해결책이란 이 부류의 여성들에게 그다지 효과적이지 않다. 왜냐하면 그들은 '괜찮은 일자리'가 부족하다는 핵심적인 문제에 초점을 맞추지 않기 때문이다. 오늘날 월마트 계산원으로 일하는 사람들이 1950년대에 포드자동차의 생산직으로 일했던 사람들과 비슷한 수준의 급료와 기타 혜택을 누릴 수 있게 만드는 것은 불가능하지 않을 것이다. 다만 월마트 계산원과 같은 직업을 '괜찮은 일자리'로 변화시키기 위해서는 직업훈련이 필요한 것이 아니라 '집합적 조직화'가 필요하다. 한때 나쁜 일자리로 통했던 자동차 산업의 생산직이 고임금이며 혜택도 많은 일자리로 바뀐 것도 바로 집합적 조직화를 통해서였다.

우리는 이런 부류의 여성노동자들이 개별화된 전략보다는 집합적 전략을 통해 보다 많은 혜택을 얻어낼 수 있다고 확신한다. 하지만 집합적 접근만으로는 여전히 그 가능성이 제한적이라는 사실에 주목하는 것도 중요하다. 우선 단기적으로 볼 때 집합적 전략은 직업의 질적 측면에만 초점을 맞출 수 있을 뿐 계급상의 위치라는 문제에 대해서는 효과가 없다. 심지어 여성이 주로 일하는 직종 전체에 걸쳐 노조조직률이 높아진다고 해도 우리가 계급경제 안에서 살아가는 한 일하는 여성들은 여전히 고용주로부터 착취를 당할 것이며 자기 자신이 수행하는 노동으로부터 소외되는 것을 피할 수는 없다.

아울러 임금과 직업의 질을 향상시키는 것만을 목적으로 하는 집합적 접근방법이 일하는 여성들의 실제 삶에 미칠 수 있는 효과 자체도 제한적일 수밖에 없다. 왜냐하면 이런 접근방법은 노동의 사회적 재생산 문제를 다루지 않기 때문이다. 여성으로서는 시장에서 이루어지는 활동에 대해서 뿐만 아니라 비시장적으로 이루어지는 활동에 대해서도 집합적 해결의 노력이 요구된다.

시장화 속에 더욱 개별화되는 여성의 삶

여성의 시장진입 가능성을 개선하고 여성이 종사하는 직업의 질을 높이는 일이 개별 여성에게 혜택을 줄 수는 있다. 그러나 그런 일이 여성들 사이에 보살핌 노동을 단순히 재분배하는 결과로 이어지는 경우가 자주 발생한다. 조해너 브레너(Johanna Brenner)와 바버라 라슬렛(Barbara Laslett)이 주장했던 대로, 권력과 각종 자원뿐 아니라 사회적 재생산의 조직 전체도 여성노동자들의 조직화 기회에 영향을 미치는 것이 문제이기 때문이다.[20]

특히 성별 노동분업과 같이 사회적 재생산이 구조화된 방식은 여성들이 스스로 조직화할 수 있는 가능성의 수준을 좌우할 수 있다. 예를 들어 보살핌 노동이 시장의 손에 맡겨지게 된다는 것은 가사 일을 하고 아이를 돌봐야 하는 책임이 전적으로 개인이나 가족에 떠넘겨진다는 것을 의미한다. 성별 노동분업은 이런 책임의 대부분을 여성들이 떠맡는 결과를 가져왔다.

물론 이런 현상은 사회운동의 상태에 좌우되는 가운데 특히 계급과 인종에 따라 다양하게 나타났다. '진보의 시대'로 불리는 1910~1920년대나 1960년대에서 1970년대 같은 시기에는 강력한 여성운동이 존재했다. 여성운동은 성별 노동분업에 도전했고, 대부분 중산층인 백인여성들이 자기들의 요구를 중심으로 조직을 꾸리고 스스로를 동원해내기도 했다.

그러나 지금은 사회적 재생산의 대부분이 민영화돼 시장으로 넘어갔고, 부모들은 아이를 돌보는 일을 포함한 보살핌 노동을 직접 해결해야 하는 책임을 지게 됐다. 이런 현상은 여성들의 삶을 더욱 개별화했고, 여성들이 어떤 종류로든 스스로 조직화하고 집합적인 해결책을 추구할 여지를 차단해버렸다.

물론 이 글에서 우리가 노동시장에서 여성들이 겪는 경험들을 묘사하면서, 문제가 되

---

20. Johanna Brenner & Barbara Laslett, 'Gender, Social Reproduction, and Women's Self-Organization: Considering the U.S. Welfare State', Gender and Society 5, no. 3, 1991, pp. 311~33.

고 있는 여러 가지 물적 조건들을 무시하고 있는지도 모른다. 이런 생각이 드는 것은 여성 노동자들의 삶에 있어서 사회적 재생산 구조 외에 '생산'도 중요한 측면이기 때문이다.

여성의 노동시장 참여에 극적인 변화가 찾아온 것은 대부분 고용주 또는 정부가 여성들을 집 밖의 일터로 적극적으로 끌어낼 때였다. 대표적인 예가 1800년대 초 로웰(Lowell) 섬유공장이 농촌여성을 대규모로 모집했던 것과 2차 세계대전 때 방위산업체들이 여성을 고용한 것을 들 수 있다. 여성들은 스스로 조직화하는 것을 자신들이 노동시장에서 겪게 되는 경험에 상당한 변화를 줄 수 있다. 하지만 여성들이 '스스로 선택한 조건' 아래에서 그런 변화를 일으키고 있지는 않다.

이와 같은 현실은 여성들의 자기 조직화에 어떤 의미를 갖는 것일까? 여성들이 앞으로도 계속 작업장의 차별에만 초점을 맞춘다면 노동계급 여성운동의 한계가 곧 드러날 것이다. 왜냐하면 작업장의 차별에만 초점을 맞추는 투쟁은 '시장이 모두에게 생활임금을 보장'할 수 있고 '시장이 생산과 사회적 재생산에 대한 보다 인간적인 해법을 보장'할 수 있다는 관념을 거부하는 것이 아니기 때문이다.

그런 투쟁은 여성노동자들의 평등한 시장 접근권에 의존하는 것이다. 여성과 노동 문제에 관련된 사안을 다루는 단체들이 많이 있지만, 그 대부분은 결국 이런 틀을 인정하는 내용의 정책을 촉진할 뿐이다. 그런 정책의 예로는 여성이 보다 높은 임금을 주는 직장에 취업할 수 있도록 여성들에 대한 직업훈련 기회를 늘리는 정책, 더 많은 여성이 노동시장에 진입할 수 있도록 아동양육에 대해 보조금을 지급하는 정책, 고용주가 여성의 '인적자본'을 인정하고 공정한 보상을 하도록 의무화하는 '동일가치노동 동일임금' 정책 등을 들 수 있다.[21]

그러나 이런 해결책들은 여성이 노동계급의 일자리를 가질 수 있도록 기회를 늘려주는 것 이상이 될 수 없다. 그 최선의 결과는 개별 여성노동자가 자신의 계급을 완전히 등지게 되는 것이다. 이런 식의 운동이 놓치고 있는 것은, 핵심적인 요소인 계급 시스템이라는 것

---

21. '동일가치노동 동일임금(comparable worth policy)' 정책의 장점과 약점에 대한 여러 가지 이론적, 정치적 입장 사이의 유용한 논의로는 Paula England, Comparable Worth: Theories and Evidence, New York, Aldine De Gruyter, 1992를 보라.

이 노동자와 고용주의 이해관계가 근본적으로 대립하는 시스템이라는 사실이다.

우리는 자본주의 하에서 노동자의 삶의 조건 향상을 위해 투쟁해야 하고, 또 그런 투쟁을 할 수 있다. 하지만 결국 자본주의는 모두에게 지속가능한 생활임금과 일자리를 제공할 수 없다. 다시 말하면 자본주의 하에서는 생활임금을 제공하는 직업을 놓고 노동자들이 경쟁을 할 수밖에 없다. 가부장제와 인종별 억압체계는 그런 직업들이 분배되는 방식에 영향을 미친다. 이 때문에 시장 접근권에 근거를 둔 개별화된 해결책만으로는 충분하지 않다. 여성에게는 계급에 기반을 둔 해결책도 필요하다. 사실 개별화된 해결책은 많은 여성들이 안고 있는 문제를 오히려 악화시킬 뿐이다.

페미니스트로서 우리는 여성들 개개인이 성공하는 모습을 보고 싶다. 여성들이 높은 수준의 교육을 받을 권리를 확보하고, 경제적으로 독립할 기회를 갖고, 의미 있는 일자리를 찾을 수 있기를 바란다. 하지만 소수의, 아니 대부분의 여성들이 성공한다 해도 그것만으로는 충분치 않다. 왜냐하면 자본주의 하에서 일부 여성들이 자신의 계급을 등지고 떠나는 데 성공한다는 것은 나머지 여성들이 뒤에 남겨진다는 것을 의미하기 때문이다.

자본주의 하에서는 관리를 받는 사람을 두지 않은 관리자가 있을 수 없고, 패자 없는 승자도 있을 수 없다. 누가 패자가 되는가? 자본주의 하에서 가장 많은 것을 잃는 이들은 노동계급과 가난한 사람들 중에서 상대적으로 큰 비중을 차지하는 여성과 유색인종일 것이다. 게다가 더 많은 교육을 받고 더 나은 일자리를 얻음으로써 '승자'가 된 여성들도 대부분은 진정한 의미의 승리를 이루었다고 말할 수 없다. 그들이 더 많은 돈과 권력을 얻었을지는 모른다. 하지만 자본주의는 타인을 보살피거나 스스로 보살핌을 받는다는 측면에서는 그렇게 '승리'한 여성들이 선택할 수 있는 기회에도 제약을 가하기 때문이다.

이처럼 자본주의 하에서는 패배한 여성은 물론이고 승리한 여성을 위해서도 새로운 여성운동이 필요하다. 그것은 우리가 인간으로서 필요로 하는 것들을 중심으로 우리의 삶을 재구성할 수 있게 해주는 '생산과 사회적 재생산의 새로운 모형'을 추구하면서 모든 계급을 아우르는 여성운동일 것이다. ▨

먼슬리 리뷰 Plus

켈러의 선생님 설리번을 느껴본다

킴벌리 버드[1]

우리가 잘 아는 이야기는 이렇다. 보스턴의 퍼킨스 맹학교를 갓 졸업한 스무 살의 애니 설리번이 앨라배마 주 투스쿰비아로 가서 앞을 보지 못하는 사나운 아이 헬렌 켈러의 선생님이 됐다. 설리번의 끈기와 인내, 그리고 엄하면서도 따뜻한 사랑으로 켈러는 결국 단어와 사물을 연결할 줄 알게 되고 언어의 세계에 발을 들여놓게 된다. 자본주의와 전쟁에 반대하는 설리번과 사회주의자를 자처한 켈러는 죽을 때까지 함께하며 맹인이 마주치게 되는 문제들에 대한 사람들의 인식을 높이기 위해 지칠 줄 모르고 일했다. 그러나 켈러가 남긴 강한 이미지와 뛰어난 업적 때문에 그의 스승인 설리번은 그늘에 가려져 있다. 켈러는 저서 《선생님(Teacher)》에서 사람들이 설리번에게 관심을 갖게 하려고 했다. 하지만 설리번이 켈러를 만나기 전에 어떤 삶을 살았는지는 거의 알려져 있지 않다.

데니스 버그먼은 바로 이 부분을 보여주기 위해 설리번의 삶을 시로 스케치한 책 《애니 설리번 보기》를 내놓았다. 이 책에서 버그먼이 하는 이야기는 설리번이 켈러를 만나기 한참 전에 시작되고 만난 직후에 끝난다. 책의 서두에 다음과 같이 설리번 본인이 한 말이 그대로 인용돼 있다.

---

1. 킴벌리 버드(Kimberly Bird)는 미국 캘리포니아 주의 샌터크루즈에 거주하는 작가다. 이 글은 데니스 버그먼(Denise Bergman)의 시집 《애니 설리번 보기(Seeing Annie Sullivan)》(San Diego: Cedar Hill Books, 2005)에 대한 서평이다. 원문은 〈먼슬리 리뷰〉 2007년 3월호에 실린 'Sensing Annie Sullivan'이다. —편집자

"어린 시절에 대한 최초의 기억은 꿈과 매우 비슷한 그림들이다. 그것을 말로 표현하려면 끊어진 부분을 연결하고 틈을 메워야 한다. 시간과 장소는 잊혀졌지만 이미지는 남아있다. 어떤 것의 진실은 내가 그것에 대해 해주는 말에 있는 게 아니라 너 자신이 그것에 대해 깨닫는 바에 있다."

시의 언어로 표현된 그러한 그림들이 그 뒤로 이어진다. 버그먼은 설리번의 삶에 일어난 사건들을 빠짐없이 다 열거하려고 애쓰지 않는다. 대신 그는 잘 알려져 있지 않은 설리번의 유년시절을 우리에게 단편적으로 보여준다. 애니 설리번이 거의 앞을 보지 못했다는 점은 오히려 버그먼이 보여주는 그림들로 하여금 눈에 보이는 것 이상의 것을 말하도록 하고, 오감으로 느낀 것들로부터 새로운 혼합물을, 즉 시각이기도 하고 맛이기도 하고 소리이기도 하고 느낌이기도 하고 냄새이기도 한 어떤 혼합물을 만들어내게 한다. 그것은 빈틈이 존재하는 설리번의 삶에 대한 기억을 넘어 그의 삶 자체를 느끼는 것이라고 할 수 있다. 애니는 '진실', 곧 '의미'는 우리가 하는 말 자체에 있지 않고, 우리가 하는 말과 우리가 그 말을 이해하는 바, 다시 말해 우리가 '깨닫는 바' 사이의 어딘가에 있음을 우리에게 일깨워준다.

버그먼은 '애니'라는 제목의 시 모음 중 두 번째 시에서 그와 같은 단편적 그림을 처음으로 보여준다.

그 애는 예쁠 텐데
길고 검은 머리타래 속의
구름에 가려진 푸른 두 개의 달만 아니면.

이 첫 번째 그림에서 우리는 애니 설리번이 아니라 그의 뿌연 눈동자, 다시 말해 그녀의 장애, 즉 시력의 결핍과 그에 따른 아름다움의 결핍을 보도록 유도된다. 이 구절은 애니가 어렸을 때 들은 것으로 기억하는 다른 사람들의 말 가운데 가장 먼저 들었던 말이다. 사람들은 장애와 가난이 치명적으로 결합됨으로써 애니가 겪게 될 수 있는 고통에 대해서는 생각하지 않고 이런 말을 내뱉었다. 그것은 "이 아이는 눈만 맑고 잘 보이면 예쁠 텐데" 하는 하나의 단순한 판단이었다. 눈만 맑고 잘 보인다면 애니는 이웃집에 갔을 때 흠만 잡히지 않고 반갑게 받아들여지고 사랑도 받았을 것이라는 얘기였다.

결핍은 이 책을 관통하는 주제로 시력, 음식, 가족, 안전의 결핍으로 나타난다. 애니의 고향은 매사추세츠 주의 피딩힐스(Feeding Hills)다. 이런 마을이름을 들으면 '풍요'를 먼저 떠올리게 되지만, 설리번 가족의 현실은 결핍, 다시 말해 가난, 병, 죽음일 뿐이었다.

우리를 설리번의 삶으로 인도하는 중요하는 사건들에 대한 기억이 이 책에 실린 각각의 시에서 나타난다. 이 책의 페이지들은 글로만 채워져 있지 않다. 여백이 넓고, 각각의 시는 빈 공간에 둘러싸여 있다. 그것은 마치 어둡고 오밀조밀한 디오라마[2]에 반짝하고 불빛이 비친 것과 같다. 우리는 짧고 직설적인 시들을 읽는 동안 그것을 깊이 들여다보게 되고, 세세한 부분들을 한데 모으게 되고, 각각의 시에 표현된 것보다 훨씬 많은 것을 깨닫게 된다.

애니의 삶을 보여주는 그림은 아주 어린 시절에서 시작한다. '피딩힐스' 라는 제목의 1부에서 '밤' 이라는 시는 남자들이 들을 가로질러 설리번네 집에 도박을 하러 모여드는 광경을 그린다. 벽에 늘어선 애니의 어머니와 오빠의 목발은 이 가족이 고통을 받고 있음을 보여주는 물적 증거다.

책 뒤에 실린 연표를 보면 설리번네 가족은 이때 이미 두 아이를 잃은 상태였고, 애니를 포함해 세 명의 아이가 남아있었다. 어머니도 아들도 건강하지 않았다. 그 다음 구절은 이 가족이 고통을 받게 된 이유를 보다 확실하게 보여준다.

---

2. 배경을 그린 장막 앞에 여러 가지 물건을 배치하고 그것들에 불빛을 비쳐 실물처럼 보이게 한 것. —편집자

부엌 식탁 위에

고춧가루를 탄

독한 사과술 한 병,

아버지의 손에 꽉 붙잡혀 있다.

아버지 토머스 설리번은 손에 술병을 붙잡고 있는 모습으로 오로지 이 구절에서만 등장한다. 그가 손을 꽉 쥔 모습에서 그의 절박한 처지가 그대로 드러난다. 그 다음 구절은 아버지의 꽉 쥔 손과 가족의 결핍을 연결한다.

어머니의 몸이 내동댕이쳐졌을 때

부서진 난로는

아직도 산산조각 난 상태 그대로이고,

어머니의 다리뼈를 부러뜨린

연통도 마찬가지다.

애니의 어머니는 가난 때문만이 아니라 학대 때문에도 쇠약해진다. 희생자는 어머니만이 아니다. '금빛 마리아'에 대한 묘사로 시작되는 '성화(聖畵)'라는 시를 보자.

침대 머리맡 못에 걸려 있는 금빛 마리아가

자기 아이를 때리는 남자를 지켜본다.

소녀의 비명이 공기를 가르고

신의 귀에 그 비명이 들리는데도

금빛 마리아는 그저 침묵한다.

애니는 이 집에서 보호받지 못하고 있고, 벽에 그림으로 걸려 있는 성모 마리아마저 무관심해 보인다.

버그먼이 주석에서 설명해 놓았듯이, 애니는 완전한 맹인이 아니다. 애니의 시야는 "천 조각이 눈 표면을 덮은 듯이" 가려져 있다. '흰 벙어리장갑'이라는 시는 애니가 어떤 물체를 제대로 보려면 얼마나 많은 노력을 쏟아야 하는지, 애니가 보는 방식이 맛보는 것과 얼마나 비슷한지, 그리고 시각과 미각이라는 두 감각이 얼마나 빈약한지를 말해준다. 이웃에 사는 한 소녀가 새 벙어리장갑을 자랑한다. 그것은 "애니가 본 것 중 제일 예쁜 벙어리장갑"이다.

애니의 눈은 타원형의 하얀 물체를 맛보고

바늘땀의 맛을 음미한다.

마치 조그만 각설탕을 핥듯이

주춤하다가 다시 욕심껏 맛본다.

그 맛을 영원히 계속되게 하려는 듯이.

이 시에서 '맛'이라는 단어에는 많은 뜻이 담겨 있다. 가난과 결핍에 찌든 탓에 삶과 삶의 모든 맛에 대한 애니의 허기는 결코 채워지지 않는다. 애니는 삶의 달콤함을 감질나게 아주 조금씩 맛볼 뿐이다. 예컨대 "겨자와 함께 갈색 설탕시럽을" 맛보거나 "이웃 소녀 집에서 사과파이를" 맛보는 식이다.

그리고 언젠가는

들판을 돌아다니다가

크림을 곁들인 딸기를 맛보게 된다.

"이리 오렴, 애야."

여자들의 축제,

파라솔과 챙 넓은 노란 모자들,

소녀는 과일파티를 머릿속에 그려본다.

이어 시들이 5차원의 감각 속에서 애니의 어린 시절을 단편적으로 보여주며 계속된다. 애니는 어머니의 죽음에서 "고막을 찢는 듯한 침묵"을 듣는다. 어머니가 병들어 죽어가며 내는 신음소리가 몇 달이나 귀를 먹먹하게 한 뒤였다. 애니의 아버지는 아이들을 친척에게 보내고 그 친척은 결국 아이들을 "덜컹거리는 커다란 철마"의 "굶주린 뱃속"에 집어넣는다. 철마는 아이들을 구빈원으로 데려간다. 주석을 보면, 이 구빈원은 이민자를 위해 설치된 곳으로 그곳에 있는 이민자들 대부분은 애니처럼 아일랜드인이면서 가톨릭 신자였다. 감독관은 규칙을 신축성 있게 적용하는 "전례 없는 친절을 베풀어" 남매를 악취 나는 시체보관실에서 지내게 한다. 덕분에 둘은 함께 있게 된다. 그러나 지미(Jimmie)는 누이 혼자 험한 일을 겪도록 놔두고 죽는다.

이 시기에 있었던 행복한 한 순간은 '내일'이라는 시에 나온다. 애니가 눈 수술을 받은 것이었다.

붕대를 뚫고 들어오는 빛은 새하얗다.

밝지만 조용한 한낮,

간호사와 애니는 부엌에서 점심을 먹는다.

물을 젓고 레몬즙을 짜고

마음껏 설탕을 넣는다.

시력은 완전해지지는 않았지만 점점 좋아진다. 더 중요한 것은 안전과 풍요의 느낌이다. 애니가 눈 수술을 받고 다시 구빈원으로 돌아왔을 때 사회적 불의에 대한 애니의 관심이 시작됨을 우리는 알게 된다. '점심시간'이라는 시에서 우리는 '세이디'라는 이름의 젊은 여자가 불평을 한다고 날마다 벌을 받는다는 이야기를 듣는다. 이 여자는 방을 가로질러 질질 끌려가서 모두가 보는 앞에서 덩치 큰 사내에게 성폭행을 당한다. 조금이나마 시력이 좋아지면서 거듭 태어난 애니는 행동에 나선다.

여자들은 밥을 먹다 말고
그 구석으로 우르르 몰려간다.
가장 어리지만 가장 먼저 달려간 애니는
의자를 들어 사내의 머리를 내려친다.

이처럼 극적인 저항의 행동이 있었음에도 불구하고, 역시 거의 앞을 보지 못하는 그 가엾은 구빈원의 젊은 여자는 이어지는 시에서 보다시피 여전히 무력하다.

사내는 바닥에 쓰러진다.
그 밑에 세이디가 깔린다.
그리고 다음날
자기의 갓난아이를 꼭 껴안고
세이디는 다시 깔린다.

마침내 주지사가 구빈원의 끔찍한 상황을 전해 듣고 조사관들을 보내온다. 필사적으로 구빈원에서 탈출하려고 하는 애니는 "굶주린 개"처럼 조사관들을 졸졸 따라다니며 "그들의 옷자락을 놓지 않는다." 우리는 얼마 뒤에 열린 '튜크스베리 구빈원 공청회'에서 애니가 듣게 되는 변호사의 진술을 통해 구빈원의 끔찍한 실상의 전모를 알게 된다.

나는 벤 버틀러가 말하는 것을 들었다.
그는 우리의 끔찍한 소문을 공개했고,

우리가 아는 사실에 번호를 매기고 그것을 말로 옮겼다.

그는 신발가게 진열대에서 보았다.

무두질을 하고 자르고 꿰매고 붙인

톰이나 비어트리스, 세이디의 아기,

어쩌면 지미였을지도 모르는 신발들을.

사람 가죽이 제화용 가죽으로 밀거래됐음이 밝혀지고 마침내 조치가 취해진다. 구빈원은 폐쇄되고 애니는 맹학교에 보내진다. 애니에게 가능성의 문이 열리기 시작한다. 여기서 시는 좀더 밝아지고, 구두점이 줄어들며, 행간을 띄우는 일이 잦아진다. 우리는 '튜크스베리를 떠나며' 라는 시를 통해 "애니가 14년간 겪은 모든 일이 머릿속에 그대로 기억돼 있음"을 알게 된다. 맹학교는 깨끗하고 구빈원보다 훨씬 낫다. 그러나 '속삭임' 이라는 시에서 분명히 나타나듯이 애니는 주위사람들에게 받아들여지지 않는다.

재는 아일랜드 애야. 더럽지. 머리 좀 봐.

밀물에 떠밀려 사우스보스턴 해변에 올라온

어부의 고기 잡는 그물처럼 엉켜 있어.

훨씬 나쁜 일을 이미 겪은 애니는 따돌림을 견디며 공부에 전념한다. 그리고 수석으로 졸업한다. 이 시절의 시들은 더 이상 결핍에 초점을 맞추지 않는다. 대신 부족함을 채우고 수화로 읽고 말하는 법을 배우는 과정에 초점이 맞추어진다. 이 책의 마지막 부분에 나오는 '남쪽으로 가는 열차' 와 '투스쿰비아' 라는 시에서 우리는 설리번의 삶 중에서 헬렌 켈러가 포함된, 우리에게 좀더 친숙한 장면을 엿볼 수 있다. 설리번의 삶 중 이 부분은 길고 고통스러운 여행이었고, 그는 그것을 감추어 두었다가 죽음에 가까워지고서야 제자에게 그 이야기를 털어놓는다.

우리는 널리 알려진 애니 설리번과 헬렌 켈러 사이의 갈등을 보게 된다. 그러나 이 책의 마지막 시들에서 우리는 사나운 헬렌이 온순해지고 마침내 말뿐 아니라 말의 뉘앙스까지 배우는 모습을 본다. 여기서 우리는 '난관돌파'의 감미로운 맛을 느끼게 된다. 마지막 시인 '다음 단어들'은 이렇게 시작한다.

나는 헬렌의 이마에 손으로 '생-각'이라고 쓴다.

그 단어는

아이의 무미건조한 마음 속에 감춰진

상처 난 하늘 저 너머의 태양을 향해

'알다'라는 단어를 쏘아 올린다.

나는 또 '아마', '내 생각엔' 이라는

여러 가지로 쓰일 수 있는 개념을 가르친다.

하지만 위험도 그만큼 커진다.

이 시는 켈러와 설리번 두 사람이 어둠에서 지각(知覺)과 우정의 밝은 곳으로 나오는 순간을 포착한 아름답고 환희에 찬 시다. 설리번은 선생님이자 보호자다. 그는 켈러에게 언어의 마법을 가르치려 할 뿐 언어의 힘으로 켈러를 압도하려 하지 않는다. 이 시는 이렇게 끝난다.

그 아이는 '기대'라는 말을 배우고

답답한 회색의 잿더미 속에서 미래를 꺼내든다.

나는 '느리게' 같은 부사를 쓰지 않고

대신 '조심스럽게' 움직이라고 주의를 주고 싶다.

속도는 악마다.

'빠르게'는 악마의 손이다.

‘아마도’ 소녀는 나를 지나쳐 달릴 것이다.

내 기대를 뛰어넘어 달릴 것이다.

기대에 찬 선생님은 자기의 기대를 뛰어넘어 스스로 삶과 정의에 대한 나름의 희망을 일구는 학생을 탄생시켰다.

버그먼은 설리번이 어린 시절에 겪은 결핍에 대해, 그리고 풍요롭게 산다는 것이 무슨 의미인지에 대해 한 말을 인용하는 것으로 이 책을 마무리한다.

“만일 나의 굶주림이 가장 내 입맛에 맞는 것들로 해결된다면, 적들이 무릎을 꿇는다면, … 내 집이 친구들과 웃음으로 가득하다면, … 몸에 착 달라붙는 고급 실크 옷을 입고 지낸다면? 내가 살아가는 끝없는 삶이 춥고 배고프고 아무 즐거움도 없는 것이라면? 내 영혼의 불이 꺼진다. 나는 어둠 속에서 더듬는다. 이 세상은 창이 없는 지하감옥이다.”

애니 설리번에게 중요한 것은 물질을 소유하고 맛을 분간하는 혓바닥의 맛봉오리를 즐겁게 해주는 것이 아니다. 우리가 사는 곳은 결핍의 세계다. 그것은 구빈원의 시체보관실처럼 창이 없는 ‘지하감옥’ 이다. 이런 결핍이 채워지고, 설리번이 길에서 만나는 모든 사람이 다정하고 배부르고 행복하게 되기 전에는 더 나은 세계에 대한 설리번의 허기는 채워지지 않을 것이다. ▣

영화 〈행복을 찾아서〉를 보고

엘렌 대닌[1]

영화 〈행복을 찾아서(The Pursuit of Happyness)〉(감독 가브리엘레 무치노, 2006년)의 내용 대부분은 선량하고 총명하며 열심히 일하는 한 남자에게 닥친 힘든 시간들에 관한 것이다. 불운, 혹사, 친구들의 배신, 저임금, 높은 주거비용의 결과로 크리스 가드너(배우 윌 스미스 역)와 그의 어린 아들은 홈리스가 된다. 그 내용이 가차 없이 고통스럽기에 영화가 해피엔딩으로 끝난다는 사실을 알지 못한 채로 관람한다면 끝까지 앉아있기가 거의 어려울 것 같다.

크리스 가드너는 고전적인 미국식 영웅, 즉 성공할 가망이 없는 인물이었는데 용기와 나름의 재능을 발휘해 결국은 성공하는 사람이다. 그가 성공한다고 말하는 근거는 견딜 수 없을 정도로 어려운 상황에서도 아들과 따뜻한 관계를 유지하면서 부자가 된다는 데 있고, 이런 점이 곧 해피엔딩을 구성한다.

우리 대부분은 홈리스를 동정하지 않는다. 이 영화에서 우리는 홈리스를 위한 공공숙박시설 앞에 사람들이 엄청나게 긴 줄을 이루고 서있는 광경을 본다. 그러나 그 숙박시설은 수용공간이 넓지 못하다. 크리스와 그의 아들을 포함한 많은 사람들이 밤을 지낼 곳을 찾아 어디론가 발길을 돌린다. 그러나 그들이 어디로 가는가는 미스터리가

---

1. 엘렌 대닌(Ellen Dannin)은 미국의 웨인 주립대학 로스쿨 법학교수다. 저서로 《자유롭게 일하기: 뉴질랜드 고용계약법의 기원과 영향(Working Free: The Origins and Impact of New Zealand's Employment Contracts Act)》, 《노동자 법률 되짚어보기: 가치 기반의 노동법 개혁을 위한 전략(Taking Back the Workers' Law: A Strategy for Values-based Labor Law Reforms)》 등이 있다. 이 글의 원문은 2007년 3월 초 〈MRzine〉에 실린 'The Pursuit of Happyness'다. ―편집자

아니다. 그들은 남의 집 계단참에 웅크린 채로, 또는 대중교통수단을 타고 종점에서 종점까지 왔다 갔다 하면서, 그게 아니면 체온을 유지하기 위해 길거리를 이리저리 걸어 다니면서 밤을 지낼 것이다.

공공 숙박시설에 들어간 사람들은 그곳의 규칙을 준수해야 한다. 그곳의 규칙은 불을 끄게 돼있어 밤에 뭔가 쓸모 있는 일을 하기가 불가능하다. 그러니 밤에 공부를 하려는 사람은 그곳에 용케 들어간 것이 오히려 운이 없는 일이 된다. 게다가 그 안에서는 어디로 움직이든 소지품을 모두 카트에 담아 끌고 다녀야 하는 문제점이 있다. 소지품을 보관해둘 시설이 없기 때문이다.

오늘날 우리는 가난한 사람들이 가난한 것은 그럴 만하기에 그런 것이라고 생각하는 경향이 있다. 그런데 우리가 크리스 가드너를 동정하고 그에 대해 깊이 염려하는 이유는 뭔가? 그것은 아마도 그가 나중에는 결국 성공할 것이며, 그렇게 해서 그가 '가난에서 벗어날 만한 가치가 있는 사람'임을 스스로 입증해내리라는 추측 때문일 수 있다. 또는 우리가 주식중개인이 되겠다는 그의 목표를 지지하고, 그 목표를 달성하기 위해 그가 매우 열심히 일한다는 사실을 인정하기 때문일 수도 있다. 이것도 아니라면 우리는 그가 마침내 길거리에 나앉게 됨에 따라 홈리스를 위한 공공 숙박시설에 가서 피난처를 구할 수밖에 없게 된 사정을 이해하고 그의 곤경에 동정심을 갖게 되지만 '신의 은총을 기대할 수밖에…'라고 생각할 수도 있겠다.

이 영화는 우리로 하여금 크리스가 성공을 이루도록 그에게 성원을 보내라고 재촉하지만, 다른 홈리스들도 크리스와 같은 사람들이 아닌가 하고 생각해보도록 우리를 유도하지는 않는다. 다른 홈리스들도 역시 가난에서 벗어날 가치가 있는 사람들 수도 있다. 그들도 열심히 일했음에도 불구하고 홈리스가 됐는지도 모른다. 굳이 말할 필요도 없겠지만, 이 영화는 왜 우리는 그토록 많은 사람들이 빈곤 속에서 살아가도록 방치하며, 왜 그토록 많은 사람들이 쉽게 홈리스로 전락하는지를 결코 묻지 않는다.

크리스 가드너는 다른 모든 가난한 사람들과는 다르다고 이 영화는 은근히 말해준다. 우리는 다른 모든 가난한 사람들이 누더기를 걸치고 있는 모습을 본다. 그러나 크리스는 정장을 차려입은 모습으로 우리에게 비친다.

이런 차이는 영화의 구성 그 자체에 근거를 두고 있는 게 분명하다. 크리스가 홈리스가 된 데는 그가 증권회사인 딘 위터에서 무급 인턴십 프로그램에 참가해서 그 잔혹한 경쟁을 뚫고 일자리를 얻기 위해 자기가 가진 모든 것을 걸었다는 점이 부분적인 이유가 되고 있다. 크리스를 포함해 한 무리의 매우 굶주린 사람들이 딘 위터에서 일하게 된다. 그들은 고객유치를 위한 전화를 끊임없이 걸면서 시간을 보내지만 자기들이 하는 일에 대한 보수를 받지 못한다. 영화는 이런 모습을 그저 당연한 사실로 보여줄 뿐이다. 무급 인턴십 프로그램 자체가 문제의 일부일 수 있다는 힌트는 단 한 번도 주지 않는다.

이처럼 이 영화는 결코 질문을 던지는 법이 없지만, 그럼에도 우리는 여기서 몇 가지 질문을 던져야 한다.

왜 우리는 돈 많은 회사들이 노동자들에게 보수를 전혀 지급하지 않는 '인턴십' 프로그램을 운영하도록 허용하는가? 이런 프로그램이 최저임금과 초과근로수당에 관한 법을 위반하는 것이 아니라는데 그 이유는 뭔가? 최근까지도 고용주들은 노동자들에게 임금을 지급하고 직장 내 직업훈련을 실시하는 것이 규준이었다. 그런데 무슨 변화가 일어난 것인가? 이 영화의 웹사이트는 딘 위터가 노동자들에게 보수는 지급하지 않고 경험만 쌓게 하는 일자리를 제공한 것에 대해서는 그 정당성 여부를 문제 삼지 않는다. 대신에 그 웹사이트는, 세상에, '최종 인턴십 콘테스트(The Ultimate Internship Contest)' 행사를 실시하고 있다.[2]

왜 우리는 모든 사람에게 그런대로 살아갈 만한 기초적인 주거를 제공하지 않는가? 크리스와 그의 아들이 소지품을 보관할 수 있는 장소를 가질 수 있다면, 식당에 가서 이미 만들어진 음식을 사 먹느라고 오히려 돈을 더 많이 쓰기보다 직접 음식을 만들 수 있는 작은 장소를 가질 수 있다면, 예컨대 원룸 아파트라도 가질 수 있다면 그들의

---

2. 이 영화의 배급사인 '컬럼비아 픽처스'는 영화 프로모션을 위해 모건스탠리, 갭(GAP), 야후 등 8개 기업과 제휴해 이들 기업에서 인턴으로 일할 사람을 인터넷을 통해 공모하는 행사를 2006년 10월에 벌였다. ─편집자

삶이 얼마나 더 나아질 수 있을지를 생각해보라.

왜 우리는 가난한 사람들 중에서 자기의 처지를 개선해보려고 노력하는 사람들에 대해서조차 지원을 해주지 않는가? 가난한 사람들에 대한 우리의 고정관념은 '복지여왕'[3]이다. 이런 고정관념이 실제 현실에 부합하는지를 확인해보고자 하는 사람들이 있다면 나는 그들에게 해밀턴 대학의 '액세스 프로그램'[4]에 참여했던 사람들의 실제 이야기를 읽어보고, '복지가 나의 삶을 구했다'라는 제목으로 열리고 있는 순회전시회에 가보기를 권한다.

크리스 가드너의 이야기는 일을 열심히 하는데도 가난한 사람들이 있다는 점을 우리에게 말해준다. 풀타임으로 노동하는 사람들조차 공식적인 빈곤선 위로 스스로 올라가지 못한다는 사실은 우리 사회의 가치에 대해 무슨 말을 해주고 있는 것일까? 이 영화에서는 아버지와 아들 사이의 강한 가족관계가 손상되지 않고 유지된다. 그러나 현실의 세상에서는 빈곤이 낳는 공포, 특히 홈리스 상태가 불러일으키는 두려움이 그러한 어린 아이에게 영향을 끼칠 텐데 그건 어떤 영향일까?

이런 질문들에 대답하고 나서도 우리가 계속해서 그동안과 똑같이 아무 일도 없다는 듯이 살아나갈 수 있을까? MR

---

3. Welfare Queen, 생활형편을 거짓으로 신고하거나 사회복지 제도의 허점을 이용해 복지급여를 과다하게 받아내는 사람을 지칭함 —편집자
4. Access Program, 저소득층 대상 교육프로그램. —편집자

식량을 연료로 돌린다는 발상에 대해

피델 카스트로[1] (2007년 3월 28일)

전 세계에서 30억 명 이상의 사람들이 굶주림과 목마름으로 일찍 죽게 됐다. 이것은 과장된 숫자가 아니며, 오히려 조심스럽게 추정한 숫자다. 부시 대통령이 미국의 자동차 제조업자들과 만난 뒤로 나는 이 문제에 대해 많은 생각을 했다.

식량을 연료로 돌린다는 나쁜 생각이 지난 3월 26일에 명확하게 미국 외교정책의 경제적 노선 가운데 하나가 됐다. 세계의 구석구석에 가 닿는 미국 통신사 〈AP〉가 보도한 내용을 그대로 옮겨보자.

〈워싱턴, 3월 26일, AP〉 부시 대통령은 월요일[2] 자기의 에너지 계획에 대한 지지를 북돋우기 위해 자동차 제조업자들과 만난 자리에서 에탄올과 바이오디젤로 구동되는 혼합연료차(flexible fuel vehicle)의 이점을 찬양했다.

부시는 혼합연료차의 생산을 두 배로 늘리겠다는 미국 자동차산업 지도자들의 약속은 자동차 이용자들로 하여금 휘발유를 덜 쓰게 하는 데 도움이 되는 동시에 수입석유에 대한 미국의 의존을 완화시킬 수 있을 것이라고 말했다.

---

1. 피델 카스트로(Fidel Castro)는 쿠바의 국가원수인 국가평의회 의장이다. 그는 1926년에 태어나 혁명운동의 지도자가 된 뒤 1959년에 바티스타의 독재정권을 타도하고 집권했으며, 제3세계 전체에 대해 정치적 영향력을 발휘해 왔다. 2006년 7월 말에 장출혈을 일으켜 수술을 받은 뒤 오랜 기간 언론에 모습을 드러내지 않은 채 투병생활을 했다. 이 글은 원래 2007년 3월 29일에 쿠바 공산당의 기관지인 〈그란마(Granma)〉에 쿠바어로 실렸던 것을 〈MRzine〉이 그 며칠 뒤에 영어로 번역해 'Reflections of President Fidel Castro'라는 제목으로 게재했다. 카스트로가 이 글을 발표한 것을 두고 세계 언론은 그가 마침내 병마를 물리치고 활동을 재개했음을 알리는 신호라고 보도했다. ―편집자
2. 2007년 3월 26일. ―편집자

부시는 세 가지 대안차량에 대해 알아본 뒤에 "이것은 국가적으로 중요한 기술적 성취"라고 말했다. 그는 미국이 휘발유 사용을 줄이기를 원한다면 "소비자들이 합리적 선택을 하는 입장이 되도록 해야 한다"고 강조했다.

부시 대통령은 의회에 대해 2017년까지 대체연료의 사용을 350억 갤런으로 늘리고 자동차의 연료절감 기준을 더 높이는 내용으로 행정부가 최근 제출한 법안을 "신속하게 처리해 달라"고 촉구했다.

부시는 제너럴모터스의 회장 겸 최고경영자(CEO)인 릭 왜고너, 포드자동차의 최고경영자인 앨런 멀럴리, 그리고 다임러크라이슬러의 크라이슬러 그룹 최고경영자인 톰 라소르다와 만난 자리에서 이같이 말했다.

이들은 혼합연료차에 대한 지원, 스위치그래스[3]와 우드칩[4]과 같은 대안의 원료에서 에탄올을 만들어내려는 시도와 앞으로 10년간 휘발유 소비를 20% 줄이자는 행정부의 제안 등에 대해 논의했다.

이런 방안들은 휘발유 가격이 오르고 있는 가운데 논의되고 있어 주목된다. 유가 조사회사 '런드버그 서베이(Lundberg Survey)'가 최근에 낸 조사보고서에 따르면 미국의 휘발유 가격은 지난 두 주일 사이에 전국 평균으로 6% 올라 갤런당 2.61달러가 됐다.

나는 전기와 연료로 구동되는 모든 자동차의 수를 줄이고 더 나아가 그런 자동차를 재활용하는 것이 인류 전체를 위해 기본적이고 시급하게 필요한 조치라고 믿는다. 비극은 이런 에너지 이용에 드는 비용을 줄이겠다는 데에 있는 것이 아니라 식량을 연료로 돌린다는 생각에 있다.

옥수수 1톤으로 생산할 수 있는 에탄올은 밀도에 따라 다르긴 하지만 평균 413리터에 불과하다는 것은 오늘날 잘 알려진 사실이다. 이것은 109갤런에 해당한다. 따라서 350억 갤런의 에탄올을 생산하려면 3억 2천만 톤의 옥수수가 필요하다. 그리고 미국

3. switchgrass. 미국의 평원에 많이 자생하는 식물. —편집자
4. wood chip. 나무 등 임목폐기물을 응축한 것. —편집자

의 옥수수 가격은 톤당 평균 167달러로 오른 상태다. 국제식량농업기구(FAO)의 통계에 따르면 미국의 옥수수 수확량은 2005년에 2억 8020만 톤까지 늘어났다.

부시 대통령은 풀이나 나무 부스러기에서 연료를 추출해낸다고 말하지만, 이런 그의 말은 전혀 현실적이지 않다는 점을 누구나 알 수 있다. 분명히 해두자. 350억 갤런은 35 뒤에 영(0)이 9개나 따라붙는 숫자다!

앞으로는 숙련되고 잘 조직화된 미국의 농부들이 헥타아르당 인간의 생산성이라는 기준에서 달성할 수 있는 것에 관한 그럴듯한 사례들이 거론될 것이다. 곡물이 에탄올로 전환됐다는 둥, 곡물의 껍질이 단백질을 26% 함유한 동물사료가 된다는 둥, 소똥이 휘발유를 생산하는 데 원료로 이용된다는 둥 하는 말들이 나올 것이다. 그러나 이런 것들은 가장 강력한 기업들의 손길이 미치는 범위 안에만, 그것도 엄청난 규모의 투자가 이루어진 뒤에야 가능한 일인 게 분명하며, 그런 투자가 이루어지는 곳에서도 모든 것이 전기나 연료의 소비를 토대로 움직여져야 할 것이다.

이런 처방이 제3세계 국가들에 적용된다면 지구상의 굶주리는 대중은 더 이상 옥수수를 먹을 수 없게 될 것이다. 아니 이보다 더 나쁜 일이 벌어질 수도 있다. 가난한 나라들이 옥수수나 그 밖의 다른 식량을 이용해 에탄올을 생산하도록 그런 나라들에 돈을 빌려준다면 기후변화로부터 인류를 방어하기 위한 나무는 단 한 그루도 남아나지 않을 것이다.

부유한 나라들 가운데 미국 이외의 다른 나라들은 연료 생산을 위해 옥수수뿐만 아니라 밀, 해바라기 씨, 유채 씨 등도 이용하려는 계획을 세우고 있다. 예를 들어 유럽인들의 경우에는 그들의 자동차를 굴리는 데 들어가는 연료비용을 줄이고 그들의 가축에 특히 모든 종류의 필수 아미노산이 풍부하게 들어있는 콩 껍질을 먹이기 위해 전 세계의 콩을 모조리 수입하는 것이 하나의 사업이 될 것이다.

그동안 쿠바에서는 사탕수수 즙에서 세 번에 걸쳐 설탕을 추출한 뒤에 설탕산업의 부산물로 알코올이 생산됐다. 그런데 기후변화가 우리의 설탕 생산에 이미 영향을 끼치고 있다. 가뭄이 길게 이어지다가 비가 기록적으로 많이 내리는 현상이 반복됨에 따라 날씨가 매우 온화한 우리나라의 겨울 100일 동안에는 적절한 수익성을 유지하며 설탕을 생산하기가 거의 불가능하다. 사탕수수를 심고 길러야 하는 계절에 가뭄이 길게 계속되기 때문에 1헥타아르당 사탕수수 생산량과 사탕수수 1톤당 설탕 생산량이 줄어들었다.

베네수엘라가 알코올을 연료로 사용하려는 것은 수출을 늘리기 위해서라기보다 자국 연료의 환경친화적 성격을 강화하기 위해서라고 나는 알고 있다. 쿠바가 브라질의 우수한 알코올 생산기술을 이용할 수 있음에도 이용하지 않는 것도 같은 이유에서다. 쿠바에서는 사탕수수 즙에서 알코올을 직접생산하기 위해 그러한 브라질의 기술을 실제로 이용한다는 것은 백일몽이거나 그러한 생각에 휩쓸려 넋이 빠진 자들의 공상에 지나지 않는다. 우리나라 쿠바에서는 알코올을 직접생산하는 데 땅을 이용하기보다는 차라리 그 땅을 인민을 위한 식량을 생산하고 환경보호에도 도움이 되도록 이용하는 것이 훨씬 더 유익할 것이다.

부자 나라든 가난한 나라든 세계의 모든 나라가 예외 없이 투자자금과 연료를 엄청나게 절약할 수 있는 간단한 방법이 있다. 그것은 모든 백열전등을 형광등으로 바꾸는 것이다. 쿠바는 전국에 걸쳐 모든 가정에서 그렇게 했다. 이런 조치는 가난한 대중을 굶어죽게 하지 않으면서 기후변화에 저항할 수 있도록 우리에게 숨 쉴 공간을 제공해줄 것이다.

나는 지구의 체제와 그 지배자들의 성격을 규정하기 위해 형용사를 사용하지 않으며, 이런 점은 누구라도 쉽게 관찰할 수 있을 것이다. 그런 일은 이 세계에 많이 있는 전문 언론인들이나 정직한 사회학자, 경제학자, 정치학자들이 훌륭하게 해낼 수 있다. 그들은 실제로 인류의 현재와 미래에 대해 부단히 탐구하고 있다. 인터넷 망을 이용하는 사람들이 갈수록 늘어나고 있으니 컴퓨터 한 대만 있으면 얼마든지 그런 일을 해낼 수 있다.

오늘날 우리는 진짜로 지구화된 하나의 경제이자 정치, 경제, 군사 등의 영역에 걸친 하나의 지배적인 권력을 처음으로 보고 있다. 그것은 로마제국의 경제나 권력과도 결코 비슷하지 않다.

내가 왜 굶주림과 목마름에 대해 이야기하고 있는지 의아해 하는 사람들도 있을 것이다. 그런 사람들에게 나는 이렇게 대답하겠다. 나는 동전의 뒷면에 대해 이야기하는 것이 아니라 다른 무엇인가의 여러 면에 대해 이야기하는 것이다. 그것은 마치 여섯 개의 면을 가진 주사위 또는 이보다 훨씬 더 많은 면을 가진 다면체와 같은 것이다.

여기서 나는 한 관영 통신의 보도를 인용하겠다. 이 통신은 1945년에 설립됐으며 전 세계의 경제적, 사회적 문제들에 대해 대체로 정통하다고 할 수 있는 아르헨티나의 관영통신 텔람(TELAM)이다. 이 통신은 다음과 같이 보도했다.

정확히 18년 뒤에는 20억 명에 가까운 사람들이 물이란 것은 먼 옛날의 기억이 된 나라나 지역에 살고 있을 것이다. 세계 인구의 3분의 2가 그러한 물 부족으로 인해 사회적, 경제적 긴장이 대단히 고조된 곳에서 살게 될 수 있으며, 그와 같은 긴장이 귀중한 '푸른색 금'[5]을 확보하기 위한 국가 간 전쟁으로 이어질 수도 있다.

지난 100년간에 걸쳐 물의 사용은 인구 증가율보다 두 배나 빠른 속도로 늘어났다.

세계물위원회[6]의 통계에 따르면 2015년에 이르면 이런 심각한 상황의 영향을 받는 인구가 35억 명까지 늘어날 것이라고 한다.

유엔은 3월 23일에 '세계 물의 날(3월 22일)' 기념행사를 갖고, 바로 그날부터 유엔 식량농업기구(FAO)의 조정 아래 국제 물 부족 문제에 대한 본격적인 대응에 나서자고 촉구했다. 유엔이 이렇게 한 것은 지구적 차원에서 점점 더 중요해지는 물 부족 문제를 조명하고 물 자원에 대한 지속적이고 효율적인 관리가 보장되도록 단합과 협력을 더욱 강화해야 할 필요성을 강조하기 위해서다.

지구상의 많은 지역들이 1년에 1인당 500입방미터에도 미치지 못하는 양의 물만으로 살아가

---

5. blue gold. 물을 지칭함. ―편집자
6. World Water Council. 1996년에 국제 시민단체, 각국 정부, 국제기구 등이 참여한 가운데 설립된 물 관련 국제단체로 본부는 프랑스 마르세유에 있다. ―편집자

면서 심각한 물 부족에 시달리고 있다. 긴요한 요소인 물의 만성적인 부족에 시달리는 지역의 수는 점점 더 늘어나고 있다.

물 부족으로 인해 초래되는 주된 결과는 식량을 생산하는 데 필요한 이 귀중한 액체의 양이 충분하지 못하게 되고 산업개발, 도시개발, 관광개발이 불가능해지며 건강상의 문제가 발생한다는 것이다.

이상이 바로 텔람의 보도 내용이다. 나는 여기에서는 다른 중요한 사실들, 즉 그린란드와 남극에서 빙산이 녹아내리고 있고, 오존층이 파괴되고 있으며, 사람들이 다 같이 먹는 종류의 물고기들에 점점 더 많은 양의 수은이 축적되고 있다는 사실에 대해서까지 이야기하지는 않겠다.

우리가 다뤄야 할 다른 문제들도 많지만, 나는 이 글에서는 미국의 부시 대통령이 미국의 자동차 제조회사 최고경영자들과 만난 일에 대해서만 논평하고자 했다. ▣

자본주의의 세 가지 흔들운동과 오늘날의 미국

릭 울프[1]

자본주의는 그 역사와 지리적 범위 전체에 걸쳐서 사적 형태와 국가적 형태 사이를 왔다 갔다 하는 흔들운동을 해왔다. 자본주의의 국가적 형태가 경제에 대한 국가의 개입을 확대시키는 동안에는 그 사적 형태가 축소된다. 이 흔들운동을 촉진하는 경제적 사건은 바로 경기침체와 확대되는 불평등의 다양한 결합이다. 경제적 흔들운동에 정치적 흔들운동이 따라 일어난다. 권력을 잃는 정당이나 정파는 밀려나는 종류의 자본주의와 긴밀하게 연결된 정당이나 정파인 반면, 부상하는 정당이나 정파는 그것과는 다른 종류의 자본주의를 옹호하는 정당이나 정파인 경우가 많다. 문화적 흔들운동이 그림 전체를 완성한다. 예를 들어 정치인, 대학교수, 언론인들이 경제이론을 만들거나 내세우는 것을 보면 사적 자본주의[2]에 대한 찬양과 국가적 자본주의[3]에 대한 찬양 사이를 왔다 갔다 한다.

이 세 가지 종류의 흔들운동, 즉 경제적 흔들운동, 정치적 흔들운동, 문화적 흔들운동이 서로 간에 원인이 되기도 하고 결과가 되기도 함을 시사하는 증거는 많다. 이들 세 가지 흔들운동은 하나의 거미줄 망을 형성해서 체제 전체의 모순을 억제하는 기능

---

1. 릭 울프(Rick Wolff)는 미국 매사추세츠 애머스트 대학의 경제학 교수로 《계급이론과 역사: 소련에서의 자본주의와 공산주의(Class Theory and History: Capitalism and Communism in the U.S.S.R)》와 《마르크스주의 이론에서의 새로운 출발(New Departures in Marxian Theory)》을 같은 대학의 동료 교수인 스티븐 레스닉(Stephen Resnick)과 공저하는 등 마르크스주의 경제학에 관한 여러 권의 책을 썼다.
2. 이것은 자유주의, 신자유주의, 신고전파 경제학, 미시경제학 등의 다양한 이름으로 불린다.
3. 이것은 복지형 국가주의, 케인스주의, 중앙계획, 거시경제학 등의 다양한 이름으로 불린다.

을 하곤 한다. 이런 의미에서 자본주의는 어느 한 종류의 자본주의가 부닥친 위기를 자본주의 밖으로 이행하는 것이 아니라 다른 종류의 자본주의로 이행하는 것을 통해 극복할 수 있고, 이 때문에 자본주의가 살아남을 수 있다. 그러나 그 대신에 자본주의의 경제적, 정치적, 문화적 흔들운동 사이에 존재하는 상호의존의 거미줄 망이 어느 한 종류의 자본주의가 부닥친 위기를 증폭시켜 자본주의 밖으로의 이행에 대한 사회적 요구를 낳을 수도 있다. 미국에서는 1920년대 말에 발생한 사적 자본주의의 위기가 국가적 자본주의, 복지국가 경제학, 그리고 민주당 쪽으로의 움직임과 연결된 바 있다. 1970년대 말에는 그 반대쪽으로의 움직임이 나타났다. 두 경우에 경제학, 정치, 문화의 상호의존적 거미줄 망은 자본주의의 모순을 억제하는 작용을 했다.

이 거미줄 망은 1930년대에 미국 정부로 하여금 뉴딜정책을 수립하게 함으로써 이를 통해 기존 체제가 와해되어 다른 체제로 이행하는 것을 막고 기존 체제의 근본을 보존할 수 있게 했다. 그 뒤 1960년대와 1970년대에는 이 거미줄 망이 전후 미국의 복지형 국가에 대한 불만이 자본주의를 넘어서는 이행을 초래하는 것을 막고, 그 대신에 상대적으로 인기가 있었던 사적 자본주의로의 회귀를 실현시켰다. 그동안 다른 사람들이 이미 주장해왔듯이 그 어떤 체제도 그 자신의 모든 가능한 형태들을 다 취해보고 그 모든 형태들 사이의 흔들운동을 모두 다 겪어보기 전에는 아마도 소멸되지 않을 것이다.

이런 주장이 이치에 맞으려면 가장 먼저 우리가 쓰는 자본주의 체제라는 말의 의미가 무엇인지를 신중하게 정의해야 할 필요가 있다. 마르크스의 신중한 분석을 빌리면 '자본주의' 는 상대적으로 많은 수의 사람들(생산자인 노동자들)이 합의된 임금을 받고 자기의 노동능력을 상대적으로 적은 수의 다른 사람들(자본가인 고용주들)에게 파는 체제를 말한다. 자본가인 고용주들은 생산하는 노동자들이 일을 하도록 도구, 장비, 원료 등 '생산수단' 을 제공한다.

자본가들과 생산하는 노동자들 사이의 관계에는 두 가지 주된 측면이 있다. 첫째, 노동자들이 생산하는 것은 즉각 자동적으로 자본가들에게 귀속되고 자본가들은 그것을 판다. 둘째, 그러한 판매에서 나오는 수입은 자본가들이 생산수단을 구입하고 생산하는 노동자들을 고용하기 위해 지급하는 금액을 초과해야 한다. 이 초과분이 잉여자본이며, 자본가들은 자본주의가 하나의 체제로서 재생산되도록 하는 데에 바로 이 자금의 일부를 배분한다. 이런 배분에는 채권자들에게 주는 이자, 주주들에게 주는 배당, 경영관리자와 광고주들에게 돌아가는 예산, 기업의 성장을 도모하기 위해 사내에 유보하는 이윤 등이 포함된다.

사적인 종류의 자본주의에서는 국가조직 안에 고용주들이 들어가 앉을 자리가 없다. 게다가 국가의 관리들은 고용주들 사이와 노동자들 사이, 그리고 양쪽 집단 사이의 관계에 대해 크게 제한된 권력만을 행사한다. 이와 달리 국가적인 종류의 자본주의에서는 국가의 관리들이 그러한 관계를 규제 또는 통제하거나 그러한 관계에 개입할 권력을 훨씬 더 많이 갖는다. 극단적인 형태의 국가적 자본주의에서는 국가의 관리들이 사적 개인들을 대신해 자본가와 같은 고용주가 되고('국유기업' 의 경우), 그렇게 함으로써 생산하는 노동자들이 창출해낸 잉여가치를 직접 거둬들이고 배분한다. 이 두 가지 종류의 자본주의 모두에 공통된 것, 다시 말해 이 두 가지 자본주의를 하나의 체제에 속하는 두 가지 종류의 대안으로 만드는 것은 바로 잉여가치를 낳는 고용주-피고용자 관계의 구조다.

둘 중 어느 종류의 자본주의에서도 그 사회적 위기는 단지 다른 종류의 자본주의로 이행하는 것을 넘어서는 정도가 될 수 있다. 사회적 위기가 고용주와 피고용자 사이의 자본주의적 관계에 근본적인 변화를 가져올 수 있는 것이다. 고용주와 생산하는 피고용자가 똑같은 개인들이 되도록 요구하는 '생산의 사회적 재편' 은 그러한 근본적인 변화의 한 가지 예가 될 것이다. 이 경우에는 노동자들이 월요일부터 목요일까지는 생산하는 일을 하고 금요일에는 회의를 열어 집단적으로 회사 이사회의 역할을 한다는 식으로 직무기술서가 씌어질 것이다.

지금 미국은 또 한 번의 위기이자 이행기인 시기에 접어들고 있는 것일까? 35년간에 걸친 뉴딜정책의 후퇴는 사적 자본주의를 복원시키고 새롭게 했다. 공화당이 민주당을 밀어내고 대신 들어앉았고, 민주당 안에서는 반 복지국가 분파가 친 복지국가 분파를 밀어내고 대신 들어앉았다. 또 신고전파와 신자유주의의 경제이론들이 학교에서 케인스주의 경제학을 물리치고 경제문제에 대한 '상식'을 바꿔놓았다.

그러나 미국의 사적 자본주의는 2000년 초 이래 주식시장 거품의 붕괴를 겪었고, 그에 따른 영향이 아직도 여러 갈래로 퍼져나가고 있다. 이제는 부동산 거품이 불안하게 흔들리면서 골치 아픈 결과들을 빚어내려고 한다. 새로운 금융수단들이 점점 더 모호하게 중층적으로 생겨나면서 갈수록 더 불투명해지는 국제 금융시장에 대한 우려도 커지고 있다. 금융이 새로운 천년의 세 번째 거품이 되는 게 아닐까? 사적인 종류의 자본주의는 이 모든 것을 극복하고 살아남을 수 있을까?

사적 자본주의의 부활과 연관된 소득과 부의 격차 확대는 이미 미국에서 정치적 흔들운동이 일어나도록 했다. 이런 격차 확대가 부분적인 이유가 되어 공화당 동맹, 즉 종교적 근본주의와 결합된 사적 자본주의를 옹호하는 이들의 동맹에 금이 갔다. 사회적 불평등의 확대는 이라크 전쟁에 대한 반대를 증폭시킴으로써 2006년에 민주당이 의회를 장악하게 했다.[4] 오늘날 미국이 아닌 다른 곳, 특히 중남미에서는 경제이론과 정치에서 신자유주의로부터 복지형 국가주의로 돌아가는 움직임이 나타나고 있다.

이런 변화의 바람은 다시 두 개의 서로 연관된 질문을 제기한다. 첫째, 아직도 지배적인 사적 자본주의가 미국에서 봉착한 자신의 위기를 계속 통제해나갈 수 있을 것인가? 둘째, 그렇지 못할 경우에 전개될 이행이 경제학에서는 복지형 국가주의로만, 이론에서는 케인스주의로만, 정치에서는 민주당으로만 또 다시 국한될까? 그게 아니면 오늘날의 여건이 충분히 많은 수의 미국인들로 하여금 보다 근본적인 이행, 다시 말해 자본주의 밖으로의 이행이 지금 요구되는 해법이라고 생각하도록 설득할까?

내가 마지막으로 언급한 이행은 그것을 위한 강력한 사회적 운동이 없이는 일어날 것 같지 않다. 미국에서 다시 부상하는 좌파에게는 이것이 주된 과제가 아닐까? **MR**

---

4. 이와 비슷하게 1970년대에는 국가개입주의적 자본주의가 낳은 불평등한 혜택이 민주당 동맹을 허물어버림으로써 1980년대에 레이건의 승리를 가능하게 했다.

아인슈타인의 '왜 사회주의인가?'

알베르트 아인슈타인[1]

경제문제나 사회문제의 전문가가 아닌 사람이 사회주의라는 주제에 대해 의견을 밝히는 것이 바람직할까? 나는 몇 가지 이유에서 그렇다고 믿는다.

첫째, 과학적 학문지식의 관점에서 이 문제를 검토해보자. 천문학과 경제학의 방법론에 근본적인 차이는 없는 것으로 보일지 모른다. 왜냐하면 두 분야 모두에서 학자들은 일정하게 제약된 범위의 현상들 사이에 존재하는 상호관계를 가능한 한 분명하게 밝히기 위해 그 현상들에 대한 '일반적으로 받아들여질 수 있는 법칙들'을 발견해내려고 시도하기 때문이다. 그러나 실제로는 방법론의 차이가 확실히 존재한다. 경제학 분야에서는 관찰되는 경제현상들이 따로따로 분리해 평가하기가 매우 어려운 많은 요인들의 영향을 흔히 받으므로 일반적인 법칙을 발견해내기가 어렵다.

더구나 이른바 '인류역사의 문명화된 시기'가 시작된 이래 축적된 경험은 잘 알려진 대로 결코 경제적이지만은 않은 원인들에 의해 크게 영향을 받기도 했고 제한되기도 했다. 예컨대 역사상 주요 국가들 대부분은 정복의 덕분으로 존재할 수 있었다. 정복민들은 법적으로나 경제적으로나 피정복 국가의 특권계급이 됐다. 그들은 스스로 토지소유에 대한 독점권을 장악했고, 자기들 가운데서 성직자들을 임명했다. 성직자

---

1. 알베르트 아인슈타인(Albert Einstein, 1879~1955)은 독일 태생의 세계적인 물리학자다. 질량–에너지 등가원칙과 질량–에너지 항등식($E=mc^2$)을 발견하고 이를 토대로 상대성 이론을 수립하는 등 이론물리학에 많은 기여를 했으며 1921년에 노벨 물리학상을 받았다. 그는 과학연구에서 탁월했을 뿐만 아니라 파시즘에 대해 반대하고 인류의 평화를 이루기 위한 활동에 적극적으로 나선 지식인으로도 높이 평가받고 있다. 이 글의 원문은 1949년 5월에 발간된 〈먼슬리 리뷰〉의 창간호에 실렸던 Why Socialism? 이다. —편집자

들은 교육을 통제하면서 피정복 사회의 계급구분을 영구적인 제도로 자리 잡게 했고, 향후 그 사회의 사람들이 사회적 행동을 할 때 대부분 무의식적으로 따르게 되는 가치 체계를 만들었다.

그러나 역사적 전통이란 말하자면 과거의 것이고, 우리는 아직 소스타인 베블런이 인류의 발달과정 중 '약탈의 단계'라고 부른 것을 그 어디에서도 진정으로 극복하지 못했다. 우리에게 관찰되는 경제적 사실들이 바로 이 단계에 속하며, 우리가 그런 사실들에서 끌어낼 수 있는 법칙도 이와 다른 단계들에는 적용되지 않는다. 사회주의의 진정한 목적은 인류의 발달과정 중 바로 이 약탈의 단계를 극복하고 그 너머로 전진하는 데 있다. 이렇게 볼 때 지금 상태의 경제학은 미래의 사회주의 사회를 거의 조명해주지 못한다.

둘째, 사회주의는 나름의 사회적이고 윤리적인 목적을 지향한다. 과학적 학문은 그러나 목적을 만들어내지 못하고, 더구나 사람들에게 어떤 목적을 주입하지도 못한다. 학문은 기껏해야 어떤 특정한 목적을 달성하는 데 이용될 수단을 제공할 수 있을 뿐이다. 목적 그 자체는 오히려 드높은 윤리적 이상을 품은 인물들에 의해 잉태된다. 만약 그렇게 잉태된 목적이 유산되지 않고 활기차고 왕성하게 태어난다면, 사회의 점진적인 진화를 좌우하는 많은 사람들이 절반은 무의식적으로이긴 하나 그 목적을 받아들여 더욱 발육시킨다.

이런 이유에서 우리는 인간의 문제에 관한 한 과학적 학문과 과학적 방법을 과대평가하지 않도록 스스로 경계해야 한다. 또 우리는 사회조직에 영향을 끼치는 문제에 대해서 전문가들만이 자기 의견을 밝힐 권리를 갖는다고 가정하지 말아야 한다. 이미 얼마 전부터 많은 사람들이 인간사회가 위기의 시기를 거치고 있고, 인간사회의 안정이 그동안 심각하게 파괴됐다고 주장하는 목소리를 내왔다. 이런 사람들이 속하는 집단들이 크든 작든 그 집단들에 대해 개개인이 무관심하거나 심지어는 적대감까지 갖는 것이 그런 상황의 특징이다.

내가 말하고자 하는 바를 예시하기 위해 여기에서 개인적인 경험 하나를 소개한다.

나는 최근에 명석하며 성격도 좋은 어떤 사람과 전쟁이 또 일어날 가능성에 대해 토론한 바 있다. 전쟁이 또 일어나면 인류의 생존 자체가 심각한 위험에 빠질 것이라고 생각하는 나는 초국가적인 조직만이 그런 위험으로부터 우리를 보호해줄 것이라고 말했다. 그러자 나의 손님인 그 사람은 매우 조용하고 냉정한 태도로 이렇게 말했다. "인류가 사라지는 것에 대해 당신은 왜 그렇게 심하게 반대합니까?"

불과 한 세기 전만 해도 이런 종류의 말을 그렇게 쉽게 하는 사람은 전혀 없었을 것이라고 나는 확신한다. 그것은 자기 내면의 평정을 찾고자 노력했으나 실패하고는 그런 내면의 평정을 찾는 데 성공하리라는 희망을 어느 정도 잃어버린 사람이 하는 말이다. 그것은 고통스러운 고독감과 고립감의 표현이고, 오늘날 아주 많은 사람들이 그런 고독감과 고립감에 시달리고 있다. 원인은 무엇인가? 탈출구는 있는가?

이런 질문은 제기하기는 쉽지만 조금이라도 확신을 갖고 대답하기는 어렵다. 게다가 우리의 감정과 노력은 일관성이 없고, 애매모호한 경우가 많으며, 쉽고 간단한 공식으로 표현될 수 없다는 사실을 나는 아주 잘 알고 있다. 그럼에도 불구하고 나는 내가 할 수 있는 최선을 다해 대답을 하려고 해야 하리라.

인간은 다 똑같이 고독한 존재인 동시에 사회적인 존재다. 고독한 존재로서의 인간은 자기 자신 및 자기와 가장 가까운 사람들의 생존을 보호하려고, 자기의 개인적 욕구를 충족시키려고, 자기의 타고난 능력을 발전시키려고 한다. 사회적인 존재로서의 인간 개인은 동료 인간들의 인정과 사랑을 받으려고, 그들과 기쁨을 함께 나누려고, 그들이 슬픔에 빠져있을 때는 그들을 위로하려고, 그리고 그들의 삶의 조건을 개선시키려고 한다. 개인의 고유한 성격은 다양하고 흔히 서로 모순되는 이런 노력들의 존재로만 설명 가능하며, 개인에게 이런 노력들이 구체적으로 어떤 결합을 이루는가가 그 개인이 자기 내면의 평정을 어느 정도나 달성하고 사회의 복리에 어느 정도나 기여할 수 있는가를 결정한다. 이런 두 가지 내면적 동인의 상대적인 강도는 주로 유전에 의해 정해져 있을 가능성도 크다. 그러나 최종적으로 나타나는 개인의 성격은 대체로 그 개인이 발육기에 처하게 된 환경, 성장기를 보낸 사회의 구조, 사회의 전통, 특정한 행동유형들에 대한 사회의 평가에 의해 그 틀이 결정된다.

인간 개인에게 '사회'라는 추상적인 개념의 의미는 그 개인과 같은 세대의 사람들 및 이전 세대의 모든 사람들과 그가 맺은 직간접적 관계들의 총합이다. 개인은 자기 혼자 생각하고 느끼고 노력하고 일할 수 있지만, 육체적이고 지적이고 감정적인 존재로 살아가는 동안 사회에 워낙 많이 의존하기 때문에 사회라는 틀 밖에서 개인에 대해 생각하거나 그 개인을 이해하는 것은 불가능하다. 개인에게 음식, 옷, 집, 작업도구, 언어, 사고방식, 생각하는 내용의 대부분을 공급하는 것은 바로 '사회'이며, 사람의 삶은 '사회'라는 간단한 단어 뒤에 모두 숨겨져 있는 '현재와 과거의 수많은 사람들이 수행한 노동과 이뤄낸 성과'를 통해 가능해지는 것이다.

그러므로 개인이 사회에 의존하는 것은 개미나 벌의 경우와 꼭 마찬가지로 종식될 수 없는 하나의 자연적 사실이다. 그러나 개미와 벌이 살아나가는 과정 전체는 아주 세세한 부분까지도 엄격한 유전적 본능에 의해 정해져 있는 반면에 인간의 사회적 행동양태와 상호관계는 매우 다양하고 변하기도 쉽다. 기억하는 능력, 새로운 결합을 해내는 능력, 말로 의사소통을 하는 능력은 생물학적 필연성에 좌우되지 않는 인간으로 하여금 발전을 이룰 수 있게 해주며 전통, 제도, 조직에서, 문학에서, 과학과 공학의 성취에서, 예술작품에서 그러한 발전이 나타난다. 이런 점은 어떤 의미에서 개인이 자기의 행동을 통해 자기의 삶에 영향을 미치는 것이 어떻게 가능하며, 의식적으로 생각하고 무언가를 원하는 것이 그런 과정에서 나름의 역할을 하는 것이 어떻게 가능한지를 설명해준다.

사람은 태어날 때에 이미 유전에 의해 어떤 하나의 생물학적 특성을 갖는다. 고정되어 변하지 않는 것으로 간주돼야 할 이 생물학적 특성에는 인간이 특유하게 갖고 있는 자연적인 충동도 포함된다. 이에 더해 사람은 살아가는 동안에 의사소통을 통해, 그리고 그 외에도 많은 다른 형태로 영향을 받아 사회로부터 받아들인 어떤 문화적 특성도 갖게 된다. 시간이 흐르면서 변하고 상당한 정도로 개인과 사회의 관계를 결정하는 것은 바로 이 문화적 특성이다. 현대 인류학은 지배적인 문화양식과 사회의 압도적인 조직유형에 따라 인간의 사회적 행동이 크게 다를 수 있음을 이른바 원시문화에 대한 비교연구를 통해 우리에게 가르쳐주었다. 인간의 운명을 개선시키려고 애쓰는 사람들이 희망을 품는 근거는 바로 이것이다. 인간은 생물학적 특성상 자기들끼리 서로 절멸시키거나 잔혹한 운명을 자초하고 그 운명에 얽매이게 돼있지 않다는 것이다.

인간의 삶을 가능한 한 만족스러운 것으로 만들기 위해 사회의 구조와 인간의 문화적 태도를 어떻게 바꿔야 하는가를 우리 스스로에게 물어보자. 이 경우 우리는 우리가 바꿀 수 없는 어떤 조건들이 존재한다는 사실을 부단히 의식해야 한다. 앞에서 말했듯이 그 어떤 실제적인 의도가 있더라도 인간의 생물학적 본성은 바뀌지 않는다. 게다가 지난 몇 세기에 걸쳐 이루어진 기술과 인구의 변화가 창출해낸 조건들이 현실에 존재한다.

더 조밀하게 거주하게 된 인구가 생존을 유지하는 데 필수적인 재화들을 공급받으며 살아가야 하기 때문에 극단적인 노동분업과 고도로 집중화된 생산체제가 절대적으로 필요하게 됐다. 되돌아보면 매우 목가적이었다고 생각되는 시대, 즉 개인이나 비교적 작은 규모의 집단들이 각각 완전한 자급자족을 할 수 있었던 시대는 이미 지나갔고, 그런 시대는 다시 오지 않을 것이다. 인류가 이미 생산과 소비의 지구적 공동체를 형성했다고 말해도 그다지 큰 과장이 아니다.

이제 내가 생각하기에 우리 시대가 직면한 위기의 본질을 이루는 것을 간략하게 지적할 수 있는 지점에 이르렀다. 그 위기의 본질은 개인이 사회와 맺는 관계와 관련된다. 개인은 자기가 사회에 의존한다는 점을 그 어느 때보다 더 많이 의식하게 됐다. 그러나 개인은 이런 의존을 긍정적인 자산, 유기적 연결, 보호해주는 힘으로 경험하는 것이 아니라 자기의 자연적인 권리에 대한, 심지어는 자기의 경제적 생존에 대한 위협으로 경험한다. 게다가 사회 속에서의 개인의 위치가 그러하기에 개인의 기질 속에 들어있는 자기중심적인 동인이 계속해서 더 강화되는 반면에 원래부터 이보다 약했던 사회적 동인은 점점 더 쇠퇴한다. 사회 속에서의 위치가 어떻든 간에 모든 인간이 이런 쇠퇴의 과정을 겪고 있다. 자기도 모르는 사이에 자기 자신의 이기주의에 포로

가 된 사람들은 불안하고 외롭다고 느끼게 되고, 소박하고 쉽고 단순한 삶을 누릴 수 없게 됐다고 느끼게 된다. 사실 짧은데다 위험으로 가득 찬 인생에서 사람이 어떤 의미를 찾는다고 한다면 그것은 스스로 사회에 헌신하는 것을 통해서만 가능하다.

오늘날 존재하는 자본주의 사회의 경제적 무정부 상태가 그러한 해악의 진정한 원천이라고 나는 생각한다. 우리의 눈앞에는 생산자들의 거대한 집단이 있고, 그 집단의 구성원들은 집단적 노동의 과실을 서로에게서 빼앗으려고 끊임없이 다투고 있다. 물론 이런 다툼은 물리적인 힘을 써가면서 전개되는 것이 아니라 법적으로 확립된 규칙을 대체로 충실히 지키는 가운데 전개되고 있긴 하다. 여하튼 이런 관점에서 볼 때 생산수단, 자본재를 더 많이 생산하는 데 필요한 생산능력뿐 아니라 소비재를 생산하는 데 필요한 생산능력도 모두 다 법적으로 개인의 사유재산이 될 수 있고, 그 대부분이 실제로 개인의 사유재산이라는 사실을 인식하는 것이 중요하다.

간결한 표현을 위해, 아래에 이어지는 논의에서 나는 생산수단의 소유에 참여하지 못한 사람들을 다 '노동자'라고 부르겠다(이렇게 하는 것이 '노동자'라는 단어의 통상적인 용법에 정확하게 일치하지는 않더라도). 생산수단의 소유자는 노동자의 노동력을 구매하는 입장이다. 노동자는 생산수단을 사용해서 자본가의 재산이 될 새로운 재화를 생산한다.

이 과정에서 핵심은 노동자가 생산하는 것과 노동자가 지급받는 것이 둘 다 실질가치로 측정할 경우 서로 어떤 관계를 갖는가이다. 노동계약이 '자유롭게' 이루어지는 한 노동자가 지급받는 것은 그 자신이 생산한 재화의 실질가치에 의해서가 아니다. 그것은 노동자가 필요로 하는 것의 최소치 및 일자리를 구하기 위해 서로 경쟁하는 노동자들 전체의 수에 비교해 자본가들이 필요로 하는 노동력이 어느 정도인가에 의해 결정된다. 이론에서도 노동자의 임금은 노동자가 만들어낸 생산물의 가치에 의해 결정되지 않는다는 점을 이해하는 것이 중요하다.

사적 자본은 소수의 손에 집중되는 경향이 있다. 이는 부분적으로는 자본가들 사이의 경쟁 때문이며, 부분적으로는 기술의 발달과 노동분업의 증대가 상대적으로 규모가 작은 생산단위를 희생시키면서 보다 큰 생산단위가 생겨나는 것을 촉진하기 때문이다. 이런 변화의 결과로 사적 자본의 과두제가 나타나고, 그 과두집단의 엄청난 권력은 민주적으로 조직된 정치사회에 의해서도 효과적으로 견제될 수 없다. 이것이 맞는 말인 것은 사적 자본가들이 온갖 실제적인 목적을 위해 유권자들을 입법부로부터 분리시키며, 대체로 그런 사적 자본가들로부터 정치자금 지원을 받거나 그 밖의 다른 방식으로 영향을 받는 정당들이 선발한 자들로 입법부가 구성되기 때문이다.

그 결과로 인민의 대표자라는 이들이 전체 인구 가운데 권리와 생활여건상 소외된 사람들의 이익을 사실상 충분히 보호하지 못하게 된다. 더구나 현재의 조건에서는 필연적으로 사적 자본가들이 신문, 라디오, 교육과 같은 주요 정보원천들을 직접, 간접으로 통제한다. 이런 탓에 개개인의 시민이 어떤 객관적인 결론을 내리고 자기의 정치적인 권리를 현명하게 행사하기가 매우 어렵고, 사실 대부분의 경우에 그렇게 하기가 완전히 불가능하다.

따라서 자본의 사적 소유에 토대를 둔 경제에서는 다음과 같은 두 개의 원칙을 주된 특징으로 갖는 상황이 지배하게 된다. 첫째, 생산수단(자본)은 사적으로 소유되고 그 소유자는 자기가 알맞다고 생각하는 대로 생산수단을 배치한다. 둘째, 노동계약은 자유롭다. 물론 이런 의미에서 '순전한' 자본주의 사회와 같은 것은 존재하지 않는다. 특히 노동자들이 길고 힘겨운 정치투쟁을 통해 일정한 범주의 노동자들에게 어느 정도 개선된 형태의 '자유로운 노동계약'을 확보하는 데 성공했다는 사실은 주목돼야 한다. 그러나 전체적으로 보면 오늘날의 경제는 '순전한' 자본주의와 크게 다르지 않다.

생산은 생산물의 사용을 위해서가 아니라 이윤을 위해 이루어진다. 일할 능력도 있고 그럴 의사도 있는 사람들 모두가 늘 일자리를 찾는 처지에 있어야 한다는 법은 없지만, '실업자들의 무리'가 거의 늘 존재한다. 노동자는 끊임없이 실직을 두려워한다. 실업자나 저임금 노동자들은 수익성 있는 시장이 돼주지 못하기 때문에 소비재 생산이 제약을 받게 되고, 그 결과로 심한 곤궁이 일어난다. 기술진보는 모두를 위해 노동의 짐을 덜어주기보다는 실업자를 증가시키는 결과로 종종 이어진다. 자본가들 사이의 경쟁과 결합된 이윤동기 탓에 자본의 축적과 이용이 불안정해지고, 이에 따라 점점 더 심각한 경기침체가 초래된다. 무한경쟁은 엄청난 노동의 낭비를 낳고, 내가 앞에서 말한 개인들의 사회적 의식을 불구로 만든다.

내가 보기에 이런 개인의 불구화가 자본주의의 최대 해악이다. 우리의 교육제도 전체가 바로 이 해악에 시달리고 있다. 학생들이 반복식 주입교육을 통해 지나치게 경쟁적인 태도를 갖도록 가르쳐지고, 미래의 직업을 위한 준비의 하나로 탐욕적 성공을 숭배하도록 훈련된다.

이런 심각한 해악을 제거하는 길은 오직 하나뿐이라고 나는 확신한다. 그 길은 사회적인 목표를 지향하는 교육제도를 갖춘 사회주의 경제를 수립하는 것이다. 그런 경제에서는 생산수단이 사회 자체에 의해 소유되고 계획적인 방식으로 이용된다. 계획경제는 사회 공동체가 필요로 하는 바에 맞춰 생산을 조정한다. 그런 경제는 수행돼야 할 일을 일할 능력이 있는 모든 사람에게 배분할 것이고, 모든 남자와 여자, 아이들에게 생계를 보장할 것이다. 개인에 대한 교육은 그 개인의 타고난 능력을 촉진하고, 이에 더해 지금 우리 사회에서처럼 권력과 성공을 찬양하는 태도 대신에 동료 인간들에 대한 책임감을 그 개인의 내면에 심어주고 계발하려고 할 것이다.

하지만 계획경제만으로는 아직 사회주의가 아니라는 점을 염두에 둘 필요가 있다. 계획경제 그 자체는 개인의 완전한 노예화를 수반할 수 있다. 사회주의를 달성하려면 대단히 어려운 사회정치적 문제들을 먼저 풀어내야 한다. 그 문제들은 이런 것이다. 정치경제적 권력이 광범하게 집중화되는 상황에서 관료집단이 막강한 권력을 쥐고 오만방자해지는 것을 어떻게 방지할 수 있는가? 개인의 권리는 어떻게 보호할 것이며, 더 나아가 관료집단의 권력에 대한 민주적인 대항력을 어떻게 확보할 것인가?

사회주의의 목표와 문제들을 분명히 하는 것은 이행의 과정에 있는 우리 시대에 가장 중요한 일이다. 지금의 상황에서는 이런 문제들에 대한 자유롭고 방해받지 않는 토론이 강력하게 금기시되고 있으므로 나는 이 잡지의 창간이 하나의 중요한 공적 서비스가 된다고 생각한다. MR

먼슬리 리뷰 1 제국의 새로운 전선

편역 필맥 MR편집팀

1판1쇄 펴낸날 2007년 5월 10일

펴낸이 이주명
편집 문나영
디자인 예티
출력 문형사
종이 화인페이퍼
인쇄 한영문화사
제본 한영제책사

펴낸곳 필맥
출판등록 제2003-63호
주소 서울시 서대문구 충정로2가 184-4 경기빌딩 606호
이메일 philmac@philmac.co.kr
홈페이지 www.philmac.co.kr
전화 02-392-4491
팩스 02-392-4492

ISBN 978-89-91071-42-1
ISBN 978-89-91071-41-4 (세트)

잘못된 책은 바꾸어 드립니다.
값은 뒤표지에 있습니다.

이 도서의 국립중앙도서관 출판시도서목록(CIP)은
e-CIP 홈페이지(http//www.nl.go.kr/cip.php)에서
이용하실 수 있습니다.(CIP제어번호: CIP2007001350)